司法学研究丛书

主编：崔永东

司法学体系研究

SIFA XUE TIXI YANJIU

崔永东 / 著

司法学研究丛书编委会名单

目　录

绪论　司法学体系构建

司法学是一门新兴学科，是一门具有无限发展前景的学科。司法学是一门研究司法理念、司法制度和司法实践的学科，也是一门研究司法传统和司法现实、民间司法与国际司法的学科。它既有交叉性的学科特点，又有独立性的学科属性。前者指其与哲学交叉形成司法哲学，与历史学交叉形成司法史学，与伦理学交叉形成司法伦理学，与管理学交叉形成司法管理学，与行政学交叉形成司法行政学，等等。后者指其具有独立存在的价值和地位，表现在如下子学科上，如司法程序学、司法制度学、司法传统学、民间司法学、国际司法学、司法理念学，等等。

司法学研究不仅有重大的理论意义，还有重大的现实意义，因为司法是“法治中国”由顶层设计走向具体实践的关键环节。司法学对当前与今后的司法改革具有引领和支撑意义。理论是实践的先导，缺乏理论引领的实践活动是盲目的，也很难达到预期目的。司法学对司法改革具有理论引领作用。司法学对司法改革战略和司法规律等的研究，将对司法改革的顶层设计和前进方向发挥指引作用，使改革之轮沿着正确的轨道前行，并臻于理想之境。

一门学科的成熟有赖于其理论体系的成熟，而理论体系的成熟取决于范畴体系的成熟。因此，构建司法学范畴体系就成了促进其理论体系和学科体系完善化的关键。司法学范畴可以分为基础范畴、核心范畴和基本范畴三类。基础范畴在司法学范畴体系中带有根本性，是“基础性工程”；核心范畴是支撑性范畴；基本范畴是辅助性范畴。如果说司法学是一座大厦，那么基础范畴是地基，核心范畴是支柱，基本范畴是砖瓦。它们共同构筑完成了一座理论大厦。

司法学的基础范畴是“人道司法”，这是因为，人道主义是当今法治领域的最强音，也是司法领域的核心价值观，体现人道价值的“人道司法”当然应当成为司法学的基础范畴，它是司法学赖以建立和发展的逻辑起点。司法学的核心范畴包括司法本体、司法价值、司法目的、司法主体、司法客体等。基本范畴包括司法理论类范畴、司法制度类范畴和司法实践类范畴三大类。司法理论类范畴包括司法理念、司法原则、司法正义、司法独立、司法民主、司法平等，等等。司法制度类范畴包括司法体制、司法行政、司法主权、司法标准、司法监督、伦理司法、宗教司法、民间司法，等等。司法实践类范畴包括司法程序、司法方法、司法管理、司法建议、刑事诉讼、民事诉讼、行政诉讼，等等。

鉴于一些司法学范畴因其近似性而易致“望文生义”，故在此有必要略作辨析。一是司法行政与行政司法。司法行政是既包括司法机关对人财物的管理活动，也指司法行政机关对监狱、律师、公证、司法鉴定、司法协助等业务的管理活动。而行政司法则是指行政机关依据法定程序所进行的处理争端、化解纠纷的活动，此种活动与司法机关处理案件的活动有别但又近似，故也被称为“准司法”。我国的行政司法主要包括行政复议、行政裁决、行政处罚、行政仲裁和行政调解等。二是伦理司法与司法伦理。伦理司法是指伦理对司法的主导性影响，或者说是依据伦理原则进行司法裁判活动，使司法带有鲜明的“伦理性”。司法伦理是指司法道德而言，特别是指司法职业道德。三是民间司法与社会司法。民间司法是指民间组织所进行的化解纠纷的活动，在此点上，社会司法虽与民间司法类似，但社会司法的范围要宽于民间司法，如国家行政机关所进行的化解纠纷的活动就属于社会司法的范围，但其并不属于民间司法。可以说，民间司法是社会司法的一个重要的组成部分，它所依赖的规则是情理、习惯、道德等，其运行的方式主要是调解、劝诫，也包括一定的处罚手段。国家司法是国家司法机关解决纠纷的活动，而“社会司法”是与“国家司法”相对的概念，它最初来源于西方法律社会学派的相关著作中，如奥地利法学家埃里希的著作《法律社会学基本原理》就提到了这一概念。他认为，社会组织根据“活法”（社会规则）所进行的解决纠纷的活动就属于社会司法。四是科技司法与司法科技。科技司法是指利用司法或准司法手段来处理科技领域中各种争端或纠纷的活动；司法科技是指依托先进科学技术（互联网、大数据和人工智能等技术）而进行的办案活动或生成的相关产品。

从理论维度审视，司法学的核心理念是人道司法，理论基础是司法二元主义理论，理论支撑包括司法“立法”的理论、行政“司法”的理论、司法监督的理论、司法管理的理论、司法程序的理论、伦理司法的理论、国际司法的理论、司法改革的理论，等等。其中，司法二元主义是一种强调国家司法与社会司法相互支撑的理论；司法立法的理论是一种强调通过司法解释来填补漏洞、确立规则的理论；行政司法的理论是指一种行政机关通过“准司法”手段来解决行政纠纷的理论；伦理司法的理论是一种强调伦理观念影响或主导司法实践的理论；司法管理的理论是一种强调通过考核、评价、奖惩等手段对司法流程和司法人员进行管理的理论；司法监督的理论是一种强调检察机关对审判机关进行监督制约的理论；司法程序的理论是指一种司法机关遵循法定程序从事司法活动的理论；司法改革的理论是一种对司法体制、机制和制度进行革新的理论；国际司法的理论是指一种国际司法机构或国际组织根据国际条约或国际惯例、以司法或准司法手段解决国际纠纷的理论。

司法学范畴体系的形成标志着司法学理论体系的成熟和学科体系的形成。这是因为，学科体系的核心在于理论体系，而理论体系的核心在于范畴体系。司法学的基础范畴、核心范畴和基本范畴，构成了司法学理论体系的骨骼；司法学的核心理念、基础理论和支撑理论构成了司法学理论体系的血肉；而其交合融会便形成了司法学学科体系的主体部分。从而支配和整合着司法学各个下属子学科，形成一个熔范畴体系、理论体系和学科体系于一炉的成熟的“学科群”，这就是司法学的成熟化。这是理论界和实务界同仁共同期待的目标。

第一章　司法公信力论

一、司法公信力的内涵

所谓司法公信力，是指司法过程和裁判结果得到民众充分信赖、认同和尊重，体现了司法的权威和尊严，同时也体现了社会公众对司法的信仰和信任。司法公信力还是衡量全社会法律信仰程度的一个重要标尺。司法公信力之“力”，既是一种司法能力，也是一种司法力量。换言之，能够得到社会公众信任、信赖的司法，不但反映了司法人员的能力和水平，还显示了司法体系的力量和威严。

拙著《司法与社会之关系研究》一书指出：“司法公信力是指司法赢得社会认同、公众信任的能力，这种能力取决于司法强制力、司法判断力、司法自控力和司法拒斥力方面是否能够得到社会公众的认同和信赖。司法公信力是司法权威的根基，一个缺乏社会认同和公众信任的司法体系，是没有任何权威性可言的。司法公信力的确立与司法人员的自身素质和司法制度的设计安排有密切关系，但后者更为关键。司法权威是由司法强制力、司法判断力、司法自控力和司法拒斥力所构成的一种化解纠纷并引起社会认同的公共力量。”①

该书又指出：“司法强制力与司法判断力是司法公信力的基础。司法强制力是司法活动和司法裁决所具有的不以当事人和相关人的意志为转移的国家强制力，司法权是一种认定事实并作出终局裁决的国家权力，司法的功能在

① 崔永东：《司法与社会之关系研究》，人民出版社 2020 年版，第 121 页。

于公平而有效地解决纠纷。司法判断力是在案件的事实认定或法律适用问题上作出权威性判断的权力。司法自控力和司法拒斥力是司法公信力的保障。司法自控力就是司法自律的能力，即司法人员在外部的各种利益诱惑面前，能否控制私情私欲并保持对法律忠诚的能力。司法拒斥力是指司法排除一切外部力量对司法活动施加非法干预的能力。司法公信力是由司法强制力、司法判断力、司法自控力和司法拒斥力'整合'形成的一种国家公权力量，是上述四种力量的'合力'，并靠这种合力输出正义的产品，公平而有效地解决纠纷并得到社会的认同和大众的信赖。"①

公众对司法的信任包括两个方面，一是对人，一是对事。所谓对人的"人"是指司法人员，即法官、检察官。假如法官、检察官出现道德失范或者违法乱纪问题，就会损害民众对这些司法人员的信任度；如果道德失范或违法乱纪现象出现颇多，民众就会对从事司法职业的群体产生信任危机。所谓对事的"事"是指法官、检察官办理案件。如果案件办理得好，或者说案件的质量和效率都不错，当事人乃至民众就会对这样的案子较为信任；如果办理得不好，甚至出现了错案，则会损害当事人或民众对司法的信任度；如果此类案件较多，则会严重损害司法公信力，并引发全社会对司法的信任危机。

最高人民法院编写的《人民法院审判理念读本》对司法公信力作了如下阐释："司法公信力是指司法权凭借自身的信用而获得公众信任的程度，它是一种具有信用与信任双重维度，既能够引起普遍服从、又能够引起普遍尊重的公共性力量。"②这里从"信用与信任的双重维度"来界定司法公信力，颇有见地。司法讲信用，公众才会信任司法。"讲信用"的司法意味着司法机关能够输出正义的产品，能够保证司法的质量和效率。讲信用的司法才能"取信于民"，司法的信用性是公众信任司法的前提。

司法的信用性还是司法权威性的基础，公众信任司法、尊重司法，司法的权威性因此而生。"司法公信是司法权威的基础，司法权威是司法公信的体现，二者相辅相成，互为因果。司法公正是司法公信力和司法权威产生与存在的共同基础，司法公信力和司法权威是司法公正的体现和反映。司法越公正，

---

① 崔永东：《司法与社会之关系研究》，人民出版社 2020 年版，第 121—122 页。

② 最高人民法院编写组：《人民法院审判理念读本》，人民法院出版社 2011 年版，第 122 页。

社会公众对司法的信任度和尊重度就越高,司法的公信力就越强,司法权威就越高。”①

二、司法公信力建设的战略意义

论者指出:“司法公信力,即司法机关行使宪法与法律赋予的权力、赢得民众信赖与认可的能力。司法公信力既承载‘德礼诚信,国之大纲’的政治传统,又延续‘清正廉明’‘明察秋毫’的司法传统,既彰显了‘人民当家作主’的政权性质,又为衡量我国司法制度改革进展与成效确立了根本尺度。高度重视并积极推动司法公信力的提升,对于推进国家治理体系和治理能力现代化具有重要意义。”②

这就揭示了提升司法公信力的战略意义,即助推国家治理体系和治理能力的现代化。我国法治战略包括国家治理战略和社会治理战略两个方面,属于“一体两翼”,其终极目标是实现“中国之治”。在国家治理战略之下,又包括立法战略、司法战略、执法战略等,其中司法战略对于促进国家治理体系和治理能力的现代化发挥着至关重要的作用。这是因为,在社会主义法律体系形成后,司法战略及其实施业已成为依法治国过程中的关键环节,缺乏公平正义、取信于民的司法,“中国之治”的理想就难以实现。

习近平总书记指出:“司法体制改革成效如何,说一千道一万,要由人民来评判,归根到底要看司法公信力是不是提高了。”③这是将提高司法公信力当成司法体制改革的总目标,突出了司法公信力建设的战略意义。司法体制改革是我国法治发展的战略部署,是国家治理体系现代化战略的重要组成部分,而提高司法公信力不仅是当前和今后司法体制改革的总目标,而且是衡量我国法治建设水平和国家治理水平的重要标尺。可以说,司法公信力建设在“中国之治”战略中具有“顶层设计”的意义,它必将对从“中国治理”通向“中

---

① 最高人民法院编写组:《人民法院审判理念读本》,人民法院出版社 2011 年版,第 123 页。

② 张真理:《司法公信力的治理意义》,《中国社会科学报》2020 年 11 月 4 日。

③ 《习近平谈治国理政》第二卷,外文出版社 2017 年版,第 131 页。

国之治”发挥关键性引领作用。

司法的公信力是司法的本质所在，失去了公信力，司法将不成其为司法，只是一种野蛮和专断的游戏。“公众如果对司法裁判不认可，则不仅会影响到社会公众对整个司法活动的认知，而且会危及对国家立法乃至整个法治体系的信赖。”①在此情况下，受到戕害的司法公信力不仅会影响到整个法治战略的实施和人们对法治体系的信赖，而且会使司法的战略意义荡然无存，从而拖累于整个国家治理体系的完善化进程。

有公信力和权威性的司法必然大大促进法治的进程。“司法公信力强调司法权以个案裁决塑造社会共同价值观，从而强化公众内心对司法裁决的正当性确认，因而强大的司法公信力也将是催动自觉守法的内生力量。”②有公信力的司法才会将“纸本上的法律”（立法）转化成“现实中的法律”（守法），才会将理想的法转化为现实的法。因此，它是法治战略实施的关键环节，故其具有非凡的战略意义。

有公信力的司法，不仅在国家治理的层面上具有战略意义，而且凭借其溢出效应在全球治理的层面上也有战略意义。“中国的司法公信力建设，必然以更充分体现社会公平正义的个案裁判为依托，以深入的裁判说理为表现，以更专业高效的审判组织与监督为制度为支撑，不仅为其他国家处理类似问题贡献更具说服力的‘中国方案’和‘中国规则’，而且也必将向世界展现一个‘追求公平正义、尊重人权、保障产权’的中国形象，从而为中国在全球治理体系重构中发挥更大作用创造条件。”③这就点明了中国的司法公信力建设在全球治理中都具有“顶层设计”的战略意义，它是“中国智慧”的展示和体现，为全球治理提供“中国方案”和“中国经验”。

三、司法公信力建设是一项系统工程

十几年前，笔者曾经向有关部门提交过《关于提高司法公信力的建议》，

① 张真理：《司法公信力的治理意义》，《中国社会科学报》2020 年 11 月 4 日。
② 张真理：《司法公信力的治理意义》，《中国社会科学报》2020 年 11 月 4 日。
③ 张真理：《司法公信力的治理意义》，《中国社会科学报》2020 年 11 月 4 日。

分析了司法公信力下降的原因，指出近些年来“案结事不了”“暴力抗法”事件层出不穷，“缠诉缠访”“信访不信法”现象也日趋严重，反映了司法公信力的萎靡。提升司法公信力，成了摆在当前司法工作者面前的严峻课题与重大任务，解决好该问题具有重要意义，因为提升司法公信力，是维护司法权威和法律尊严的前提条件之一；提升司法公信力，有助于依法治国方略的实施，有助于提高党和政府的权威；提升司法公信力，有助于当事人息讼服判，有助于社会的和谐稳定；提升司法公信力，有助于减少上访、申诉和缠诉现象，从而节约审判资源，降低诉讼成本。我国司法公信力的降低有着复杂的原因，既有司法体制方面的原因，也有法官素质、社会风气以及当事人心理等方面的原因。同时，司法公信力的下降与政府公信力的下降也是相伴而生的，政府公信力的下降原因也极为复杂，除了人治思维、官员腐败外，还有政治体制改革滞后等方面的原因。

现行司法体制确实对司法公信力的提升构成了较大障碍，例如，司法权力的地方化使社会公众对司法的公正性产生严重的疑虑。设在地方的国家司法机关，在行使国家权力的过程中有时受地方党政权力机关的不当影响、干预乃至控制，不能独立、公正地行使其权力，以致司法公正难以实现，国家的法制统一不能得到保证。在一些情况严重的地方，设在地方的人民法院在某些方面、某些时候成为代表地方特殊利益的地方法院。这些地方，以权压法、以言代法和地方保护主义盛行都不同程度地存在。司法权独立行使作为一项人权和法治原则，已被国际社会广泛接受，并且已经成为一项国际准则。我国宪法和普通法中，也对司法权依法独立行使作出了原则性的确认。但司法权力的地方化，不仅破坏了法制的统一和司法权独立行使原则的实施，而且在很大程度上破坏了社会公众对司法公正的信任程度，更使社会公众对人民法院的公正司法失去了信心。另外，一些法官的政治素质、道德素质与业务素质低劣，不可能得到当事人的敬重，甚至徇私枉法、黑心裁判，这也是导致司法公信力下降的重要原因。还应指出，当事人的心理障碍也是导致司法公信力下降的一个原因，一些当事人往往先入为主地认为法官都是“吃了原告吃被告”的，只要败诉就联想到法官的腐败和枉法裁判，而不去考虑自己的证据有问题，自己的行为不符合法律规定。

为此，笔者就提升司法公信力问题提出如下建议：1. 提升法官队伍的基本素质，包括道德素质、业务素质和政治素质，对法官队伍要进行职业道德、业务技能方面的教育和培训，做到业务精湛、道德高尚、清正廉洁。2. 要求法官必须树立司法为民的思想，落实各种便民措施，并向当事人释明法律、讲清法理，同时还要对当事人怀有感情，以情动人，真心为当事人排忧解难，给当事人以人文关怀，以消除当事人对法官的误解和心理障碍。3. 还要加强法制宣传，提升公众的法律意识，并尽量做到司法公开、审判公开，搞好“阳光审判”，接受社会的监督，从而使民众了解司法的过程。4. 还要注意裁判的社会效果，以提升社会公众的满意度，这需要注意法律与民俗习惯的调适，可考虑运用法律、情理和道德相统一的纠纷解决方式，找准法与理的结合点、法与情的结合点以及法与社会生活的契合点，以实现社会效果与法律效果的统一。5. 要注意纠纷的实际解决，法官不是判决书的“制造商”，也不是机械司法者，一个优秀法官需要借助自己的司法经验和社会智慧在法律规则与解决问题之间寻求一种平衡，使僵硬的法律规则变为灵动的司法正义。6. 在司法体制上进行改革，努力使司法权力“去地方化”，这是提升司法公信力的重要途径。现行的司法管理体制由于是按照行政区划设置地方法院，司法管辖区从属于行政管辖区，而且在机构、人员及经费等方面，法院对地方行政机关实际上存在着依附关系，导致设在地方的国家审判机关实际上成为地方的审判机关。因为地方法院的人财物等均受制于当地，故司法审判就难免受地方政府的掣肘，司法权力的地方化也就成为必然。司法权力的地方化严重影响了地方法院的独立审判，从而也就影响到了司法公正，并导致司法公信力的下降。7. 司法改革要致力于去行政化。由于法院内部普通法官、审判长、合议庭、庭长、庭务会、副院长、院长、审判委员会等不同主体及相互间的行政化很强，处于较低层级的法官往往对领导的明示或暗示主动迎合，以谋求自身更好的发展。在此情况下，地方党委政府甚至领导个人向法院领导打过招呼之后，法院领导很快就能对办案法官产生影响。可以说，法院系统过于行政化是当前司法不公的主要原因之一，司法地方化在相当大的程度上是通过司法行政化发挥作用的。因此，从增强司法权威、提升司法公信力的角度考虑，司法改革应当在“去行政化”“去地方化”及提升法官素质方面多管齐下，同时推进。8. 完善并落实错案责任追究制度也有助于提升司法公信力。由于错误裁判效应较强，其负面影响直接导致法院乃至整个司法机关公信力的下降。因而目前司法管理改革的一个重要方向，就是着力建立如何减少错误裁判即错案发生的制度与机制。通过这种司法终端错案的有效控制，促进法院乃至整个司法机关工作作风、工作方式的转变，以审判公正主导和保证司法公正。建立减少错案发生的制度和机制，应当用权力制约权力，用外部力量监督权力，一方面保证权力者正当行使权力，另一方面当权力发生变异时能及时得到有效控制，并使错误用权者得到恰如其分的处理。

时至今日，再回头看这篇建议稿，其中的一些观点并未过时，仍有进一步探索的必要。在 2021 年 10 月 31 日举办的第六届全国司法学论坛上，最高人民法院原党组副书记、副院长江必新在主旨报告中对“司法公信力”作了深刻且系统的论述。他在报告中多次引用习近平总书记的话来阐述司法公信力的重要性。公正司法事关全面依法治国，要坚持司法体制改革的正确政治方向，坚持以提高司法公信力为根本尺度。司法体制改革的成效要交由人民来评判，归根到底就是要看司法公信力是否有明显的提高。司法公信力是与党和国家的形象紧密联系在一起的，是衡量司法体系的一个根本标准。司法公信力是法治的生命线，深化司法体制改革一个重要的目的就是要提高司法公信力，让司法真正发挥维护社会公平正义最后一道防线的作用。江必新提出司法公信力的塑造是一个系统工程，是一个全要素、全领域、全维度的工程。习近平总书记强调：“各级国家行政机关、审判机关、检察机关要坚持依法行政、公正司法，加快推进法治政府建设，不断提高司法公信力。”①对于司法公信力的提升和塑造，司法机关无疑是最值得关注的领域和部门，但是这种责任不能仅仅由司法机关来承担，还应当包括行政机关。在塑造司法公信力的这个系统工程中，需要提高司法主体的素质能力、提高立法质量、强化人民群众对司法的理性认知。系统性塑造司法公信力需要采取综合源头治理措施。江必新表示很多专家学者都是从单个角度理解司法公信力，但是当前更需要的是多方面的整合，实现系统治理、源头治理、综合治理。如果做不到这一点，司法公信力的提高是很难实现的。②

拙作《信用司法的理论探究与制度进路》一文指出：“信用司法起于个案

---

① 《习近平谈治国理政》，外文出版社 2014 年版，第 140 页。

② 参见张琪：《以“司法公信力”为核心的新时代司法命题的探索——第六届全国司法学论坛综述》，华东政法大学司法学研究院网，访问时间：2021 年 11 月 25 日。

公正,普遍的信用司法必然会导致公众对司法的信任,并由此产生司法公信力和司法权威性。因此,从本质上看,信用司法、信任司法、司法公信和司法权威是相通的,没有信用司法,就失去了司法的价值和意义,真正的司法权、司法权威和司法公信也会不复存在。此时的所谓司法,徒有虚名而已,只剩下专横和暴力,没有任何理性和'温度'可言。"①

《人民法院审判理念读本》专门就"怎样树立司法公信、维护司法权威"提出了如下建议:一是加强司法能力建设,切实维护公平正义;二是加强司法作风建设,强化司法为民宗旨;三是加强反腐倡廉建设,确保法官队伍清正廉洁;四是严格公正司法,确保案件得到公正处理;五是坚持司法公开,增加司法透明度;六是化解执行难,保障胜诉当事人权利的实现;七是妥善处理涉诉信访问题,依法保障当事人的合法诉求;八是深化司法体制改革,加强司法保障的落实;九是改革司法宣传工作,形成良好舆论环境。

应该说,以上九条都是提升司法公信力的重要途径,但就目前来说,重中之重的是制度建设,如司法责任制度、监督制度、司法公开制度、失信"黑名单"制度、虚假诉讼惩戒制度等。"实践经验表明,制度的功效是显著的,刚性约束的力量是巨大的。而且,通过制度的进路,可以'倒逼'司法人员养成司法拒斥力、司法自控力和优良的司法判断力,'倒逼'司法人员输出正义的产品以及司法的信用性,并由此结合司法强制力形成司法公信力和司法权威性——司法文明因此得以进步。"②

在这里,我还要补充强调的是民主司法制度、人权保障制度与刑事政策,因为这几种制度安排对提高司法公信力具有重要作用。司法民主是司法领域的"人民当家作主",是人民司法运行体制及工作机制的特性所在。"司法民主是人民司法的本质规定,是司法为民的本源和归宿。司法民主不仅要求充分发挥司法机关及其工作人员为人民服务的主观能动性,突出人民群众的主体地位和主导作用,防止精英主义脱离群众的危险。"③

司法民主是社会主义民主政治的重要组成部分,其主要内容包括诉讼民主、司法人员选任民主、司法决策民主、司法机关治理民主和司法民主监督等,

---

① 崔永东:《信用司法的理论探究与制度进路》,《政法论丛》2021年第3期。

② 崔永东:《信用司法的理论探究与制度进路》,《政法论丛》2021年第3期。

③ 黄永维主编:《司法热点问题读本》,人民法院出版社2016年版,第185页。

构建司法民主制度体系的关键在于司法民主决策、司法民主监督、扩大公民有序参与司法、突出法官检察官办案主体地位、保障当事人及其律师权利等。社会主义司法民主是坚持民主集中制、尊重司法规律的协商民主,不同于所谓“票决民主”,而是一种强调平等对话、平等协商的协商民主。

司法民主要求尊重当事人在诉讼程序中的知情权、表达权、参与权和监督权,这是法律规定的程序正义和实体正义的体现,因而也是实现司法公正的前提条件之一。司法民主还是司法权威的坚强后盾,司法权威不是来源于司法官员的“八面威风”和“狐假虎威”,而是来源于法律的权威、民主的权威。

司法民主是司法公信力的有力保障。司法公信包括司法制度公信、司法职业公信、裁判效力公信等。“公信源自民主,民主保障公信。人民法院实行司法民主,目标是提升司法公信;提升司法公信,需要依靠司法民主作最终保障。司法民主能够真实反映人民意愿,遏制司法腐败,取信于民,避免司法信任危机;司法民主能够排除一切干扰,忠于反映人民意志的法律,保证法律得到正确实施,给人民生活以可靠的确定性。”①提高司法公信力是国家司法活动的终极追求,也是司法文明的核心要素。有公信力的司法才是优良的司法,才能让人民群众在每一个司法案件中都感受到公平正义。司法民主正是司法公信力赖以提升的保障。

人权保障制度的全面落实也是提高司法公信力的重要途径。论者指出:“尊重和保障人权,是社会主义制度的本质要求,也是我国宪法的重要原则。司法肩扛公正天平、手持正义法槌,是保障人权的坚强后盾。通过司法活动,守好保障人权的屏障,既是建设社会主义法治国家的一贯追求,也是实现司法公正的核心所在。”②通过司法手段保障人权(特别是保障当事人双方的人权)是社会主义司法的重要任务,尽管近些年来我国的人权司法保障状况大有改进,但在司法领域侵犯人权的现象仍屡有出现,如对犯罪嫌疑人的刑讯逼供等,说明我国刑事诉讼法规定的“非法证据排除”规则并未全面落实,从而导致冤假错案的出现,这对司法公信力建设造成了不良影响,因此必须改进。“必须把加强人权司法保障作为保证公正司法、提高司法公信力的重要任务,

---

① 黄永维主编:《司法热点问题读本》,人民法院出版社 2016 年版,第 197 页。

② 中宣部理论局编:《法治热点面对面》,学习出版社 2015 年版,第 94—95 页。

对侵犯人权的各种行为‘亮剑’，促使公权力依法严格行使，司法机关严格公正司法。”①这也反映了社会公众的呼声。

一些有利于人权保障的刑事司法政策对提高司法公信力也有积极作用。最高人民检察院近期推出的“少捕慎诉慎押”政策就取得了较好的社会效果，它一方面继承了中国传统的“慎刑”理念，另一方面又有利于保护人权特别是保护犯罪嫌疑人、刑事被告人的权利，因而得到了社会公众的认可。这一政策实际上是对过去“宽严相济”刑事司法政策的一种继承和改进。据新华社2021年12月3日电，最高人民检察院第一检察厅厅长苗生明就近期公布的第一批贯彻“少捕慎诉慎押”政策典型案例向媒体表示，发布该批案例意在宣传解读“少捕慎诉慎押”刑事司法理念，更直观、更有效地指导司法实践，准确把握政策要求，教育引导犯罪嫌疑人认罪认罚、悔过自新。据悉，近年来，随着相关司法理念日益发挥指导作用，以及认罪认罚从宽制度的全面实施和高比例适用，检察机关的不捕率、不诉率均有大幅上升，诉前羁押率则有所下降。据《上海法治报》报道，浙江省金华市检察机关“主动适应刑事犯罪结构变化，全面贯彻落实‘少捕慎诉慎押’刑事司法理念，深入践行‘慎刑’思想和刑法谦抑原则，有力促进司法文明和社会和谐。截止10月底，审前羁押率降至36.54%，位列浙江省第一方阵，同比去年下降近17个百分点”②。显然，“少捕慎诉慎押”是一种有“温度”的司法政策，也有助于推进司法公信力建设。

值得注意的是，一些地方人民法院推出了司法公信力建设“指数”来开展科学的司法评估工作，取得了良好成效。如上海市高级人民法院于2016年就研制推出了《司法公信力指数》，目的是：一方面，有利于促进全市法院将公信力指数中蕴含的公正效率的价值导向要求，落实到法院审判和司法改革之中，服务于审判质效工作，不断提升公正司法水平；另一方面，也有助于引导社会公众进一步增进对司法的了解、认同、信赖和监督，提高法律信仰，最终促进司法公信力的全面提升。这些指标包括公正、效率、效果、人权保障、司法改革、司法公开、司法为民、司法廉洁等。

应该指出，以上诸种措施，还仅仅属于司法系统内部的行为，而司法公信

---

① 中宣部理论局编：《法治热点面对面》，学习出版社2015年版，第95页。

② 陈东升等：《浙江金华少捕慎诉慎押显成效》，《上海法治报》2021年12月13日。

力建设还需要外部力量、外部资源的支持和支撑，如党政机关、立法机关、社会组织乃至于全体公民的大力支持。例如，目前推行的司法机关人财物省级统管体制虽然对抑制司法行政化、地方化有积极作用，但是这一改革是不彻底的，应当构建司法机关人财物归中央统管的体制，才能较为彻底地解决司法行政化、地方化造成的弊端，从而大大推进司法公信力建设，而这需要党政机关下大决心、全力支持。另外，政府诚信行为也对司法公信力建设具有重要意义，党政负责人讲信用会发挥很好的表率效应，会引领司法机关和社会公众讲信用的风气。反之，政府的失信行为必然会对社会诚信、政治诚信和司法诚信带来严重影响。从此意义上讲，政府失信是“污染了水源”，而司法失信只是“污染了水流”。这是中国独特的体制和国情决定的。

孔子说：“自古皆有死，民无信不立。”这是将诚信价值看得比生命价值更重要。今日的为政者应当深明此理，要明白为政者讲诚信，老百姓才会讲诚信，最终全社会就形成了注重诚信的文化氛围，那么司法诚信、司法公信的目标自然也不难实现。另外，立法机关的立法要科学、合理，要顺应民意，顺应历史潮流，也会对司法机关司法活动的正当性、合理性提供好的依据，从而助推司法公信力建设。而社会组织通过多元解纷机制大力化解社会矛盾，真正担当起社会矛盾“防洪堤”和社会正义“第一道防线”的责任，从而避免大量案件海啸般涌入法院，导致法官不堪重负并使办案质量下降，进而影响司法公信力的局面出现。可见，司法公信力建设确实是一个系统工程，它既是一个“国家工程”，也是一个“社会工程”，它是“信用中国”建设的一个重要组成部分。任重道远，需要党政机关、司法机关、社会组织和全体公民同心协力，精诚合作，久久为功，才会有全面实现之日。

四、司法公信力是司法学的核心概念

最高人民法院原副院长江必新在第六届全国司法学论坛上指出，司法公信力应当是司法学研究和司法实践的一个核心概念或“元概念”。党的十八大以来，司法公信力成为新时代司法工作的热词，但近两年我们谈论更多的是“让人民群众在每一个司法案件中感受到公平正义”。“让人民群众在每一个司法案件中感受到公平正义”更多的体现在案件的处理结果中，是司法公信力一个重要的表征，司法公信力作为一个核心概念包含着这样的要求。当然，司法公正、司法公开、司法效率、司法便民，这些都应当包含在司法公信力中，它是多维度、多环节，涉及依法治国各个方面的全要素概念。[①] 这为今后的司法学研究指明了方向。

司法学是一门研究司法现象的学问。司法学体系是由范畴(概念)体系、理论体系和学科体系构成的。范畴体系是理论体系的核心，理论体系是学科体系的核心。因此，范畴体系的成熟决定了理论体系的成熟，理论体系的成熟决定了学科体系的成熟。范畴体系就好比是一座大厦，由基础、支柱和砖瓦等构成。范畴是一种更为抽象的概念，范畴体系是系列化的概念。司法学的基础范畴主要是“人道司法”，核心范畴是司法学的“支柱”，主要是司法公信、司法价值、司法本体、司法规律等。除此之外的基本范畴则属于司法学大厦的“砖瓦”，主要包括三部分，一是司法理论类范畴，二是司法制度类范畴，三是司法实践类范畴。

理论体系是系列化的理论形态。司法学理论体系由基础性理论、支柱性理论和辅助性理论构成。基础性理论主要包括司法公信力论、人道司法论，支柱性理论包括司法立法的理论、行政司法的理论、社会司法的理论、环境司法的理论、司法程序的理论、司法管理的理论、司法监督的理论，等等。辅助性理论主要包括司法行政的理论、伦理司法的理论、司法传统的理论、国际司法的理论，等等。

学科体系是系列化的学科(司法学的下属子学科)，包括基础学科、支柱学科和普通学科三个系列。基础学科主要包括司法哲学、司法社会学、司法制度学等，支柱学科主要包括司法程序学、司法传统学、司法理念学、司法管理学等，普通学科主要包括司法行政学、司法伦理学、司法行为学、司法监督学、国际司法学、比较司法学、环境司法学等。

司法学是一门研究司法现象的学科，或者说是一门研究司法理念、司法制度和司法实践的学科，同时也是一门研究司法传统与司法现实、民间司法与国

---

① 参见张琪:《以“司法公信力”为核心的新时代司法命题的探索——第六届全国司法学论坛综述》，华东政法大学司法学研究院网，访问时间:2021 年 11 月 25 日。

际司法的学科。司法学既有交叉性的特点，例如司法与哲学交叉形成司法哲学，与史学交叉形成司法史学，与伦理交叉形成司法伦理学，与管理交叉形成司法管理学，与行政交叉形成司法行政学，等等；又有独立的学科属性，这主要体现在下列子学科身上，如司法程序学、司法制度学、司法传统学、民间司法学、国际司法学、司法理念学、环境司法学，等等。

一个学科的成熟与否取决于其体系化构建的程度。如果司法学的范畴体系不成熟，则其理论体系也不会成熟；而理论体系不成熟，则学科体系必然也不会成熟。司法学范畴体系的完善是司法学理论体系、学科体系成熟的标志。体系化的司法学意味着司法学的成熟化，成熟化的司法学当然会对司法实践产生更加深入、全面和持久的影响。

第二章　司法准立法论

司法具有立法和准立法的功能，这是学界和司法界的常识。无论是判例法系国家，还是成文法系国家，司法均有立法或准立法的功能，我们国家也不例外。司法的“立法”虽与立法机关的立法在立法主体、立法程序方面存在差异，但在“填补漏洞”“修正规则”的意义上两者又有相通之处。英美法系（判例法系）允许“法官造法”（司法立法），大陆法系（成文法系）虽然不允许法官造法，但允许司法解释。一些人认为司法解释具有填补漏洞、修正规则的功能，因此也是一种“立法”，但笔者认为或许用“司法准立法”这一概念进行表述更为妥当。司法准立法的真实含义是指司法机关和司法人员通过行使司法解释权来解释文义、填补漏洞和确立规则等。

一、西方司法权运行中的“造法”功能

在英美法系中，法官造法意味着法官可以创制判例，而上级法院的判例对下级法院有拘束力，同一法院的判例对以后类似案件的处理有拘束力，先前判例中确立的法律原则对以后同类案件的处理有拘束力。此谓遵循先例原则。但司法实践会使法官不断面临新情况，解决新问题，故创制新判例、确立新原则成为一个持续性过程，从而使法官的能动性与司法的活力密切结合在一起，为司法创新提供不竭的动力。

正如学者所说：“由于英国法的主要组成部分普通法和衡平法都是判例法，在英国司法实践中，包含在先前判例中的法律原则对以后同类案件有拘束

力,这就是遵守先例原则。具体来说,上级法院的判例对下级法院有拘束力,统一法院的判例对以后类似案件有拘束力。”①由此可见,在判例法系(英美法系)国家,法官可以“造法”,这就意味着“法官是法律的主人”。在此体制下,司法的立法功能得到了极大的发挥,法律变成了法官的“奴仆”,法律成为司法活动的产物,以至于人们将判例法(包括普通法和衡平法)称为“法官法”。

在判例法系国家,法官的判决是最真实的法律,一项判决不仅对特定案件具有直接效力,而且成为后来法官处理类似案件时应当遵循的先例。司法实践中,法官们往往追随着他们的先辈,用同样的原则和方法判决类似的案件。“当受理的案件有不同的因素时,法官可以通过区别的技术,对其进行扩大或限制性解释,从而发展先例中的规则;如果案件是全新的,无任何先例可循,法官就可以创造先例了,从而又为以后的案例提供了先例。从而每一类相似的案件判决都形成了前后相联系的链条,它保证着英国法的统一性和稳定性,但联系这种链条的要素并不是判决本身,而是判决中蕴含的法律原则。”②

不仅如此,英国法官甚至还可以宣布废止过去的判例或原则:“司法立法这个短语时常用来表示根据‘遵循先例’和‘先例具有约束力’的原则做出的实际上是重申或修改众所周知的法律原则和司法判决。这种司法判决被认为同议会的立法或委任立法具有同等的实践意义。把旧的规则适用于新的事实,宣布某一规则不适于某些特定的案件,扩充某一规则以适用于其他事实,所有这一切都具有立法或修改法律的效力。”③

尽管在成文法系国家的法官被称为“法律的奴仆”,要求法官严格适用成文法,明面上不允许法官立法,正统观点也认为立法机关制定的综合性法典包括了人类行为的各个方面,并提供了可以解决任何案件问题的现成答案,但是一到具体适用的时候,法官总是无所适从。因为“很多条文都显得非常模糊。毕竟任何法典都不可能把一切可能发生的和告到法院里的案情预料到。法律规定方面的这种缺陷必须是而且事实上也是由法院的判例来补充的,如果法

① 由嵘等:《外国法制史简编》,光明日报出版社 1987 年版,第 162 页。

② 郭成伟主编:《外国法系精神》,中国政法大学出版社 2001 年版,第 86 页。

③ 杨一平:《司法正义论》,法律出版社 1999 年版,第 247 页。

院不因为没有明文规定而拒绝受理案件的话”①。

诚如其言，大陆法系(成文法系)国家一般也颁布了许多未能预先规定而作出的判例，以及对现行法律进行的解释，作为法官参照的依据。这些解释或判例虽无“约束力”，但在司法实践中并未被忽视。“它们和坚持采用案例的国家里的条文解释几乎有同样的效力，因此可以说，在大陆法系国家，虽然名义上不允许司法立法，但表现为解释、判例等司法立法的实践却毫无疑问地存在，只不过世俗的正统观念不愿意为之正名罢了。”②

这里将法院或法官解释法律也当成“立法”，似乎并不准确，因其与立法机关的立法存在差异，或许将其称为“准立法”更为妥当。下面这种说法可以参考：“解释法律的权力既不是司法裁判权，也不是立法权，而是一项介于二者之间，但在性质上接近于立法权的权力。由于在立法权与司法权之间存在着一条鸿沟，而且当法律规定愈不能贴切地适用于具体案件时，这条鸿沟就愈巨愈深，因此唯有通过解释为之搭起一座桥梁才能使问题得到解决。”③

起初，大陆法系国家试图在立法机关与法院之间设立一个专门行使解释权的组织来发挥这一桥梁作用，但后来的实践证明法律解释权的独立行使存在着难以克服的功能性障碍，“因为尽管它在性质上接近立法权，但在实践中更依赖于司法裁判权。……任何一个通情达理的立法者都应该能够意识到，在他所立的法律中肯定会有不足之处。他也会知道，成文规则几乎永远不可能被表述得如此完美无缺，以致所有应隶属于该立法政策的情形都被囊括在该法规的文字阐述之中，而所有不应隶属于该法规范围内的情形仍被排斥在该法规语词含义范围之外”④。

由上述可见，面对千变万化的社会现实所带来的立法滞后性和立法缺陷性问题，大陆法系国家不得不“暗中允许”司法的准立法活动，即对法律条文进行司法解释，以便能填补漏洞、确立规则，更准确地适用法律。

---

① 杨一平:《司法正义论》,法律出版社 1999 年版,第 248 页。

② 杨一平:《司法正义论》,法律出版社 1999 年版,第 248 页。

③ 杨一平:《司法正义论》,法律出版社 1999 年版,第 250 页。

④ 杨一平:《司法正义论》,法律出版社 1999 年版,第 250—251 页。

二、中国传统司法解释中的立法功能

在古代中国,司法解释存在于"律学"之中。"律学是一种用儒家经义来解释法律的学问,是儒家经学的一个分支。它兴起于两汉,鼎盛于魏晋。"①尽管解释的主体不尽相同,有的是官员,有的是学者,但在当时司法与行政不分的体制下,行政往往兼领司法,因此,官员的解释也可以视为司法解释,何况这些官员中还有一些专门负责司法工作的人,如汉代的廷尉杜周、杜延年父子,其解释汉律的著作就是典型的司法解释,而他们的司法解释著作因为得到皇帝的认可成为当时的审判依据,因此有了"立法"的效力(史称"大杜律"、"小杜律")——即所谓"司法立法"。另外,当时解释法律的学者也多为官员出身,或者是为官员的司法活动提供咨询建议(如董仲舒就曾多次就判案情况向当时的廷尉张汤提供咨询意见),因此,学者的法律解释也可视为广义的司法解释。

律学发端于西汉时期的"引经决狱","其程序是用儒家经典解释所引律文宗旨,最终引据经过解释的律条判案"②,即利用儒家经义来解释律文并适用于办理案件。此后成为一种风气,并引发了"引经注律"的风气。这是因为,"在引经决狱的过程中,遇到经义与律典有矛盾的时候,总是需要作出解释,而当时修改律典是不太容易的,故一些儒生干脆撰写一些用儒家经义解释律典的著作,使律典中的条文合乎儒家的经义"③。

引经注律导致了律学的产生,作为经学的一个分支,律学在东汉时期有了长足的发展,许多经学大师又是律学家,他们既注经又注律,或引经解律,或引律说经,以至于出现了大量解释法律的著作。但诸家说法各异又使司法官吏无所适从,最后不得不由皇帝出面,下诏规定一个统一的汉律注本,这个注本就是"郑玄章句"(汉代经学大师郑玄的注本)。郑玄章句因此成为当时司法审判的依据,因而也就获得了立法意义。学者的法律解释属于广义的司法解

① 崔永东主编:《中国法律思想史》,北京大学出版社2004年版,第184页。

② 陈晓枫等:《中国法制史》上册,武汉大学出版社2012年版,第244页。

③ 崔永东主编:《中国法律思想史》,北京大学出版社2004年版,第185页。

释，因此郑玄章句也有司法立法的意义。

有的学者在分析中国古代律学成就时指出："直接赋予律学注释成果以法律效力，使之成为国家立法的一部分；自秦以降，这一直是律学影响法制发展的最直接的途径，也是中国古代律学成就的主要表现形式。……即便是明清时代的私家注释律学，其律学成果也常常以'律注'的形式进入法典之中。"①也就是说，中国古代律学的主要成就之一即"司法立法"——法律解释著作多带有"司法解释"的性质，而且很多律学成果被纳入律典或成为司法审判的一种依据，因而具有了"立法"性质。

总之，法律解释或司法解释是中国法制史上一大悠久的传统，在中国传统法律文化中有着深厚的底蕴。早在战国时代的秦国就已经出现了专门的法律解释之作《法律答问》，系官方对当时法典《秦律》的解释（兼有立法解释和司法解释的性质）。后来唐朝出现的《唐律疏议》，也是官方对当时法典《唐律》的解释之作（兼有立法解释和司法解释的性质），代表了我国古代法律解释的最高水平。另外，自汉代兴起一直持续到明清的"律学"，就是一种用儒家经义解释律典（史称"注律"）的学术思潮。其中的律学著作不仅仅是官方的解释法律之作，还包括大量的私人注释法律之作。一些私人注律著作因为得到官方认可而成为衙门理讼决狱的参照或依据，因此获得了立法或"准立法"的意义。可见，中国今日的司法解释制度并不仅仅是对西方大陆法系之法律传统的借鉴，同时也是对中国法律解释传统的继受。因此，我们有必要做好法律解释特别是司法解释工作，在加强规范化的同时切实发挥好"司法准立法"之于推进法治完善和法治创新的作用，为新时代司法文明和法治文明的进步作出更大贡献。

三、对现行司法的准立法功能及其意义的思考

司法的准立法功能是靠司法解释来发挥的。在我国现代司法体制下，司法解释的内涵是什么？"所谓司法解释，是指我国最高司法机关根据法律赋

① 胡旭晟：《解释性的法史学》，中国政法大学出版社 2005 年版，第 275 页。

予的职权，在实施法律过程中，对如何具体应用法律问题作出的具有普遍司法效力的解释。”①司法解释的功能在于：一是保证法律的适用；二是弥补立法的不足；三是为立法的发展提供有利条件。

有的学者说：“法律解释乃是法适用之不可或缺的前提。”②另有学者说：“法律解释或司法解释并不只是对法律的理解活动，它还具有造法的作用，在性质上属于立法的延长；法律漏洞的补充和不明确法律规定及一般条款的价值补充，就是典型的例子。”③还有学者说：“法律解释既是实施法律的一个前提，也是发展法律的一个方式。”④上述观点的核心在于：法律解释是法律适用的前提，同时因其具有“造法”作用，也是发展法律的一种方式。

法律解释既是实施法律的一个前提，也是发展法律的一个方式。这一说法颇有道理，具体原因是：第一，法律规范是抽象的、概括的规定，是对一般人或事而非对具体、特定的人或事来规定的；第二，人们的认识水平是千差万别的，对同一法律规定也会有不同的理解，特别是法律规定中存在很多的专门术语，这就需要进行解释；第三，人们不能指望每个法条都规定得完美无缺；第四，社会生活是不断发展的，法律既要适应社会发展的需求，又不能朝令夕改，还要保持法律的相对稳定性，因此通过法律解释就能在保持法律稳定性的同时使法律适应已经发展变化的社会现实。

在司法解释领域有一句“行话”，即“没有解释就没有适用”，这句话的意思就是司法解释是法律适用的前提。但也有学者认为司法解释和法律适用不可分割，根本上就是一回事：“适用法律和解释法律这两种活动或过程是关系密切、不可分割的，甚至可理解为同一件事情。”⑤通过法律解释，可以弥补法律漏洞，这属于司法准立法。对此，学者多有揭示，如有的学者强调法律解释是对已付诸实施的法律本身及其运行过程的不足的一种补救措施；另有学者主张法律解释或司法解释弥补了立法的不足、补救立法滞后的问题。此外，司法解释还为立法的发展提供了有利条件。可见，法律解释或司法解释的两大

---

① 周道鸾：《司法改革与司法实务探究》，人民法院出版社 2006 年版，第 74 页。

② 转引自梁治平编：《法律解释问题》，法律出版社 1999 年版，第 201 页。

③ 梁治平编：《法律解释问题》，法律出版社 1999 年版，第 203 页。

④ 转引自梁治平编：《法律解释问题》，法律出版社 1999 年版，第 204 页。

⑤ 梁治平编：《法律解释问题》，法律出版社 1999 年版，第 3 页。

作用是:一为弥补法律漏洞;二为促进法律发展。两方面均体现了“准立法”或立法的意义。

学者指出:“现行宪法在确认了全国人大及其常委会为我国最高立法机关后,又规定了多层次的立法体制和释法体制。因此,司法解释在一定范围内可以具有立法功能不仅已为司法实践所证明,而且在理论上也是站得住脚的。”①当然,最高司法机关的解释不得侵犯法律明确授予其他机关的解释权限,并且在“补充”和“修正”时应该事先征求全国人大常委会的意见,接受其事先监督。

苏力在《送法下乡:中国基层司法制度研究》一书中也探讨了司法立法问题。该书导论指出:“司法的另一个重要意义在于,它实际上是一种具有立法意义的活动。尽管如今人们习惯将立法和司法作严格的区分,但这种区分无论在逻辑上还是在实践上都不很清楚,只是一种约定俗成;其界限是专断的。如果不是把立法仅仅视为由某个贴了立法机关之标签的机构按照所谓的立法程序制作出来的法律条文,而是将立法视为为社会实际生活规定或确认规则,那么司法必然是广义上的立法之构成部分。从实践中看,司法适用、司法解释历来被认为是对立法的补充,即所谓空隙立法。在普通法国家,在普通法领域,绝大部分法律都是通过法官创制而成的,通过法官改造的;……即使在欧洲大陆法系国家,司法实际上也是对立法的补充,许多国家的有关法典都明确规定,当法律没有明文规定的时候,法官应当按照立法者在这种情况下可能颁布的法律或审慎的自由裁量或含义不明的自然法原则作出法律判决。而一个司法判决,无论其是否意图作为立法,客观上都对此后的这一问题的司法构成一种约束和导向,因此在这个意义上,具有法律规则的作用。”②

其核心观点旨在强调如下几点:其一,司法与立法在理论和实践上均难以区分;其二,如果将立法当成为实际的社会生活确立规则,那么司法就是广义立法的组成部分;其三,司法适用、司法解释实际上是对立法的补充,即“空隙立法”;其四,一个司法判决自然会对后来类似案件的处理形成一种约束和导向作用,因而也就具有了“立法”(确立法律规则)的意义。

---

① 冯军:《论我国行政审判中的司法解释》,《法学》1991年第2期。

② 苏力:《送法下乡:中国基层司法制度研究》,中国政法大学出版社2000年版,第4—5页。

目前,我国社会正处在转型时期,经济变革与社会变革正在提速。因此,立法滞后、法律不健全的问题日益严峻,现有的法律法规已经远远不能适应现实的需求。在此情况下,让司法解释发挥更大作用成为值得人们期待的事情。学界那种将司法解释等视为“辅助性的立法职能”是准确的,辅助立法就是“准立法”。在当下的中国,司法准立法具有特别的重要意义,它可以弥补立法的不足,填补法律的漏洞,修正过时的条款,确立新的规则。

正如法律解释离不开法律方法一样,司法解释也离不开司法方法。中国现行司法解释制度正是建立在一系列解释方法的基础之上的。随便找一本法律解释学、司法方法学或法理学方面的书,都会有涉及解释方法的专门章节。如我国著名法理学家沈宗灵先生主编的《法理学》一书就指出,扩充解释(或称扩张解释、扩大解释)是指“法律条文的字面含义显然比立法原意为窄时所作出的比字面含义为广的解释”;目的解释是指“从制定某一法律的目的来解释法律。这里讲的目的不仅是指原先制定法律时的目的,也可以指探求该法律在当前条件下的需要”。以研究司法方法学而著称的专家鲁千晓在《司法方法学》一书中指出:“扩张解释所蕴含的意义是在法文未及之处依法律精神的范围为界来解释和适用法律。”立法学家周旺生在《立法学》一书中也指出:“当然解释是指在法没有明文规定的情况下,根据已有的法的规定,某一行为当然应该纳入该规定的适用范围时,对适用该规定的说明。”在这里,笔者要指出的是,司法机关或司法人员在运用上述方法解释法律并将解释结果引入司法实践时,无异于扮演了“准立法者”的角色。

照理说,在分权的体制下,司法机关并无法定的立法权,立法权职能归立法机关享有。但是,这里有一个前提,若仅由立法机关进行立法,司法机关进行司法的话,那么法律就应当完整、清晰和逻辑严密、无懈可击。若不能满足此种要求,则势必造成法官立法。正如专家所说:“第一,如果法官需要处理一个法律未加规定的案件,那他实际上就要立法,但这种做法是与严格的分权原则相违背的。这势必要求立法机关制定出完美无缺的法律。第二,如果法典中的条文互相矛盾,需要法官选择对案件事实更为适用的规定,那么这样做又形成了法官立法。为了避免这种情况的发生,就要求法典规定本身不能有任何矛盾。第三,如果允许法官对模棱两可或者含混不清的法律条款确定其真正含义,那么就无异于承认法官立法。因此,这就要求法典的规定必须明白无误。……指望一切都通过立法的形式加以妥善解决，毕竟是不切实际也不可能实现的梦想。赋予司法机关一定的解释权和自由裁量权，以及重视判例的参照作用也就成为历史发展的必然。"①

而事实上，上述要求很难被满足。"指望一切都通过立法的形式加以妥善解决，毕竟是不切实际也不可能实现的梦想。赋予司法机关一定的司法解释权和自由裁量权，以及重视判例的参照作用也就成为历史发展的必然。"②上文提到的"重视判例"的作用，是英美法系国家的传统，该传统的最大特点在于允许法官立法，正如研究外国法制史的专家所说，"英国法的很大一部分实际上是法官制定的，在这个意义上称它们为法官法"③。

作为受大陆法系影响较深的国家，我国现代司法实践中同样也存在着"司法准立法"的现象。"如果说我们不否认司法解释和推理具有司法立法之意味的话，那么我们就不应该否认我国司法实践中也同样存在着司法立法现象。……我国和大陆法系国家一样，唯有最高法院才有司法解释权。除了有些解释是应下级法院之申请而为外（如我国最高人民法院的'批复'），还有大量司法解释是最高法院主动作出，并以'通知'一类形式下发下级法院遵守执行的。这种规范化的解释形式（类制定法），无论是在形式上还是在内容上，实际上都比英美法系的个案解释形式（判例法）更像是在立法。"④

上文"唯有最高法院才有司法解释权"的表述并不准确，因为在我国司法解释体制下，最高人民法院与最高人民检察院都有司法解释的权力。1982 年宪法和 1981 年全国人大常委会颁布的《关于加强法律解释工作的决议》，规定除全国人大常委会、地方政权机关的法律解释外，还包括"国家最高司法机关工作中具体应用法律问题所作的解释。法理上称为司法解释。这类解释包括最高人民法院作出的审判解释，最高人民检察院作出的检察解释，以及最高人民法院和最高人民检察院联合作出的解释"⑤。

下面的分析可与上文互相印证，并可使我们进一步加深对法律解释或司

---

① ［美］梅利曼：《司法正义论》，顾培栋等译，知识出版社 1984 年版，第 32—33 页。

② 杨一平：《司法正义论》，法律出版社 1999 年版，第 247 页。

③ 由嵘等：《外国法制史简编》，光明日报出版社 1987 年版，第 162 页。

④ 杨一平：《司法正义论》，法律出版社 1999 年版，第 252 页。

⑤ 周旺生主编：《法理学》，法律出版社 2000 年版，第 92 页。

法解释之重要性的认识:“任何法律规范都是抽象、概括的规定,要适用到现实生活中具体的人和事,需要法律解释的媒介作用;任何法律规范都应该具有稳定性,要适应现实生活和人们认识的不断发展变化,需要法律解释;法律适用不得不面对和克服法律规范自身存在的模糊和歧义,从而需要法律解释;由于各种原因,法律规范本身存在缺漏,也需要法律解释作为拾遗补缺的重要手段之一。就中国而言,由于国土广阔,人口、民族众多,地区发展不平衡,在法律的普遍规定与特殊调整和具体适用之间,矛盾尤为突出,法律解释在中国法治实践中的意义就特别重大。”①

有学者指出:“在法律没有规定的地方,一个理想的法官可能根据习惯的做法以及有关的政策性规定或原则以及多年的司法经验作出实践理性的决断,补充那些空白;在法律不明确的地方,他会以实践的智慧加以补充,使之丰富和细致;在法律有冲突时,选择他认为结果会更好或更言之成理的法律;在法律语言具有弹性、涵盖性、意义增生性的情况下(而这是不可避免的),追求一种更为合理的法律解释。所有这些,我们可以称之为解释,但在一定层面上又是一种为社会生活‘立法’的过程。通过这种司法实践,制定法获得了它的生动性、再生力和可塑性,保持了与整个社会以及具体的社会生活的贴近、相关和大致同步。”②这是对“司法立法”或“司法准立法”现象的理论分析和实践说明。

此处有必要专门介绍一下我国台湾地区知名法学家杨仁寿先生的观点,以便我们进一步深化对法律解释或司法解释之于司法立法的重要作用的认识。他的《法学方法论》一书在学界享有盛誉,其对司法解释与法官造法之关系的探讨颇有见地,嘉惠学林。该书中设专章“裁判之准立法机能”,探讨了司法的“准立法”功能:“自由法论者,认为法律有漏洞存在或有不明确之处,乃无可避免,因而承认法官在法律漏洞或法文不明确的范围内,可自由的创造法律,无异承认法官在一定的限度内,具有‘准立法者’之作用,有权‘造法’。”③这里有几点需要注意:一是凡是立法都有漏洞或不明确之处;二是法官职责之一在于弥补漏洞、厘清文义;三是法官创造法律乃属“准立法”。上

① 梁治平编:《法律解释问题》,法律出版社 1998 年版,第 174 页。

② 苏力:《送法下乡:中国基层司法制度研究》,中国政法大学出版社 2000 年版,第 6 页。

③ 杨仁寿:《法学方法论》,中国政法大学出版社 1999 年版,第 73 页。

述见解可谓精辟。当法官行使“准立法权”时，同时也就是在进行法律解释。

杨先生所列的司法解释的方法包括文义解释、体系解释（含扩张解释、限缩解释、反对解释、当然解释、法意解释、比较解释、目的解释、合宪解释）、社会学解释、价值补充、漏洞补充、类推适用、利益衡量等。我们择取其中与“准立法”含义最近者列示，供读者参考。“扩张解释，系指法律规定之文义，失之过于狭隘，不足以表示立法之真义，扩充法文之意义，以期正确适用而言。”①“当然解释，指法文虽未规定，惟依规范目的衡量，其事实较之法律所规定者，更有适用之理由，而径行适用该法律规定而言。”②“法意解释，又称为历史解释或沿革解释，系指探求立法者于制定法律时所作价值判断及其所欲实践的目的，以推知立法者之意思，而为解释之方法。……惟所谓立法者之意思，并非指立法者当时之意思，而系指依当时立法者处于今日所应有之意思，故法意解释，应依社会现有的观念，就立法资料的价值予以评估，而不能以立法者当时社会所存在的观念评估。”③

杨先生又言：“目的解释，系指以法律规范目的，阐释法律疑义之方法而言。……法律规范目的在维护整个法律秩序的体系性，个别规定或多数规定均受此一目的之支配，所有之解释，绝不能与此目的相违。透过目的解释，各个法律条文间之‘不完全性’或‘不完整性’，均能完整顺畅而无冲突。目的解释与法意解释，同在阐明规范意旨，只不过一从整体之法律目的解释，一从个别规定之法意探求。”④“法律规范对于应规定之事项，由于立法者的疏忽未预见或情况变更，致就某一法律事实未设规定时，审判官应探求规范目的，就此漏洞加以补充，斯谓之漏洞补充。……漏洞补充，一言以蔽之，实即‘法官造法’。”⑤

这里将漏洞补充当成“法官造法”，实即司法准立法。杨先生认为，包括类推适用、目的性限缩、目的性扩张、创造性补充等在内的解释方法都属于漏洞补充的方法。其中最后一种方法，其解释令人深思：“创造性补充，系指依

---

① 杨仁寿：《法学方法论》，中国政法大学出版社1999年版，第110页。

② 杨仁寿：《法学方法论》，中国政法大学出版社1999年版，第120页。

③ 杨仁寿：《法学方法论》，中国政法大学出版社1999年版，第123页。

④ 杨仁寿：《法学方法论》，中国政法大学出版社1999年版，第127—128页。

⑤ 杨仁寿：《法学方法论》，中国政法大学出版社1999年版，第129页。

据法理,就现存实证法毫无依据之类型,创造其规范依据而言。良以法律有时而尽……如认为有必要加以规范时,唯有依据法理念及事理,创造规范,以济其穷。”[①]这就是说,即使法律没有规定,亦可依据法理念和事理创造规范,足见司法的准立法功能是何等强大!

司法的“准立法”或立法功能,在古今中外的司法实践中是一种不可忽视的现象,在法律适用和法律发展中起着重要作用。对这一现象进行深入研究,对我们来说有着特别重要的意义。因为我国长期受大陆法系的影响,对“司法立法”一直讳莫如深或有意忽视,即使对“司法准立法”,我们的研究也相当薄弱,相关理论也很不成熟,这对我们的释法体制及其正常功能的发挥带来了不良影响。

当下我国正在推进全面依法治国,需要构建完善的司法体制,而释法体制也是现代司法体制的组成部分之一。我们应当以开放的心态对待一切有价值的法治经验,包括英美法系的“法官造法”与中国传统的“律学立法”,并加以吸收转化,成为我国释法体制中的有机组成部分,以推进法律实施,促进法律发展,为构建现代化司法文明提供助力。

---

① 杨仁寿:《法学方法论》,中国政法大学出版社 1999 年版,第 157 页。

第三章　社会司法论

一、社会司法的内涵

社会司法是相对于国家司法而言的。国家司法是指国家司法机关适用国家制定法来解决纠纷的活动,社会司法指社会组织根据社会规则来化解纠纷的活动。前者体现的是国家意志和国家权力,后者体现的是社会意志和社会权力。其实,更准确地说,除国家司法之外的一切化解纠纷的活动都属于社会司法的范畴。

社会司法这一概念起源于西方法社会学流派,其代表人物埃里希的《法律社会学基本原理》一书开始揭橥这一概念及其内涵,并提出了著名的"活法"论——活法是支配社会生活本身的法律,活法在调整社会秩序方面发挥的作用超过国法。活法即社会规则,社会司法就是根据活法所进行的化解纠纷的活动。根据该派观点,活法和社会司法在调整、维护社会秩序方面发挥的作用远远超过了国法(国家制定法)和国家司法。

该派理论被介绍到我国国内后,立刻引来大批"拥趸",宣传者有之,评论者有之,研究者有之,实践者有之。总之,社会司法的理论正日益受到学界和实务界的关注。社会司法的理论还引起了学界对社会权力与国家权力之关系的思考。随着市场经济体制在我国的确立,各类社会主体逐渐拥有了较多的社会资源,社会影响力也日趋显著。多种所有制经济的并存和发展,改变了过去公有制的一统天下。形形色色的社会组织的建立并逐渐相对独立地行使其社会权力,开始打破了所谓国家与社会一体化的局面,形成了国家与社会相对分离、二元并立的格局，国家正在逐步“还权”于社会，国家权力中的一部分正在逐步走向社会化。而“社会司法”权也正是在此背景下引起人们关注的。

二、社会司法理论兴起的社会背景

社会司法理论在现代中国的崛起与市场经济背景下社会组织的兴起是分不开的，兴起的社会组织当然需要享有和行使社会权力。国家应当克制自己的权力欲望，适度分权于社会组织。其实，与其用所谓的“分权”一词，还不如用“还权”一词更为适当，因为这种权力本来就是归社会组织拥有的，后来却被国家逐步“蚕食”的。国家为了长治久安，为了凝聚社会共识，降低治理成本，需要容忍社会组织和社会权力的存在，并与社会组织及社会权力“和平共处”、共同发展，后者亦可为前者提供有力的支撑。来源于社会权力的社会司法权，在调整基层社会秩序方面发挥着不可估量的作用，这在中国的“枫桥经验”、西方的多元化纠纷解决机制等解纷模式中得到了充分证明。

在现代中国，出现了国家与社会逐步“分权”的趋势，权力的社会化倾向逐步明显。而且，从国家整体治理架构看，法治国家是需要法治社会来支撑的。社会权力来源于社会自治，社会自治需要社会规则；而民间纠纷可以靠社会规则如乡规民约、社团章程等来处理。笔者认为，如果将治理区分为国家治理与社会治理两个方面的话，那么国家治理的核心在于国家制定法和国家司法，社会治理的核心在于社会规则与社会司法。国家治理需要社会治理来辅助，法治国家需要法治社会来支撑，国家司法需要社会司法来支持。这样的治理模式才是较为完善的治理模式。

权力的多元化、社会化是政治民主化的必然要求。中国四十多年的改革开放，特别是市场经济的突飞猛进，使社会组织和社会权力逐步发展。在此背景下，过去那种国家权力垄断一切、无所不在的局面被冲破，国家权力正在逐步向社会权力让出地盘。如实行政企分开，将一些由政府包办的社会事务还归社会组织，等等。

权力社会化的实质在于增强权力的人民性，其途径在于还权于社会组织。权力社会化的主要意义在于，将原来集中于国家的权力，部分地还归于社会组织，还归于人民，使社会组织和普通民众拥有更多自主和自治的权力。社会组织的权力是市民社会自治、自卫的权力，社会权力在促进国家向社会分权、监督和制衡国家权力方面能发挥重要作用。总而言之，社会权力不仅弥补和辅助了国家权力，还监督、制约了国家权力。从整体的治理格局看，两者缺一不可，相辅相成。不过，过去那种偏重于国家权力的做法是有问题的，今天应当采取纠偏措施了。

在目前构建法治社会的大背景下，对法治社会与社会自治的关系有必要重新认识：第一，法治社会意味着社会生活的民主化、法治化；第二，法治社会意味着社会组织在法治框架下的自主、自卫和自治；第三，人们从完全依赖国家变为逐渐依赖社会进行保护；第四，从依靠国家权力的相互制约到以社会权力制衡国家权力；第五，从国家与社会的一体化到双元相辅而行；第六，从国家立法到社会立“法”（乡规民约、社团章程等）二元并行，从国家执法到社会“执法”（社会组织执行其本身制定的规则——社会规则）的二元并行；从国家司法到社会“司法”的二元并行。

从学理上看，国家司法与社会司法二元并行的解纷模式，其理论基础在于“国家法”与“民间法”的二元并行。综合国内外学界的有关理论，有几点需要注意：一是任何社会都存在法律多元现象，所谓法律多元是指两种或两种以上的法律类型；二是从大体上看，任何社会都存在国家法与民间法两种类型的法律，民间法只能算作“类法律”；三是民间法的一些做法也会影响国家制定法的结构形式和运作方式。这说明，国家法与民间法之间的关系是一种互相渗透的关系，并不是泾渭分明的，而是存在一定的边界模糊性。

三、社会司法的历史意蕴和现代传承

治理模式与规则体系的二元并行与互相渗透，在中国有着更为久远的历史。国家法与民间法二元并存的格局一直是中国古代法的重要特色，也是中国古代治理模式的重要特点。具体地说，在上层社会，主要靠国家法来整合秩序；在基层社会，主要靠民间法来整合秩序。换言之，除非重大刑事案件，国家体制性力量包括国家司法力量一般不会介入基层社会治理，基层社会的普通民商事案件、轻微的刑事案件等基本上都是靠民间法来规制，此即所谓“皇权不下县”之义。由此带来的一个结果是：不管上层社会如何变动（如政权更迭等），基层社会基本都风平浪静，不受什么影响。这是中国封建社会基层秩序出现相对“恒态稳定”的重要原因。规则体系上国家法与民间法的“双元并行”必然导致司法领域国家司法与社会司法的“双元并行”，如果我们将“司法”理解为化解纠纷的活动，或者将司法进行广义的理解，那么社会组织甚至个人所进行的化解纠纷的活动自然亦可纳入司法的范畴之中。社会司法无疑对基层社会治理发挥着国家司法不可替代的作用，而这种作用又是对国家司法的一个重要支撑。它们共同构成了司法体系的“双维”和治理体系的“双璧”，二者相辅相成、不可或缺。

实际上，在现代中国，已经出现了国家治理与社会治理二元并重的趋向，不仅出现了国家权力与社会权力二元并重的趋势，还出现了国家立法与社会“立法”、国家执法与社会“执法”、国家司法与社会“司法”二元并重的趋向，这正是社会力量崛起，且与国家力量并行的标志，同时也是中国古代国家法与民间法并存并行传统的复兴。从国家与社会的一体化到二元并行，演绎了国家与社会在力量对比上的双重变奏，它体现了中国乃至于人类治理模式在整体上展示出的民主化、多元化、文明化和人道化趋势。

中国当代改革开放的过程就是一个国家逐步“还权”于社会的过程，社会在“失权”状态下是不能产生活力的，社会组织的权力缺位也不可能使其发挥有效作用。因此，要“开放搞活”就需要培养市场活力、激发社会活力，因此也需要培育大批的社会组织，使其在促进与维护市场经济秩序、提升社会活力和维护社会秩序方面发挥积极作用。而要做到这一切，就需要国家与社会的“分权”，即把属于国家掌控的部分权力交还于社会组织——从权力演进的历史进程看，先有社会权力，后有国家权力。今后的趋势是，国家权力逐步“还归”于社会。甚至可以说，在将来的共产主义社会里，已经没有了国家，因此也就没有了国家权力，只有社会权力存在了。

考察中共十一届三中全会以来中国社会的变迁史，学者不难发现，农村的政社分开，城市的政企分开，以及劳动力的自由流动，有限的结社自由，市民自治和社会自主，社会权力对国家权力的制衡等，这一过程就是国家逐步对社会“分权”的过程。此种情况表明，国家在一定程度上“还权”于社会，预示着社会逐渐与国家相对“分流”，呈现出相辅相成的二元并存的趋势。国家与社会成为整体治理架构中的双重主体，既相互支撑又相互制约的局面已经初步形成。可以说，当今中国治理模式的整体发展趋势是国家与社会由一体化到双元相辅而行。而这也可以视为中国当代司法二元主义模式的理论基础。

四、作为一种弹性概念的“司法”

司法是一个弹性概念，也是一个开放性的概念，它理应容纳作为国家权力的司法，也应容纳作为社会权力的司法。笔者认为，还可以从大司法、小司法这样的角度来理解司法。小司法是狭义司法，即指国家司法机关的审判活动，在中国还包括检察机关的活动。大司法是以“小司法”为核心又向外呈放射状的具有复合性、开放性的体系，包括调解、仲裁、行政裁判等“准司法”活动，又包括所有的“涉讼”性活动。这样对司法加以理解是比较完整的。

其实，在国家的司法权中也存在一定的社会性。司法权实际上是社会自卫的武器，司法机关不仅仅是国家的权力机关，更是社会的维权机关。审判机关介于国家与社会、政府与公民之间，在定分止争领域它是中立者和公正的裁判者。司法权独立行使的要义即在于使司法权从其他国家权力中超脱出来，还原“中立者”本色。由此可见，司法权这一国家权力中实际上蕴含着社会性因素。另外，司法审判过程中的社会参与，也在一定程度上体现了司法权的社会性。如诉讼当事人所享有的控告权、申辩权、上诉权和质证权等诉讼权利，就体现了社会对国家司法权力的制约，而人民陪审员制度和律师制度更是一种以社会权力抗衡、制约国家司法权力的社会机制。公民和社会组织参与司法活动，也可以说是将国家司法权部分地交给社会主体（包括社会组织和个人）行使的一种形式。

另外，社会司法作为一种准司法行为，它体现的也是一种社会权力和社会意志，包括调解、仲裁之类。苏联的“道德法庭”是一种社会司法，西方的多元化纠纷解决机制也是一种社会司法。中国当代的“枫桥经验”以及人民调解制度也属于社会司法。此类解纷模式可以减轻司法机关的负担，节约司法资源，而且为广大民众所喜闻乐见，因其植根于深厚的民族传统文化的土壤之中。实际上,社会司法模式的有效运行,体现了国家权力逐步“让渡”于社会的发展趋势,亦契合于“小政府、大社会”的社会治理目标。站在历史发展规律的高度看,国家权力的完全社会化,包括国家司法的完全社会化,将是人类历史发展的正常结局。这是符合马克思主义关于国家最终走向消亡的唯物史观的。

从中国传统法律文化来看,有所谓“宗族司法”“行会司法”“村落司法”“宗教司法”等,这些都属于社会化的准司法,或谓社会司法。在维系基层社会秩序方面发挥了重要作用,同时也节约了国家司法的资源、降低了国家司法的成本,从而对国家司法起了有力的支撑作用。国家司法与社会司法并重,一直是中国历代统治者推崇的治国之道。这就是中国传统的司法二元主义模式。

五、当前我国社会司法存在的问题与出路

当前我国的“社会司法”现象是一种“自发式”“非体系化”的存在,既未受到理论界的足够重视,亦未受到决策部门与司法实务部门的充分重视。因此而展现出来的问题是:(1)社会司法缺乏清晰的理论体系;(2)社会司法缺乏有力的学术支撑;(3)社会司法的实践探索是碎片化的,缺乏体系性;(4)社会司法并未上升到国策或国家法治的高度;(5)社会司法的制度不健全;(6)社会司法与国家司法缺乏必要的衔接;等等。

改革开放以来,中国的法治建设走的是一条“立法中心主义”的路子,理论界与决策部门普遍认为只要通过立法途径构建完善的社会主义法律体系,“法治国家”自然就可以实现。这是一种基于“法律浪漫主义”的认识,对立法之于法治的作用进行了过度的解读。实践证明,在“社会主义法律体系基本形成”被官方宣布多年后的今天,“法治中国”还只是一种梦想,并未实现,仍然有很长的路要走。这就需要我们在法律价值观上进行必要的“位移”,即从“立法中心主义”转向为“司法中心主义”,因为司法是“法治中国”从梦想变为现实的中间环节也是关键环节。这里的司法,不仅指国家司法,也包括社会司法,两种“司法”模式的相辅相成,才能共同助推中国的法治进程。

但是，我们的理论界一向囿于国家司法中心主义，不重视社会司法问题及其与国家司法的关系问题，认为“司法”是在国家权力主导下的化解纠纷、适用法律的活动，舍此无他。这种对“司法”的过分偏狭的理解，导致理论界对“社会司法”进行理论探索的不足甚或排斥。因此，有关社会司法的理论在中国大陆明显欠缺，更谈不上结合中国国情的成体系的理论。这种理论上的“先天不足”，制约了其在制度和实践中的影响和作用，制度体系的欠缺与实践机制的不成熟就成了自然而然的事情。

中央提出的“创新社会治理体制”的号召为理论界重视社会司法问题的研究提供了一个契机。中共十八届三中全会《决定》指出：“正确处理政府和社会关系，加快实施政社分开，推进社会组织明确权责、依法自治、发挥作用。适合由社会组织提供的公共服务和解决的事项，交由社会组织承担。”①这种“激发社会组织活力”的举措，旨在“维护最广大人民根本利益，最大限度增加和谐因素，增强社会发展活力，提高社会治理水平”②。要实现上述目标，解决“社会司法”问题是其中的一个重要环节，而社会司法的主体——社会组织的活力问题更是亟待解决。与中国古代社会相比，现代中国民间社会的宗族组织、乡绅集团等要不荡然无存，要不形同虚设，根本没有什么活力，因其丧失了“社会司法权”如调解权、训诫权、惩戒权及政治权、经济权等，在化解社会纠纷方面难以发挥作用。因此，增加社会组织活力须首先解决上述问题，才有可能为社会司法调整基层社会关系找到一条出路。或许，中央提出的在广大农村地区构建新型“乡贤文化”是一个不错的选择，它可以继承借鉴我国传统中“乡绅”集团维护乡村秩序的经验，为“社会司法”在乡村社会的重建寻觅一条新路。

理论界有必要对此作出反应，时代的挑战需要理论家敢于直面现实，将目光“下移”，将研究的重心“下沉”，关注基层社会的治理问题，关注基层社会组织的自治问题，并因此而关注社会司法问题。值得注意的是，最近几年来兴起的新兴学科“司法学”已经展现了对该问题的高度关注。司法学的学科聚焦点不仅仅是国家权力层面的司法活动，还聚焦社会层面的“准司法”活动。正

① 《中共中央关于全面深化改革若干重大问题的决定》，人民出版社 2013 年版，第 50 页。

② 《中共中央关于全面深化改革若干重大问题的决定》，人民出版社 2013 年版，第 49 页。

如拙著《司法学论纲》一书所说:"'司法'是一个广义概念,司法权不仅仅是一种国家权力,同时还是一种社会权力;不仅有'国家司法',还有'社会司法'或'准司法'。"①中外历史与现实表明,制度建设与实践演进均需要理论引导和学理支撑,而司法学学科的兴起无疑可担负起这样的使命。随着社会司法问题被纳入司法学的研究视野,司法学必将为社会司法的实践探索与制度重建提供一个强有力的学术支撑点,这是我们共同期待的。相信在不太久远的未来,社会司法的制度体系将得以重建并逐步完善,社会司法的实践也将变成一种系统化的理性行为,社会司法与国家司法得到很好的衔接,两者之间相辅相成、互相补充的关系得以实现,国家司法与社会司法并重的模式最终将上升为国家法治战略,成为具有中国特色的法治发展模式。这种具有中国特色的法治话语体系就是中国法学界对世界法学的创新性贡献,也是对世界法治模式的一种创新性贡献。

有的学者考察了中国传统社会中国家秩序与民间秩序并存的格局,认为前者是一种由国家法律规定的"正式秩序",后者是一种由社会规则制约的"非正式秩序"。"民间社会又存在着一个非正式的秩序,它以民众长期共同生活中形成的情理、习惯、风俗、乡约以及经验等为规范性基础,主要不是来自于人为的规定或者强制,而是长期约定俗成和礼尚往来的成果。在民间秩序里,人与人之间的关系是一种具体的相互信任的关系。总之,中国传统社会中存在着这两种法律秩序,分别由精英知识和地方性知识所维系,并在很大程度上是相分离的。"②

两种秩序是并行不悖的,传统的中国社会在这种"互不妨碍"的状态下得以稳定,和谐常态在这种二元结构的秩序中得以实现。"在中国传统的乡村常态社会,由于家户基础,乡村权威主要源自于社会内部的家族权威。因为,乡村不过是由扩大了的家族所构成。由行政机关和政府官员构成的显形国家权力并没有进入乡村社会。"③但问题是,现代中国的体制性力量已经在乡村社会长驱直入,从而彻底改变了数千年传承不变的乡村秩序格局。国家体制

① 崔永东:《司法学论纲》,人民出版社 2014 年版,第 2 页。

② 顾元:《衡平司法与中国传统法律秩序》,中国政法大学出版社 2006 年版,第 391—392 页。

③ 顾元:《衡平司法与中国传统法律秩序》,中国政法大学出版社 2006 年版,第 396 页。

性力量的下沉,虽然为乡村社会输入了现代性要素,但其重建乡村秩序的努力并不成功,而且这种由政府主导的秩序重建也需要付出高昂的社会成本、经济成本和政治成本,可谓“弊多而功小”,值得人们反思。

反思中国现代历史,在国家与社会的关系问题上,充满着国家权力与乡村社会的矛盾和冲突,国家法律与民间规则、国家司法与社会司法之间的难以融合体现了乡村社会对体制性力量的抗争。问题是:这种抗争是否就意味着落后对先进的抵抗、保守对现代的抑制? 是否就意味着“非正式规则”完全没有正面价值? 是否就意味着基层社会组织的“准司法”活动完全没有积极意义? 那种传统与现代二元对立的模式、法治即国法之治的论调就一定是完全合理的吗? 要回答上述问题,需要我们首先具备法律社会学的视野,对“法律”和“司法”作广义的界定,并对民间规则与社会司法抱持同情的理解,则会认可民间自治的积极作用和民间规则的正面价值,则会承认社会权威与社会司法的合理性。而所谓现代的规则、体制性的规则、体制性力量介入的司法活动,也并不必然是合理的,在维系乡村秩序方面甚至是无用的或者起着相反的作用。笔者认为,在此视野下的乡村秩序重建才能符合乡村的实际,才能取得积极的效果。关键在于,体现精英知识的国家权力应当“放下身段”,对体现地方性知识的民间权力要表示出足够的尊重,要从“不是现代的就是落后的”思维定式中超越出来,肯定乡土社会的自生权威、自生规则与自生秩序的合理性,使其按照自身的逻辑加以演进。

我们应当树立一种多元的法律观,它基于对“法”这一概念的广义理解:“凡是为维护社会秩序、进行社会管理而依据某种权威或社会组织,具有一定强制性并得到普遍遵守的法律规范,均属于法的范畴,包括成文法和不成文法,制定法和习惯法。”①“法律多元”是一个非常复杂的概念,它与文化多元、价值多元有密切的关系。法律多元与“法律一元”是相对的概念,前者指法律存在着多个中心,后者指法律只有一个中心。“法律多元意味着法律应该有多种中心,多个层次,在一定的条件下存在着两个或两个以上可供人们适用的法律规范,而不能仅仅只有一个法律规范。这对长期以来形成的国家法律中

---

① 程延军等:《从习惯法的角度看我国的法律多元》,载《多元的法律文化》,法律出版社 2007 年版,第 185 页。

心主义提出了质疑与挑战。"①这就是说,国家制定法并不能调整人们的全部社会生活,一个国家会存在着多种法律形式,各种法律形式彼此独立,光靠国家制定法是不够的,还要靠其他法律形式来调整人们的社会生活。而且,各种法律形式之间不存在谁为主谁为次、谁服从谁的问题,其地位是平等的。

法律多元主义的逻辑演进必然是司法多元主义,即司法的主体、司法的依据、司法的形式及司法的价值也是多元的。论者解释了中国社会的"多元司法"现象:"司法的理念、价值是多方面的,司法的功能、作用是广泛的,解决纠纷的主体是多元的,纠纷解决的方式是多元的,解决纠纷的依据是多样的,司法的效果是全方位的。中国社会的多元司法既包括了社会司法,也包括了国家司法。中国社会的多元司法适应了中国社会经济、政治、文化、历史的状况,符合中国人的客观需要和真理,是中国传统的产物。"②

应该指出,所谓"多元司法",实质上包括国家司法、社会司法两大方面,而后者又包括宗族司法、村落司法、行会司法等形式。学界所说的"民间司法""乡土司法"等在内涵上基本等同于社会司法。乡土司法的主体一般为乡土社会的杰出人士,或称"乡贤",他们是乡土习惯法的传承人,有学者将此类人士称为"乡土法杰"。"乡村社会有着自身固有的社会规范,其社会秩序维持在相当程度上依赖有公心有能力的杰出人士。这些人数量不多,作用却巨大,他们的品德、才学、能力为乡人所推崇和敬重,我们称这些人为乡土法杰。""乡土法杰通过自身的行为维持和生发基层社区的内生性秩序,保障民众的正常生产、生活。相比由国家法律等外部力量推动的社会秩序,乡土法杰所形塑的乡村秩序建立在基层固有的生活逻辑之上,因而更具有持久性和稳定性,对乡村社会影响更为直接和深远。乡土法杰解决各类纠纷,协调村民的行为,恢复社会秩序。"③乡土司法的依据主要是当地习惯法,乡土司法化解纠纷的方式主要是调解,它是一种追求实效、注重社会效果与当事人可接受性的纠纷解决类型,对稳定乡土社会秩序、传承本地习惯法等发挥着重要作用。

在国外,社会司法被称为"替代性纠纷解决机制"或称"多元化纠纷解决

---

① 肖光辉:《法律多元与法律多元主义问题探析》,载《多元的法律文化》,法律出版社 2007 年版,第 67 页。

② 高其才:《多元司法》,法律出版社 2009 年版,第 3 页。

③ 高其才等:《乡土法杰研究》,中国政法大学出版社 2015 年版,第 3—6 页。

机制”,它是在20世纪逐渐发展起来的各种诉讼外化解纠纷方式的总称,具有非诉讼性、当事人的自主选择性以及纠纷解决的功能性等特点。“它意味着国家司法权在纠纷解决领域垄断地位的被突破,但并不意味着诉讼与司法裁判的被取代。作为与诉讼并行的一种制度化纠纷解决方式,它以当事人的自主选择与合意为基础。……从功能上讲,替代性纠纷解决方式可以有效地对诉讼和司法补偏救弊,并在现代社会中承担纠纷解决、保障当事人自治、促进社会对话和修补社会关系等多方面的作用。”①

替代性纠纷解决机制主要包括调解、仲裁、谈判等。仲裁是指双方当事人根据共同约定,将争议交第三方依法居中裁判,以确定双方权利义务的解纷机制。谈判是一种双方或多方为解决纠纷而采取的一种协商和对话机制,它实际上是一种解决纠纷的手段,可在其他纠纷解决方式中使用,而且纠纷主体之外的力量一般也不会介入,即使介入也只是起辅助作用,而非以权威调解者或仲裁者的身份出现。因此,谈判在各种替代性纠纷解决方式中具有最高的自治性。调解是替代性纠纷解决方式中最主要的方式,它是指中立的第三方在纠纷当事人之间进行调停和疏导,帮助交换意见,提出纠纷解决的意见,促成当事人之间化解纠纷的合意。目前我国的调解类型主要是法院调解、行政调解和民间调解三种,“社会司法”意义上的调解是民间调解。

在美国等西方国家,自20世纪中叶以来,出现了“诉讼爆炸”的趋势,“讼累”日益增加。为了解决上述问题,便强调用调解方式来解决民事纠纷。“在西方国家随着诉讼的数量的激增,由于诉讼消耗时间、精力和金钱,人们越来越多地选择法院之外的解决纠纷的方式。……美国从20世纪60年代起建立邻里司法中心,从地方社区选拔调解员,他们多为退休人员和无业者,这些调解者接受调解和解决冲突研究所的培训。案件由来自地方法院、警察或其他行政机构的有关人员或个人带到邻里调解中心。美国有些地方主要由有关人员把案件带给邻里司法中心,一些其他的州、地方由个人把案件交给邻里司法中心解决。”②上述的“邻里司法中心”或“邻里调解中心”,显然是一种社会组织,它独立于法院之外,运用调解手段解决纠纷。此类调解属于民间调解,可

---

① 胡平仁等:《法律社会学》,湖南人民出版社2006年版,第278页。

② 朱景文:《比较法总论》,中国人民大学出版社2008年版,第208页。

见,美国也颇为重视社会司法活动。在欧洲的挪威,1797 年就将全国划分为若干调解区,各区设调解委员会,负责调解本辖区内的民事案件。

美国还有一种调解活动属于“司法调解”或“法院调解”。对民事案件的审理一般采用简易程序,“从审理的方式看,民事案件大多采取调解的方式,而刑事案件则采取认罪请求或控辩交易等形式。……美国 95%以上的民事合同案件是通过调解,90%以上的刑事案件是通过控辩交易得到解决的”①。可见,美国的法院调解在解决纠纷方面发挥了巨大作用。

在中国,法院调解的作用正越来越被人们所认识:“对于中国当下的司法体系而言,法院调解成为一个尚未被充分开掘的‘富矿’,特别是考虑到它在 20 世纪 70 年代的中国所体现过的超凡的纠纷解决能力。在这个意义上,法院调解能够给很多纠纷当事人提供一个法律的、官方的救济,这些人如果通过诉讼途径,很有可能被法院拒绝或什么也得不到。……法院调解回应了一部分紧迫的社会司法需求,解决了一部分社会冲突,用一种不同于诉讼的官方路径解决了人们的纠纷。”②客观地讲,法院调解也存在一定的副作用,如对个人权利有所损害,导致上诉审的消失等,但是我们仍可以说其利大于弊,只要加以合理的规制,如限制某些不适于调解的案件的类型等,就可以发挥调解在司法过程中的积极作用。

如前所言,法院调解反映了国家司法对社会司法要素的吸收和借鉴。在价值取向上,法院的上述做法体现了对法律效果与社会效果相统一的追求,其实,法院裁判追求“社会效果”,这本身就是对社会司法之价值目标的一种吸纳。不仅如此,法院在进行司法审判过程中,法官还会根据具体情况而考虑适用民间规则或民事习惯加以裁判,这一做法与我国当前相关法律的规定并不相悖。我国的《宪法》《刑法》《民法典》《民事诉讼法》《民族区域自治法》等均规定了民事习惯法的法律地位,民事习惯法的司法运用具有充分的法律依据。

这反映了国家立法对民间社会规则的吸纳,而法官在“法无明文”且不违反公序良俗的情况下,在案件审判中发挥“司法能动”的作用,妥当适用民间习惯规则处理案件,显然有利于裁判结果的可接受性以及社会效果的实现。

---

① 朱景文:《比较法总论》,中国人民大学出版社 2008 年版,第 207 页。

② 熊浩:《法院调解、难办案件与纠纷解决的基层运作》,《诉讼法学 · 司法制度》2016 年第 5 期。

“在民事审判中，法官既不能无视民事习惯的客观存在，也不能简单地照搬民事习惯法，而应当在不违反现行法律规定的前提下适当参考、运用良善的民事习惯法，以有利于被社会接受、公众信服为目的，妥当裁量、合理解决民事纠纷，实现法律效果与社会效果的统一。”①上述做法体现了国家司法对社会司法的一种积极回应，通过在司法依据上对习惯规则的吸收来追求司法的社会效果，这正是有待于我们进一步思考的地方。

经过以上的分析、阐释与论证，下面我们应该将话题引向“社会司法”的制度重建问题上来了。作为一种非官方、非国家权力的民间司法制度，其建构也必有其理论基础即法律社会学、司法多元主义以及社会自治与社会共识理论。法律社会学对“活法”的揭示以及对“社会司法”的关注，司法多元主义对司法价值、司法主体、司法依据的多元化探索，“社会共识”理论对族群共识与民间习惯规则关联度的考察等，都为社会司法的制度建构提供了学理支撑。而“社会自治”的理论同样可以成为社会司法制度重建的支撑，社会自治的含义是指社会组织通过自主、自律等手段实现自我管理、自我发展与自我完善，通过“准司法”手段化解纠纷便是题中应有之义。

法律社会学的理论则直接为社会司法的理论提供了知识素材和精神动力。“法社会学研究的一个出发点，即不能将诉讼看作处理和解决纠纷的唯一手段，借助社会力量发展多种形式的社会冲突解决方法也是一条必由之路。事实上，作为一种本土资源，非诉讼方式与正式司法制度配套运行，已在中国土壤上扎根成长，对于社会失范行为形成一定的内在控制。这意味着，除正式诉讼制度之外，社会性纠纷解决方式已日益凸显其重要性。”②结合西方法律社会学的“活法”理论及“非法律规范”理论，可知作为非诉讼方式的社会司法理论在中外司法文明中有着深厚的土壤，它是社会司法制度赖以重建的前提。

之所以重建社会司法的制度体系，是因为我们在改革开放以来的40多年内，受“法律浪漫主义”引导，信奉“立法中心主义”，不顾中国国情，结果导致法律体系虽成形但法治并未真正实现。我们对国家权力主导法治、主导司法深以为然，对社会权力介入纠纷的解决不屑一顾，轻视社会自治组织的培育，

---

① 高其才：《多元司法》，法律出版社2009年版，第342页。

② 汤唯：《司法社会学的原理与方法》，法律出版社2015年版，第192—193页。

轻视社会组织的“准司法”活动，导致社会力量难以生成、社会组织萎靡不振、社会司法无所作为，并最终导致社会治理能力的严重退化，乡村社会一盘散沙，地痞无赖横行乡里，乡村精英纷纷离乡背井，外出谋生，乡村秩序、乡村文化基本“荒漠化”，任其发展，结果不容乐观！因此，现在的乡土社会已经到了亟须秩序重建的时候了。

秩序重建当以制度重建为前提。在国家权力主导的“司法裁决中心模式”下，国家司法成了解决纠纷的唯一途径，“这种由国家强制力保证的秩序，与社会缺乏一种内在的亲和力，在纠纷解决过程中往往无法促成人们之间的相互合作的氛围，离人们偏好的、有效的秩序赔礼相当的差距”①。因此，社会司法制度的重建需要我们建立起自由理性、宽容妥协、沟通理解以及合作信任的机制，发挥多元社会力量的作用，形成司法机关、政府部门与社会组织的协商对话机制，要确立并完善诉调对接机制，要完善社会组织的自我管理机制，形成一个以平衡国家权力与社会权力为价值取向，以对话、协商、合作为运行模式，以国家、社会、公民之间的互动互惠为行为准则的社会司法制度体系，从而促成社会治理能力的提升与社会治理体系的完善。

---

①　转引自陈光中等：《中国司法制度的基础理论问题研究》，经济科学出版社2010年版，第532页。

第四章　伦理司法论*

一、由几则案例引发的思考

透视我国的司法实践,从形式上看法官审理案件依据的是事实与法律,但是法律背后的伦理道德观念却无时无刻不在影响着法官自由裁量权的行使,他们以中立的立场在判决书中有时对违反伦理道德的行为公开谴责,有时不加评论直接在法律的框架内进行褒善惩恶以传递公平正义的精神,这些都深刻说明了伦理道德对司法的影响。

(一)马某宽案:对伦理道德的深度违反。2020 年 11 月 2 日,马某宽活埋生母一案在陕西省靖边县人民法院一审宣判,法院以马某宽故意杀人罪判处有期徒刑十二年①。法院之所以支持了公诉机关十年至十二年量刑建议的最高幅度刑,道德无疑对本案产生了重要影响,确切地说是伦理道德对法官的量刑产生了重要影响。这一推论不是因感性而发,而是笔者选取了另外两起案件理性地与之比较而得出的结论。笔者选取的这两起案件不论是犯罪的罪名、犯罪的性质,还是犯罪的形态,甚至是其他具体情节与马某宽活埋生母一案均具有高度的相似性。比如,三起案件均是被告人故意杀人未遂,被告人均如实供述自己罪行甚至取得了被害人谅解,除此之外,马某宽还有认罪认罚从宽情节。三起案件均由同一公诉机关陕西省靖边县人民检察院指控,同一审

---

* 本章系笔者与宋宝永博士合作。宋宝永,华东政法大学司法学研究院博士生。

① 陕西靖边“埋母案”一审宣判,法制网,2020 年 11 月 28 日访问。笔者撰写时,马某宽故意杀人罪的判决书尚未在中国裁判文书网上公布。

判机关陕西省靖边县人民法院作出判决，甚至刑罚作出的法律依据也基本相同，所不同的是三起案件被告人违反伦理道德的程度由轻到重，由此我们可以清晰地看出道德对法院定罪量刑产生何种程度的影响。

笔者在中国裁判文书网选取的(2019)陕0824刑初87号判决书中，发现被告人高某富因为个人感情纠纷故意杀害韩某某，被以故意杀人罪判处有期徒刑四年。而在另一起案件中，被告人乔某强却因杀妻被判处有期徒刑六年，判决书"本院认为"部分是这样论述的，"被告人乔某强在婚姻关系存续期间与他人有不正当两性关系，加之其妻子即本案被害人又患有精神疾病，为消除妻子对其与他人不正当交往甚至结婚的妨碍，被告人乔某强便产生谋害妻子的想法"①。这一阐述虽是法院对案件事实的认定，但却从字里行间流露出对乔某强杀妻的犯罪行为和卑劣的犯罪动机在道德上进行了责斥，从中也可以清晰地看出，道德影响到了本案法官的价值判断。从而，被告人乔某强的犯罪行为不仅受到了法律的评判，其犯罪事实也受到了道德的评判，无形之中影响着法官较前一起案件对乔某强加重了两年的刑罚，尽管两起案件在量刑上均给予减轻处罚，在法律依据上也均依照《中华人民共和国刑法》第二百三十二条、第四十五条、第二十三条、第六十四条。与乔某强案相比，马某宽活埋生母一案对道德的违反程度明显更进了一步，其最后的刑罚也随之加重了一倍，即加重到了十二年。根据《刑法》第二百三十二条的规定可知，一审法院并没有给马某宽减轻处罚甚至都没有给予从轻处罚②，直接在检察院的量刑幅度内支持了最高的刑罚。从这三起案件中已不难看出，被告人违反道德的程度越重，对司法的影响就越大，最后被判处的刑罚就越重。

马某宽的犯罪行为不论基于何种理由，活埋生母在任何一个时空下都有违天理人伦，其动机之卑劣，手段之残忍，社会影响之恶劣，已远远突破了任何一个正常人包括审判人员、公诉人员在内的道德底线。马母已79岁高龄，患有白内障，瘫痪在床，大小便失禁。然而生我养我者父母，父母难之所在，亦即子女孝之所在，是中华民族几千年来的伦理传统。被告人马某宽却反其道而行之，欲颠覆、毁坏这种传统美德。虽然马母在临终原谅了自己的儿子，但马

① (2020)陕0824刑初80号判决书。

② 《中华人民共和国刑法》第二百三十二条规定："故意杀人的，处死刑、无期徒刑或者十年以上有期徒刑；情节较轻的，处三年以上十年以下有期徒刑。"

某宽严重违反道德的犯罪行为如不被法律严惩，受到伤害的可就不止马母一人了。行文到此，不难看出：法院的司法判决不仅仅是对犯罪行为的惩处，从某种意义上讲，也是对违反道德行为的一种惩戒，更是对社会主义核心价值观的一次重塑。也许每一次判决只有体现出司法对道德的坚守和维护，才能“让人民群众在每一起案件中感受到公平与正义”，而公平正义，正是道德所应有的内涵之一。因此道德影响着司法，司法守护着道德，二者相依而存，离开了道德的司法，司法呈现出的将是一副冰冷的面孔，没有任何生命力。现实中，割裂二者关系的判决也不是不存在，司法人员片面地以法论事，结果引起了社会舆论哗然和声讨的案例早已有之。

（二）于欢案：伦理道德观念介入司法的两次考量。2016 年于欢辱母杀人案就是其中典型一例，面对 11 名催债人长达一个多小时的羞辱之后，于欢刺死了辱母者杜某并刺伤了另外三名催债人，一审判处于欢无期徒刑，剥夺政治权利终身。这一判决作出后，作出该判决的某市中级人民法院立刻成了众矢之的。《人民日报》专门发表评论员文章《辱母杀人案：法律如何回应伦理困局》，发出了“当一个人或其近亲正在遭受难以忍受的凌辱时，奋起反抗造成一定后果，司法应该如何认定这一行为”①的道德拷问。几乎同时，《人民日报》再次发文警示《辱母杀人案：对司法失去信任才是最可怕的》②，并重提了安提戈捏的那句“法律之内，应有天理人情在”。当地法院对于欢辱母杀人案作出的一审判决之所以产生如此负面的社会效果，根本原因是司法人员割裂了道德与法律的关系，将道德排除在司法之外，仅以孤立的立场去审视法律，完全忽视甚至完全不顾道德情境在本案的重要分量和对本案产生的深远影响，机械地拿法律条文照本宣科认定了如下事实：“虽然人身自由受到限制，也遭到对方的辱骂和侮辱，但对方均未使用工具，在派出所已出警的情况下，被告人于欢与其母亲的生命健康权利被侵犯的现实危险性较小，不存在防卫的紧迫性……”③。不难看出该案的审判人员并没有去衡量催债人对于欢母

① 人民日报评“辱母杀人案”：法律如何回应伦理困局，人民网，访问时间：2020 年 11 月 28 日。

② 人民日报评辱母杀人案：对司法失去信任才是最可怕的，新浪网，访问时间：2020 年 12 月 3 日。

③ （2016）鲁 15 刑初 33 号判决书。

亲及本人的"辱骂和侮辱"对于欢而言到底意味着什么。我们禁不住想反问一句，自己生母遭受如此侮辱，在警察现场处警不力的情况下，作为主持正义的法官却还认为不具有"防卫的紧迫性"，那何时防卫才具有紧迫性！殊不知在中国传统文化中，人格受辱所带来的"防卫紧迫性"并不逊于对生命健康权的侵害。而让人更为咋舌的论述还在后面的"本院认为"部分中，将后续事件的发生仅归咎为被告人于欢"不能正确处理冲突"所致，典型地置本案中的道德情理于不顾，直接导致判决的畸重和社会舆论的不可控。

二审判决书则与此截然不同，在"三、关于刑罚裁量"部分，采用了情理法兼顾的方式通过大段文字对相同的情节进行了充分的说理论证，认为被害人杜某侮辱其母亲苏某的行为，"虽然距于欢实施防卫行为已间隔约二十分钟，但于欢捅刺杜某等人时难免不带有报复杜某辱母的情绪，在刑罚裁量上应当作为对于欢有利的情节重点考虑。杜某的辱母行为严重违法、亵渎人伦，应当受到惩罚和谴责，但于欢在实施防卫行为时……，防卫明显过当。于欢及其母亲苏某的人身自由和人格尊严应当受到法律保护，……认定于欢行为属于防卫过当，构成故意伤害罪，既是严格司法的要求，也符合人民群众的公平正义观念"①。相信如此定性在整个判决书中是最为精彩的部分，也能让每个人在心理上都能接受并产生信服感，尤其是对被害人亵渎人伦的行为在判决书中公开认为"应予惩罚与谴责"，大有让人拍案叫好之感，也由此可以看出道德对司法的影响之深可见一斑。除此之外还远远不止，在二审判决书最后的"本院认为"部分中，审判人员认为被害方采取恶劣手段侮辱于欢之母的行为属于严重过错，以作为对于欢"依法应当减轻处罚"的重要理由。最后于欢被得以改判有期徒刑五年，从而使本案的处理成功实现了法理与情理的有机统一。天理、人情等伦理道德因素的充分考量，使本案取得了追求公平正义的良好社会效果和法律效果。

还需要说明的是，在本案二审期间，最高人民检察院专门派员介入本案，对事实和证据进行了全面审查，并听取了山东省检察院的汇报，对是否构成防卫过当依法进行了审查认定。当地纪委、监察局对当日现场不能稳控局势的民警及分管领导进行了严厉处分。这一切与其说是对公平正义的追求，不如

---

① （2017）鲁刑终151号判决书。

说是道德对司法产生的影响所致。警察的身影虽然在本案中一闪而过,但却至关重要。从很大程度上讲,正是警察道德上的冷漠直刺于欢内心才导致了命案的发生,正是法官道德上的冷漠才造成了一审的不公。由此,也足以反映出道德对司法的影响之巨、之深和之远,也在此影响之下,本案入选 2017 年度影响中国法治进程的十大案件之一。

(三)对伦理道德观念影响司法的思考。于欢虽于 2020 年 11 月 18 日减刑出狱,但人们对本案中伦理道德的反思却远未终止。其实对于本案而言,事实认定与法律适用方面都不是问题,但是除了此两者之外,还有本案发生时对当事人面临的伦理情境司法必须加以考量,而不能仅局限于用法律去对事实作出孤立的判断,这由此让我们想到了法律的功能。法律的社会功能不仅关乎规则本身,还关乎其背后的道德诉求和对人心所向的回应,也关乎伦理人情的塑造与对规则合理与否的检视。否则,司法永远无法回应伦理带来的困境,也无法得到人们的信任。于欢案是这样,马某宽案件亦是这样。如果忽视伦理道德对法律的影响,反映出的将是法律思维的僵化,折射出的将是司法对社会效果的忽视。不论是成文的道德,还是不成文的法律,只有无一不交融在法院的每一份判决书中,才能共同维护着社会的和谐。

从上述几起案件及社会公众对案件判处结果的反应不难看出,五千多年的伦理实际上早已渗透到了每一位中国人的血液中,这是中国的现实国情,与其口头上否认道德对司法的影响,不如坦然直面这两者之间的良性互动,这实质上既是对中国传统文化的一种尊重,也是对中国现实的一种尊重。“情法允当”“酌情用法”,注意寻求“情理”与法律之间的平衡是中国古代法官判案的重要依据。所谓情,指的是道德情感,所谓理,指的是道德原则。① 因此,中国要建立现代化的治理水平和治理体系,当然离不开情理与法律相平衡的司法。

道德对司法产生影响不是偶然的个案现象,也并非我国所独有,这是由法律的道德性决定的。“对法律的道德性之要求的遵循可以服务于更为广泛的人生目标。这一要点来自于法律的内在道德中所蕴含的对于人的理解。”②所

① 参见崔永东:《司法学论纲》,人民出版社 2014 年版,第 31 页。

② [美]富勒:《法律的道德性》,郑戈译,商务印书馆 2005 年版,第 188 页。

以，如果司法过程中刻意回避或排除道德的影响，只会换来对司法规律的公然违反。司法者要使自己最后作出的判决具有道德性，就“必须用衡平的方法去解决现实中所遇到的疑难问题，以内心的道德观念审视和思考法律问题，因而不少道德观念从外部注入法律，甚至成为比法律更为权威的东西。因此法律必须与道德相吻合”①。于欢案一审判决所引起的社会抵触情绪之所以如此强烈，就是因为司法者没有以道德观念充分审视催债者对于欢及其母亲的侮辱行为是一种什么性质的法律行为，也没有深入思考法律的内在道德性对人的充分理解，其作出的判决也就更谈不上与道德相吻合了，公平正义的司法目标也就自然无法实现。相反，马某宽案件被媒体报道后，网民大都对其埋母行为进行口诛笔伐，但鲜有人对司法判决提出负面评价，根本的原因就是在于司法过程中司法人员做到了道德与法律的吻合，其判决结果自然也就得到了公众的认可。

由上述案例和富勒关于法律具有道德性的观点使我们进而推导出司法具有道德性的结论。只有认识到这一点并加以坚持，我们才能在司法过程中主动将案件事实不断加以道德的视角去观察去审视去判断，才能够不断有效回应人民群众在法治领域反映强烈的突出问题，让他们真正感受到司法公正，也才能够筑法治之基，行法治之力，打造出德才兼备的高素质法治工作队伍，将习近平法治思想贯彻落实到每一个具体案件中去，不断在法治的轨道上推进我国治理体系和治理能力的现代化。

二、伦理司法的传统和现实

（一）伦理司法的传统。伦理司法是以主流伦理观念为指导和主宰的国家司法制度和司法活动。有的学者考察了中国的司法传统，认为古代中国的司法属于“伦理司法”：“中国古代社会的司法、审判的观念和制度以儒家伦理思想为基础，全面、直接地受到儒家思想的指导，中国古代社会的司法、审判实

① ［美］庞德：《法律、道德与正义》，张文伯译，台北监狱印刷厂 1959 年印，第 23 页。

为‘伦理司法’。”①

确实，自汉代以来，儒家思想成为中国主流意识形态，儒家伦理思想对中国历代立法、司法都有深刻的影响，故称中国封建社会的法律为“伦理法”。那么，依据这种伦理法而进行的司法活动，自然亦可称为“伦理司法”。

学者分析道：“中国古代社会是以儒家思想为正统思想的，自汉武帝‘罢黜百家、独尊儒术’以来，儒家思想一直占据主流地位，其影响遍及社会生活的各个方面，司法、审判的观念和制度也概莫能外。汉代的董仲舒首开《春秋》决狱的先例，援引儒家重要经典《春秋》书中的微言大义，以‘原心论罪’（即根据犯罪动机的善恶判断罪行轻重）为分析罪行、裁量刑罚的原则，从而发展为经义决狱的司法、审判传统，儒家思想成为司法官吏定罪量刑的根据之一。”②

这里所提到的“儒家思想”就是儒家的伦理思想，其主要内容为儒家的基本伦理原则“三纲五常”之类。后来到了唐朝，中国传统法制达到了一个高峰，作为这一高峰的标志就是《唐律》。《唐律》作为一部封建盛世的法典，其主要成就在于“一准乎礼”，即完全符合儒家的伦理道德，或者说是以儒家伦理思想和道德观念为主导。

《伦理司法》一书的“总序”也说道：“严格执法、经义决狱、屈法伸情等中国古代审判观念明显受到中国社会固有伦理观念的影响；中国古代的国家审判制度的审判机构、审判官吏、审判管辖、证据制度、普通审判程序、复审与死刑复核制度、判决的执行等也以伦理思想为指导而形成和发展。”③应该说，儒家的伦理思想在汉代以后，逐渐渗透到历代司法的方方面面，司法制度和司法活动都体现了明显的儒家伦理精神。

还有学者认为，中国古代社会，伦理主义渗透至司法诉讼。“封建法律一准乎礼，儒家思想被推崇为正统法律思想，并从法律适用意义上改变法律的面貌。礼的许多内容直接上升为法律规范，直接以礼教原则处理的案件也屡见不鲜。”④又认为中国古代的司法除了依据法典外，还将经义、天理、人情等作

---

① 罗昶：《伦理司法》，法律出版社 2009 年版，第 12 页。
② 罗昶：《伦理司法》，法律出版社 2009 年版，第 12 页。
③ 罗昶：《伦理司法》，法律出版社 2009 年版，第 4 页。
④ 陈晓枫等：《中国法制史》，武汉大学出版社 2012 年版，第 744 页。

为“裁判准据”，并将天理、人情与国法的一体化作为封建司法的基本特征：“两宋时期天理、国法、人情一体化的理念，是汉唐以来儒法合流与宋代理学相结合的产物。清末修律大臣沈家本曾言，不论旧学、新学，都‘不能舍情理而别为法也’。两宋司法审判中综合运用情理法，使情理成为判断是非曲直的价值标准。”①中国自汉代以降，儒家思想成为官学，其伦理观念遂成为立法和司法的主导，故导致天理、人情与国法的一体化，伦理观念、伦理原则和伦理规范成为司法审判的依据，使司法制度和司法实践均体现了典型的“伦理化”色彩。

另有学者认为，中国传统司法的重要特点之一是“衡平司法”：“中国传统司法中的‘衡平’，是指司法官在天理、国法、人情以及社会风习等的支配和综合作用下，对案件作出合于现实理性需要的适当性处理，是司法官在以儒家伦理为主流的多元思想、意识指导下，受到诉讼特定语境和技术制约之下，对于裁判方案的合情合理、合法性反复权衡与最终确定的选择过程。”②可见，所谓衡平司法的实质在于以儒家伦理思想为主导，去寻求情理与法律之间的平衡。正如该学者另外所说：“对衡平司法的追求，使得道德与法律愈加融合在一起。”③

儒家的中庸之道在司法领域产生了深刻影响，这种影响的表现之一就是在审判依据上寻求法律与情理之间的平衡。儒家学者及儒家型法官认为只有坚持情理法兼顾的审判原则才能有利于司法公正与社会和谐。那么，什么是“情理”呢？日本学者滋贺秀三说，“所谓‘情理’，简单来说就是‘常识性的正义衡平感觉’”④。另有学者指出：“‘情’与‘理’没有根本性质上的差异，在古汉语中是可以互训的。它们之间的区别毋宁说是哲学层面上的：理更注重原理和原则，比‘人之常情’更抽象。”⑤还有学者对待“情理”如此定义：“‘情理’是指中国古代社会在长期共同生活中所形成的关于人自身的特性、感情交往、道德原则、行为规范、社会客观情况和是非标准的智识总和。这些智识产生于

---

① 陈晓枫等：《中国法制史》，武汉大学出版社 2012 年版，第 811 页。

② 顾元：《衡平司法与中国传统法律秩序》，中国政法大学出版社 2006 年版，第 13 页。

③ 顾元：《衡平司法与中国传统法律秩序》，中国政法大学出版社 2006 年版，第 60 页。

④ ［日］滋贺秀三等：《明清时期的民事审判与民间契约》，法律出版社 1998 年版，第 13 页。

⑤ 邓勇：《论中国古代法律生活中的“情理场”》，《法制与社会发展》2004 年第 5 期。

中国传统社会，影响着人们生活方式、社会秩序，并制约着人们的行为。其中，道德原则、道德规范，因其对人们生活方式、社会秩序和人们行为的直接和恒久影响，成为‘情理’的核心内容，也成为中国传统文化的重要内容。”①简言之，情理是包括道德情感、道德原则和道德规范在内的伦理道德体系。这一道德体系为儒家所倡导，属于中国封建社会的主流意识形态，也是当时立法、司法和执法的指导思想。

在情理与法律之间寻求平衡已成为中国古代的一种司法原则和审判艺术，它是中庸之道影响当时司法领域的一种表现。学者评说：“依情而判固然可以纠现行法律条文之偏，但其作用的发挥却是以司法官具有较高的道德和智识素质为前提的。情具有较强的主观色彩，它依附于人这个主体而存在，司法审判主体对情的认识将直接影响到司法审判的结果。不仅如此，传统诉讼中的‘情判’还对司法官的道德水准提出了极高的要求。依情而判使得司法官在司法审判中拥有极大的自由裁量权，假若司法官的道德素质不高的话，则极易产生主观擅断，并有可能导致贪赃枉法，以致故意出入人罪，但无论如何，情判乃是奠基于中国传统法律文化而出现的一种特殊制度，它体现了诉讼的重要功能之一即：化解矛盾、消弭纷争。”②上述评判是值得肯定的。总之，情理法兼顾的思想体现了一种“平衡”的智慧，其价值取向是“公正”与“和谐”，这是蕴涵于儒家司法思想中的深层价值观。

“情理”代表的不仅是一种道德原则和道德规范体系，同时还是一种“仁道”价值观，这一价值观在司法领域的表现即“仁道”司法观。在中国的司法传统中，强调用体现“仁道”和“中道”精神的司法制度来促成一种稳定和谐的秩序。所谓“仁道”即仁爱之道，它表现了对他人的关爱以及对他人生命价值的尊重，在此点上与今日的人道主义有相通之处。儒家的仁道司法观对抑制封建司法的残酷性起了相当的作用，其影响所及，还使封建社会时期产生了一些符合仁道原则的刑事司法制度，如：（1）录囚制度，该制度是指皇帝和高官审录在押囚犯，发现冤假错案便及时予以平反纠正，故其“仁道”精神不言自

---

① 董长春：《中国传统司法中“情理”的概念分析》，载《中国传统司法与司法传统》，陕西师范大学出版社 2009 年版，第 97 页。

② 李交发、刘军平：《中国传统诉讼之“情判”试探》，载《中国传统司法与司法传统》，陕西师范大学出版社 2009 年版，第 81—82 页。

明。(2)直诉制度,允许人们越级申诉,可从基层一直申诉到中央甚至是皇帝那里,这是一种权利救济制度;再如会审制度,由中央多个部门会同审理重大疑难案件,体现了对嫌犯生命价值的尊重。(3)大赦制度,历代王朝多有大赦之举,其结果是死刑适用率大大降低,这等于在一定的时间段、一定的范围内废除了死刑。(4)死刑奏报制度(唐代有三覆奏、五覆奏之制)、死刑监候制度(死缓)也都反映了对死刑的慎重态度,因而也体现了一定的仁道精神。(5)存留养亲制度、秋冬行刑制度、《春秋》决狱制度等也无不体现了一定的仁道精神。

(二)伦理司法的现实。中国的伦理司法有着悠久的传统,它以伦理化的中华法系为依据,深深扎根于中华伦理文化的沃土之中。即使在今天,伦理道德对司法的影响仍然相当显著。正如论者所说:"借助于法官个人的因素,道德同样会影响案件的审理。"①"自然,案件的审理也不可能避开各种社会因素的影响。因此,不难看出,司法过程中法律与道德的结合,是不可避免的。"②但是,今日已经不存在传统意义上的"伦理司法",因为今日的司法不再以伦理观念为主导,但是这并不意味着否定伦理道德观念、伦理道德原则对司法活动和司法制度的深刻影响。这也可以理解为一种新型的"伦理司法"——不以伦理道德为主宰,但办案活动又时时受其影响。

有学者考察了中国现代司法,发现道德的影响无处不在。他写道:"在司法过程中,道德总是通过种种途径影响法律规则而试图影响法官的司法裁决。这些因素包括法律渊源、案件的性质和类别、法官个人因素等形式因素,以及法律适用、实质性法律推理、法律事实认定和法官自由裁量等实质因素。"③应该说这符合中国现代司法的实际。

三、域外视野中的伦理司法

(一)法学家视野中的"伦理司法"。国外虽然并无"伦理司法"的说法,但很多法学家和思想家却很关注伦理思想、伦理原则对司法的影响。美国联

① 怀效锋主编:《德治与法治研究》,中国政法大学出版社 2008 年版,第 245 页。
② 怀效锋主编:《德治与法治研究》,中国政法大学出版社 2008 年版,第 247 页。
③ 怀效锋主编:《德治与法治研究》,中国政法大学出版社 2008 年版,第 264 页。

邦法院大法官卡多佐说道:“不断坚持说道德和正义不是法律,这趋于使人们滋生对法律的不信任和蔑视,把法律视为一种不仅与道德和正义相异而且是敌对的东西。”①又说:“承认法官有权力和义务按照习惯性道德来影响法律,这远不是要毁灭所有的规则,并在每个个案中以个人的正义感、以善良人的评断来作为替代。”②这就承认了伦理道德对美国司法的影响。

美国法理学家博登海默在《法理学:法律哲学和法律方法》一书中说:“那些被视为是社会交往的基本而必要的道德正当原则,在所有的社会中都被赋予了具有强大力量的强制性质。这些道德原则的约束力的增强,当然是通过将它们转化为法律原则而实现的。”③上述言论实际上是对法律的道德基础进行了肯定。对任何一个社会来说,维持其秩序的基本道德原则往往被立法者赋予法律强制力,这样的基本道德原则就变成了法律原则。这在民法、刑法等法律中都是常见的现象。他又就道德观念对司法活动的影响进行了探讨,他认为,那种坚持在司法中把法律与道德区分开来的要求是难以实现的。博登海默认为,道德观念对司法实践的影响,法官的道德信念往往对其处理具体案件起着决定作用。法律不可能是包容无遗的,也不可能是绝对清晰的,因而,法官的固有道德观念也就难免影响到他的审判实践。正如弗兰克福特法官所说,法官的道德信念使“法院成为一种正义的工具”。可以说,法官的“自由裁量”行为背后,是受一定道德观念支配的。在判例法系国家,“法官造法”是被允许的,故某一法官依道德观念所作的判决又有可能成为以后法院遵循的“先例”,这也就意味着道德的法律化。

美国法学家庞德认为,在法律解释方面,法官为了寻求一个“令人满意的”解决方案,就必须仔细探究各种相关解释中的“内在价值”。“在实践中,‘令人满意的’往往意指在道德上是令人满意的,而‘内在价值’往往意指内在的伦理价值。”④在庞德看来,司法权运用过程中的法律解释现象,其中蕴含着深刻的道德因素。而在法律适用与法官的自由裁量中,道德因素更是无孔不

---

① ［美］本杰明·卡多佐:《司法过程的性质》,苏力译,商务印书馆1998年版,第83页。

② ［美］本杰明·卡多佐:《司法过程的性质》,苏力译,商务印书馆1998年版,第85页。

③ ［美］博登海默:《法理学:法律哲学和法律方法》,邓正来译,中国政法大学出版社1999年,第374页。

④ ［美］庞德:《法律与道德》,陈林林译,中国政法大学出版社2003年版,第74页。

人。他指出:“法律与道德发生联系的另一个场合,是法律适用。分析法学家们往往认为,法律规范的适用是一个纯粹的机械过程。”①他们试图将法院变成司法场所的“自动售货机”,并反感衡平法救济中的自由裁量空间以及衡平法格言对伦理道德的引用,庞德认为对司法权机械化运用的尝试是徒劳无功的。事实上,在实际的司法过程中,法律适用中的伦理因素从来都未曾被排除出去。在其看来:(1)法律适用过程中体现了明显的道德因素;(2)法律标准本身容纳了大量的道德因素;(3)法律标准的德性因素是公正审判赖以存在的根基。这样,法律适用的过程经过法官之手变成了一个释放德性诉求的过程,司法在一定程度上变成了德性司法。

庞德还强调,在法官个人自由裁量的领域内,也是法律与道德发生联系的场合。“在许多情形中,司法行为的方向完全取决于法官个人的正确感和公正感。”②说得更直白些,此处的所谓“正确感”和“公正感”也就是法官的道德感,这种道德感在法官的自由裁量中发挥着至关重要的作用。庞德认为,那种否定法官自由裁量权的做法是徒劳的。“虽然上个世纪,我们费尽心机地想使司法自由裁量无立锥之地,但事实业已证明,规则和机械适用在某些场合仍然是无能为力的。当今的趋势,是扩大自由裁量的范围,而不是去限制它。使自由裁量变得可以容忍的正确方法,或许就是承认此时我们已进入了伦理学领域,而伦理学同样是一门科学,并且也包含了一些原则。”③作为对机械适用法律情形的一种反对,自由裁量的扩张使司法进入了伦理学的疆界,“司法的伦理化”或者“伦理司法”至此得以一展风采!

(二)实践中的“伦理司法”。从司法制度和司法实践的角度,英国的“衡平司法”就是一种伦理司法。所谓“衡平法”,就是“公平正义”的法。权威的法制史辞书指出:“‘衡平’之意为‘公正’、‘正义’。衡平法指英国中世纪以来,由大法官法院(即衡平法院)为弥补普通法的不足而适用和发展起来的系统的法律原则和程序的体系。在英国,衡平法一词也指区别于普通法刚性与严格性的自然正义和理性准则的合理适用。衡平法解决普通法所解决不了或

---

① [美]庞德:《法律与道德》,陈林林译,中国政法大学出版社 2003 年版,第 79 页。

② [美]庞德:《法律与道德》,陈林林译,中国政法大学出版社 2003 年版,第 85 页。

③ [美]庞德:《法律与道德》,陈林林译,中国政法大学出版社 2003 年版,第 86 页。

不能公正解决的问题,是英国法的重要法律渊源之一。"①这里的衡平法院,又称"大法官法院"。这是"英国在13世纪起形成发展起来的,适用衡平法及衡平法原则受理普通法院所无法救济的各种民事案件的法院。与衡平法的形成与发展有着必然与直接的关系"②。基于上述,可知衡平司法是根据公平正义之类的伦理原则或道德观念来进行裁判,故可称其为"伦理司法"。

四、伦理道德观念对刑事司法的影响

（一）伦理道德观念对法官的影响。关于伦理道德在刑事司法领域以及伦理道德对法官的影响,也是学界长期以来一直探讨的问题。许多学者认为,无论是大陆法系还是普通法系,无论是中国还是外国,无论是古代还是现代,伦理道德对法官和司法的影响都是不可避免的。正如学者所言:"由于法官是人们理解法律的重要媒介,特别在司法过程中,法官甚至是司法程序的主宰,因此,法官个人因素,特别是其道德因素理所当然就受到人们的重视,这也是加强法官职业道德建设的原因。"③即使在国外的大陆法系国家,"案件的审理也不可能避开各种社会因素的影响。因此,不难看出,司法过程中法律与道德的结合,是不可避免的"④。而英美法系国家的法官则认为,"法官不局限于权威的形式理由,而是在法律适用时,实体性地诉诸道德、经济、政治和其他社会考虑;法官扮演某种创造性角色,因时制宜地做出评估性思考"⑤。

不仅如此,一些学者的观点认为,在司法中当道德价值与法律价值发生冲突时,法官应当考虑道德价值的优先性。"对于裁判事实认定过程中存在的法律价值冲突问题,道德较法律在逻辑上应更具有优先性,'没有法律可以有道德,但没有道德就不会有法律'。因此,'如果道德与合法性有矛盾,合法的法律必须让路'。这是关于裁判事实认定过程中的形式主义与实质正义问

---

① 《北京大学法学百科全书》,北京大学出版社2000年版,第331页。

② 《北京大学法学百科全书》,北京大学出版社2000年版,第331—332页。

③ 怀效锋主编:《德治与法治研究》,中国政法大学出版社2008年版,第247页。

④ 怀效锋主编:《德治与法治研究》,中国政法大学出版社2008年版,第247页。

⑤ 怀效锋主编:《德治与法治研究》,中国政法大学出版社2008年版,第248页。

题，涉及诉讼程序的功能和价值目标等理论问题，也涉及证据和程序规则方面的一些复杂的司法技术问题，还与司法程序中的制度伦理有关。”①

其实，法官的自由裁量权为法官根据道德良知进行裁判提供了制度空间，正如美国联邦法院大法官卡多佐所谓“法官有权力和义务按照习惯性道德来影响法律”②。学者说：“在司法过程中，道德总是通过种种途径影响法律规则而试图影响法官的司法裁决。这些因素包括法律渊源、案件的性质和类别、法官个人因素等形式因素，以及法律适用、实质性法律推理、法律事实认定和法官自由裁量等实质因素。法律和道德之间如此复杂的关系，最终体现在司法过程的主要担当者、司法权的实际享有者——法官身上。……法官应当根据其职权，尽其所能调和法律与道德的冲突，根据瞬息万变的社会需要，作出符合法律规定和法律原则的司法裁决。”③

即使在注重“惩罚”的刑事司法领域，伦理道德的渗透也如影随形。学者指出：“矫正正义是司法的道德基础，而司法的目的则是恢复已经被创伤的道德。矫正正义是在司法过程中实现的，而司法的基础也就在于将被破坏的正义予以恢复。刑法的适用过程，也不外乎是以司法的形式惩罚犯罪，恢复被损害的社会秩序，安慰和补偿受害者的利益损失。”④

卡多佐曾举著名的美国案例来说明道德原则对刑事司法实践的影响，这一案例就是里格斯诉帕尔默案件。其中的一方作为遗嘱遗产继承人而杀害了被继承人，衡平法院决定不允许一个谋杀者享有遗嘱收益。卡多佐认为，衡平法院的这种判决是基于一个根本的原则，“它深深扎根于普遍的正义情感中，这就是，无人应当从他自己的不公中获利或从他自己的错误中占便宜”⑤。“衡平”的意思是公平，衡平法院追求的基本价值就是公正，而公正是植根于人的内在情感之中的。上述判决说明，道德原则确实潜移默化地影响着法官的司法实践行为。因此可以说，一种优良的司法就是一种合乎正义的道德价值的司法。

---

① 怀效锋主编：《德治与法治研究》，中国政法大学出版社 2008 年版，第 253 页。
② ［美］本杰明·卡多佐：《司法过程的性质》，苏力译，商务印书馆 1998 年版，第 85 页。
③ 怀效锋主编：《德治与法治研究》，中国政法大学出版社 2008 年版，第 264 页。
④ 包涵：《论刑法中的道德判断》，中国人民公安大学出版社 2015 年版，第 196 页。
⑤ ［美］本杰明·卡多佐：《司法过程的性质》，苏力译，商务印书馆 2002 年，第 23 页。

（二）“民愤”对司法裁判的影响。从我国现代刑事司法看，“民愤”作为一种道德观念对司法的影响是显著的，所谓“不杀不足以平民愤”等说法就是例证。学者指出：“民愤代表着社会公众以公序良俗为依据、以善恶评价为中心的一种道德判断，它彰显一种大众情绪，一种‘民意’或曰‘情理’。一般来说，就刑事领域而言，民愤大者，社会危害性必然大，而社会危害性大，一般在刑事立法上就已经作了否定的谴责和评价。……在法律规则的范围内、在法律术语的承载下，斟酌涉及情感的问题，将民愤作为一种酌定情节，兼顾了法和情的关系，既遵循法理又体谅民意，这才实在是无可指责。”①

“民愤”作为一种道德义愤，对其应当辩证分析，司法裁判既不能不顾民愤，也不能唯其马首是瞻。一个高水平的法官要善于运用情理法理，谨慎地考量各种社会因素，在法律与道德（情理）之间寻求一种平衡，即所谓“情理法兼顾”。

五、伦理司法与司法伦理的区别

（一）“伦理司法”与“司法伦理”：从传统到现代。伦理司法是指伦理对司法的主导性影响，或者说是依据伦理原则进行司法裁判活动，使司法带有鲜明的“伦理性”。司法伦理是指司法道德而言，特别是指司法职业道德。

所谓“司法伦理”，《中国司法学》一书指出：“所谓的司法伦理是在特定的历史和社会条件下，与司法职业活动相结合并在活动过程中发展的，道德性的处理各种关系的行为原则及其具体规范。”②虽然司法伦理与司法职业道德也有一定的区别，但从约定俗成的意义上看，两者可以通用。司法伦理具有道德性、司法性、规范性和强制性四个特点。司法伦理与司法道德也是两个近似的概念，事实上学界一般也是将两者混同使用的。

关于司法道德的内容，拙著《司法学原理》曾指出：“所谓司法道德，是指法官、检察官、警官等司法人员在司法实践中必须遵守的道德规范的总称。司

① 怀效锋主编：《德治与法治研究》，中国政法大学出版社 2008 年版，第 297—298 页。

② 周玉华：《中国司法学》，法律出版社 2015 年版，第 390 页。

法道德是‘法律运行大厦’的重要支柱，司法人员的职业道德素养直接关系到法律实施、司法公正及法治国家的建立这样的大问题。因此，对司法道德进行研究具有重要的现实意义。其实，司法道德并不是一种纯粹的道德规范，而是一种带有相当强制性的‘准法律’，它介于法律与道德之间，体现了‘软性约束’与‘刚性约束’相结合的特点。”①

在此需要对相关概念辨析一下，以免引起歧义。首先，伦理司法不同于司法伦理，其差异性已如上述；其次，伦理司法不同于“社会司法”，社会司法是社会组织根据社会规则所进行的化解纠纷的活动，属于“准司法”，是与“国家司法”（国家司法机关依据国家制定法进行的化解纠纷的活动）相对的概念。而伦理司法属于国家司法，是指主流伦理道德观念和原则对司法活动的主导。在中国，汉代至清代的司法可称为伦理司法。再次，社会司法与“民间司法”也有区别，社会司法除了包括民间司法外，还包括“行政司法”——行政机关的准司法活动，但“民间司法”不能包括行政司法。简言之，凡是国家司法之外的所有解决纠纷的活动都是“准司法”，也属于社会司法。

综上所述，伦理司法是以主流伦理观念为指导和主宰的国家司法制度和司法活动。自汉代以来，儒家思想成为中国主流意识形态，儒家伦理思想对中国历代立法、司法都有深刻的影响，故称中国封建社会的法律为“伦理法”。那么，依据这种伦理法而进行的司法活动，自然亦可称为“伦理司法”。根据上文的界定，伦理司法属于国家司法，不属于社会司法，它是指主流伦理道德观念和原则对司法活动的主导。在中国，汉代至清代的司法可称为伦理司法。中国的伦理司法有着悠久的传统，它以伦理化的中华法系为依据，深深扎根于中华伦理文化的沃土之中。即使在今天，伦理道德对司法的影响仍然相当显著。但是，今日已经不存在传统意义上的“伦理司法”，因为今日的司法不再以伦理观念为主导，但是这并不意味着否定伦理观念、伦理原则对司法活动和司法制度的深刻影响。

（二）司法道德的体系化建设。伦理道德对司法领域之影响最著者莫过于司法道德体系的形成。所谓司法道德，是指法官、检察官、警官等司法人员在司法实践中必须遵守的道德规范的总称。司法道德是“法律运行大厦”的

---

①　崔永东：《司法学原理》，人民出版社 2011 年版，第 131 页。

重要支柱，司法人员的职业道德素养直接关系到法律实施、司法公正及法治国家的建立这样的大问题。因此，对司法道德进行研究具有重要的现实意义。其实，司法道德并不是一种纯粹的道德规范，而是一种带有相当强制性的“准法律”，它介于法律与道德之间，体现了“软性约束”与“刚性约束”相结合的特点。“准法律”往往表现为行业纪律或部门规章等，似乎其作用比不上法律那么“显眼”，但它确实是现代法治大厦的重要支柱。

在西方思想史上，存在着关于司法道德的许多论述，这些论述特别强调公平正义问题。早在古希腊罗马时期，许多思想家就已经将“持平”（公平）当成了对法官进行道德评价的标准。亚里士多德就说：“裁判官者，则公平人之化身耳。裁判官即在持平。”①而近代英国法学家霍布斯指出，一个好的法官应当具备的条件是：“第一，须对自然律之公道原则有正确之了解，此不在乎多读律书，而在乎头脑清醒，深思明辨。第二，须有富贵不能移之精神。第三，须能超然于一切爱恶惧感情之影响。第四，听诉须有耐心，有注意力，有良好之记忆，且能分析处理其所闻焉。”②这里面有两条是对法官的道德要求，第一条要求法官有一种公道的精神，第三条是要求法官必须秉公办事，不要受私情私欲的影响。

从西方近代以来的立法实践看，他们都很重视对法官、检察官及警察等“法律人”的法律约束，这种法律约束实际上是把司法道德法律化了。如 1793 年《法国宪法》第 3 条规定：“自由就是属于个人行为不侵害他人权利的行为的权利，它以自然为原则，以公正为准则，以法律为保障。其道德上的限制表现于下列格言：己所不欲，勿施于人。”这也是对司法官员的道德要求。1810 年《法国刑法典》第 177 条规定：“凡行政官吏、司法官吏、行政机关之代理人员或其他工作人员，因从事其职务应为但不许收受报酬之行为，收受贿赂、约许或馈赠者，处枷项之刑；并科处二倍于所收贿赂或约许价值之罚金，但此等罚金数额无论如何不得低于二百法郎。”这是对司法人员收受贿赂行为的法律禁止。1871 年《德国刑法典》第 332 条规定：“官吏因为违背其职务或义务之行为，而收受赠物其他之利益，与为要求或使为约诺者，依贿赂罪，处五年以

① 《西方法律思想史资料选编》，北京大学出版社 1980 年版，第 32 页。
② 转引自沈忠俊等：《司法道德新论》，法律出版社 1999 年版，第 40 页。

下之惩役。”

另外,国际社会还注重通过“准立法”(职业纪律或行为守则)的方式对司法官员提出道德要求。1979 年第 34 届联合国大会通过的《执法人员行为守则》第 1 条规定:“执法人员无论何时均应执行法律赋予他们的任务,本着其专业所要求的高度责任感,为社会全体服务,保护人人皆知不受非法行为的侵害。”第 2 条规定:“执法人员在执行任务时,应尊重并保护人的尊严,并且维护每个人的人权。”第 5 条规定:“执法人员不得施加、唆使或容许任何酷刑行为或其他残忍、不人道有侮人格的待遇或处罚,也不得以上级命令或特殊情况,例如战争状态、战争威胁、国家安全的威胁、国内政局不稳定或任何其他公共紧急情况,作为施行酷刑或其他残忍、不人道或有侮人格的待遇或处罚的理由。”第 7 条规定:“执法人员不得有贪污行为,并应极力抗拒和反对一切贪污行为。”上述规定反映了对执法人员贪污及不人道行为的法律阻却,从另一面看也表达了对善良与公正的司法品德的要求。

1975 年第五届联合国预防犯罪和罪犯待遇大会通过的《警察及其他执法机构正在兴起的作用,特别提及变化中的期望与履行职责的最低标准》第 197 条规定:“警察根据法治原则行事,同时又各自对法律负责。这就要求每位警官做到完全正直与公正。”第 198 条规定:“如果该行业的高级官员要做到彼此以诚相见,那么他们本人就应该诚实。”第 205 条规定:“改进控制犯罪工作需要有灵活而敏感的警察机构,它需要最正直的、客观的、熟悉社会的人以及有正确判断力的人。”第 259 条规定:“正直是警察及其执法官必须具备的第一品质。警察的训练应包括道德、人权和社会科学等科目。”可见,正直、公正、诚实等优秀品质成了警察的职业道德,而这种职业道德是保证警察公正执法的前提。特别值得一提的是,该《标准》还提出了“应制定国际警察道德法典”的呼吁,反映了其欲把警察职业道德法律化的努力。

在我国历史上,历代统治者和思想家对从事司法活动的官员都提出了一些道德要求。例如,早在西周时期,统治者就对司法官员提示了“明德慎罚”的要求,“明德”是指司法官员必须具备高尚的道德,如仁慈、宽厚、中正、不贪等;“慎罚”是指谨慎判处刑罚。对一个法官来说,只有具备了高尚的道德,才会谨慎而公正地从事司法审判活动。《尚书·吕刑》还要求法官应当做到“哀敬折狱”(以怜悯谨慎的心情从事审判)、“咸庶中正”(审判公正)、“有德惟刑”(以高尚的品德来指导审判),等等,否则将受到法律追究。

从《唐律·断狱律》来看,唐代统治者也将他们认可的如廉洁、公正、仁厚等司法道德刑法化了。如第472条规定:“诸主守受囚财物,导令翻异及与通传言语,有所增减者,以枉法论,十五匹加役流,三十匹绞。”意思是说凡主管狱政的官员接受囚犯的财物,引导翻供,或者传递审判官员与证人的话,从而导致罪名与刑罚有所增减的,以受财枉法罪论处,赃值十五匹的处加役流,赃值三十匹的处绞刑。看来,司法官员违反廉洁道德,收受贿赂,将按受财枉法罪论处。该律第483条规定:“诸监临之官因公事,自以杖捶人致死及恐迫人致死者,各从过失杀人法;若以大杖及手足殴击,折伤以上,减斗杀伤罪二等。”司法官员因公事亲自用棍棒打死人或胁迫致人死亡,则按过失杀人罪处罚;如果用棍棒或手脚殴打犯人受伤,则按斗杀伤罪减二等处罚。司法官员打伤或打死犯人,有违仁厚之德,理应受到刑事制裁。唐律第487条规定:“诸官司入人罪者,若入全罪,以全罪论;从轻入重,以所剩论;……其出罪者各如之。”凡审判官从事审判而入人之罪,如果入人全罪,则按所入全罪的刑罚判处审判官;如果是将轻罪重判,则按所加重的刑罚幅度论处。属于出人罪的,也按上述办法处置。这就是著名的“出入人罪”问题,所谓“入人罪”是将无罪的人判为有罪或将罪轻的人判为罪重;所谓“出人罪”是将有罪的人判为无罪,或将罪重的人判为罪轻。即使用今天的标准看,出入人罪也是严重违反司法道德的行为,它带来的后果是司法不公与司法冤滥,因此对其施加严厉的刑事惩罚是必要的。

应该指出,中国司法传统中重视司法道德的思想与制度为中国当代的司法道德建设提供了一种文化背景,也提供了一种精神资源与制度资源。改革开放以来,伴随中国法治现代化的进程,我们先后制定了关于司法人员(警察也属于广义的司法人员)职业道德的规范性文件,并且公开出台了《法官法》、《检察官法》、《人民警察法》等,使司法道德逐步被法律化了。如《人民警察法》第二十条:“人民警察必须做到:(一)秉公执法,办事公道;(二)模范遵守社会公德;(三)礼貌待人,文明执勤;(四)尊重人民群众的风俗习惯。”第二十一条:“人民警察遇到公民人身、财产安全受到侵犯或者处于其他危难情形,应当立即救助;对公民提出解决纠纷的要求,应当给予帮助;对公民的报警案件,应当及时查处。人民警察应当积极参加抢险救灾和社会公益工作。”《检察官法》第三条规定检察官必须忠实执行宪法和法律,维护社会公平正义,全心全意为人民服务。《法官法》第三条规定法官必须忠实执行宪法和法律,维护社会公平正义,全心全意为人民服务。上述条文都是将司法道德法律化的例证。

需要指出的是,在现代中国的法治实践中,除了有国家权力机关制定的法律以外,还有大量的"准法律"。何谓"准法律",有学者指出:"这是一种道德规范在法制生活中转化而成的更具有规范性、明确性与可操作性的行为规则,是介于法律规范与道德规范之间的一种行为规范,是类似于法律又区别于法律的东西,就是我们经常说的'墙上的法律',具体表现为我们日常生活中的行为规范,比如,小学生行为规范,公务员行为准则、律师职业道德与职业纪律、法官工作守则和公民道德实施纲要等。这些都是道德规范在法制社会中具体行业、领域的具体化,我们认为准法律是法律能够运行的'软件设施',离开了准法律的支持与维护,法律运行的质量将大打折扣。"①按照上述标准看,我们在"法律人"职业道德(或称司法道德)建设中,也有一定数量的"准法律",如《律师职业道德和执业纪律规范》《人民法院审判人员违法审判责任追究办法》《人民检察院"检务十公开"》《公安人员八大纪律十项注意》等。

司法道德建设是摆在我们面前的一个紧迫任务,司法道德不仅是法官道德,也包括警察道德、检察官道德等。除了建构一个系统而周密的司法道德体系外,一些学者提出的要建立法官道德考评和惩戒组织或"司法风纪委员会"或"纪律法庭"等也是值得我们关注的。司法道德属于"准法律",但准法律也不是没有一定的强制力,不过这种强制力不是来源于国家,而是来源于单位或行业,这就决定了其强制力远远低于法律。另外,准法律在规则的严谨性与严肃性方面与法律不同,在结构上具有一定的弹性和松散性,而且在实际处理上具有更大的弹性,如往往根据当事人的态度作出不同的处理,从而导致此案与彼案的处理结果存在着很大的差距。可以说,没有准法律支撑,法治几乎等于一句空话。因为法治有赖于公民普遍成为守法者,而守法的前提是守德——这就意味着要对每一个自然人都进行道德塑造。而道德规范不可能自动完成对人的塑造,而是需要借助于带有一定刚性的准法律来完成。准法律的作用植根于法律与道德的融合机制和互动效应,从而提高其运行的质量和实效。

---

① 石文龙:《21 世纪中国法制变革论纲》,机械工业出版社 2005 年,第 80 页。

第五章　环境司法论

一、环境伦理是环境法治的伦理基础

所谓“环境伦理”，根据“百度百科”的定义，是指人与生态环境之间的一种利益分配和善意和解的紧密关系，是人与自然和谐共生的关系。这种和谐共生的关系包括人与动物、人与植物、人与自然界的关系。人类在处理上述关系方面，逐渐形成了一些环境伦理原则，包括环境正义原则、代际公平原则（前代人与后代人享有平等的权利）、尊重自然原则、生物平等原则、生态平衡原则、可持续发展原则等。

环境伦理观念对现代的环境立法产生了重要影响。根据美国著名法学家富勒的说法，真正的法律制度必须符合一定的道德标准，那么环境立法同样也应当符合环境伦理标准。立法者应当将环境伦理中的观念和原则通过具体的法律制度加以表现出来，并逐渐演化为全社会的共同道德理想，才能保证环境法的权利与利益的分配是公正的，进而实现可持续发展。

1949 年，美国环境学家莱奥波尔德出版了《原荒纪事》一书，该书着重研究人与自然关系的道德本质及其规律，探索人们对待自然环境的行为准则和行为规范，从而实现人类在良好的生态环境中生存发展的价值目标。这种着重研究人与自然关系的学问，因其介于伦理学与生态学之间，故逐渐演化为生态伦理学或环境伦理学。环境伦理学的诞生，是在人类生存发展活动和生存环境系统发生尖锐对立后，为满足协调人和生存环境系统共同持续发展的社会需要的产物。环境伦理学的基本问题，一是珍惜地球上一切生命物种；二是珍惜自然生态的和谐稳定；三是人类应当过顺应自然的生活。

马克思指出："人是自然界的一部分。"①又说："人直接地是自然存在物。"②他认为，人类社会的进步在于"人类同自然的和解"③，这就意味着只有实现人类与自然关系的和谐，才会有真正的社会进步。如此看来，马克思主义的环境伦理观也是强调人与自然的和谐统一。

如果将环境伦理定位在人类与自然的和谐共生的层面上，那么可以说中国传统文化中也存在这样的环境伦理，儒家、道家的"天人合一"（人与自然和谐统一）思想就是证明。《礼记·中庸》称人类的行为应当"赞天地之化育"，春秋时期道家的老子主张"道法自然"，战国时期道家的庄子主张"无以人灭天"（《庄子·秋水》），又主张"天地与我并生，而万物与我为一"（《庄子·齐物论》），汉代儒家董仲舒讲"天人之际，合二为一"（《春秋繁露·深察名号》），宋代儒家程颢称"天人本无二，不必言合"（《二程全书·语录》），另一位宋代儒家朱熹也称"天人一物，内外一理"（《朱子语类》），等等。上述言论均体现了尊重自然、爱护自然、追求人与自然和谐共存的思想，与今日的环境伦理在根本精神上息息相通。

有学者指出："中国文化主要是从人是自然界长期发展的自然产物、人是自然的一部分的立场来认识人与自然的关系，认为人与自然打成一片，融为一体，不可分离，如果借用思维模式的术语，可说中国文化对人与自然关系的态度是'天人合一'式。……从'天人合一'思维模式发展出中国式的'自然意识'，这里的自然既是指自然界的自然，更是因其自然、顺其自然的思维习惯，同时也是富有诗意的人生态度。"④又说："中国文化精神中的自然意识包含两个层面：一是人与自然的和谐共存；二是人与自然的本质同源。前者是后者的认识基础，后者是前者的理论深化。人与自然的和谐共存，主要表明人与自然不可分离，融为一体，人顺应自然、因应自然而生活，自然不是人类的敌人，不是人类的征服对象，而是人类的朋友，是人类生存的家园。"⑤

---

① 《马克思恩格斯全集》第三卷，人民出版社 2002 年版，第 272 页。
② 《马克思恩格斯全集》第三卷，人民出版社 2002 年版，第 324 页。
③ 《马克思恩格斯全集》第一卷，人民出版社 1956 年版，第 603 页。
④ 邵汉明主编：《中国文化精神》，商务印书馆 2000 年版，第 298 页。
⑤ 邵汉明主编：《中国文化精神》，商务印书馆 2000 年版，第 299 页。

由此可见，在如何处理人与自然的关系方面，中国传统文化中有着丰富的资源，它理应成为构建现代环境伦理或生态伦理的文化基础。中国文化中的“天人合一”观念应当成为现代环境伦理的核心观念，甚至可以成为现代环境法治的指导思想。天人合一观念强调尊重自然、爱护自然、对自然万物平等相待，将人类看成是自然界的一部分，要求人类过顺应自然的生活，这不仅契合现代人“绿色”的生活方式，更是体现了一种恢弘的宇宙意识——基于宇宙视野看，人与自然是密不可分的一个整体。因此，尊重自然就是尊重人类自己，顺应自然就是人与自己的和解。在此前提下，“人本主义”与“物本主义”（以自然为本位）的区分也就失去了意义，因为尊重自然就是尊重人类，重视万物的价值就是重视人类的价值，这就消弭了“人本”与“物本”的对立，使现代环境伦理建立在“天人合一”的观念之上，也可以说是建立在一种全新的人本主义的理念之上。这就意味着，构成传统伦理学基础的那种“只知有人，不知有物”的人本主义理论已经过时了。我们可以说，现代环境伦理的理论基础是一种“新人本主义”，而这也应该是现代环境法治的伦理基础，同时也是环境司法的伦理基础。

1982 年的《世界自然宪章》在前言中写道：每种生命形式都是独特的，无论对人类的价值如何，都应得到尊重，为了承认其他有机体的内在价值，人类必须受行为道德准则的约束。我国学者也指出：“我们应按照有利于人类在自然界持久生存下去且更好地生活的要求来确立人对自然的实践行为的评价标准系统，为人类改造、利用、占有自然确定正当的范围、合理的途径方式并承担起优化自然生态系统或环境的道德义务和法律责任”①。不错，自然万物都有生存的价值，在地位上并无高低之分，它们理应得到尊重，人类对待自然要受道德准则的约束，因为人类负有协助自然环境健康进化的道德义务。这用中国古代哲人的话讲就是“赞天地之化育”——协助天地万物的进化和养育。

《环境伦理学》一书说道：“环境伦理关注的对象虽然直接地是其他生物的生存和生态系统的完整，它直接强调的也是人对其他生物和生态系统完整的态度和责任，但从根本上说，它所关注的实际上是人类持久生存下去的生态要求，或者说是人类持久生存所必需的且存在于生态系统中的公共利益。人

① 林灿铃：《国际环境法》，人民出版社 2004 年版，第 67 页。

类之所以将道德关怀扩展到其他生物和整个生态系统,根本在于人类生存有这种生态学意义上的客观要求。人类尊重其他生物的存在,维护生态系统的完整,实际上就是尊重自身的存在,关注自身存在的利益、幸福和命运。……因此,人类整体的长远的生存利益才是人类保护自然道德行为的最终根据。”①上述话语可以启发人们对环境伦理进行深入思考。

人类的道德理性和道德理想决定了人类必须有长远的眼光,不能只是追求短期效益,而为了人类的长远利益和整体利益,人类必须肩负起善待自然、平衡生态、优化人与自然关系的道德责任。这应该就是环境伦理学思考问题的出发点和落脚点。

环境伦理学的实质在于将人类的道德关怀扩充至整个自然生态系统,换言之是将自然界“道德化”了,这与中国古代儒家的“仁民爱物”说倒是颇有汇通之处。有学者在总结当代环境法发展的特点和趋势时说出了如下一段话,值得参考:“当代环境法存在着一种借助环境道德解决认识问题、并将一些环境道德规范法定化的趋势,其主要表现是:环境伦理、生态道德逐渐进入环境法的认识论,环境道德规范不断被法定化,环境法律规范不断被道德化,环境道德或生态伦理逐渐成为环境权、自然体权利的伦理根据。这种趋势使得环境法规范有了环境道德规范的支持,环境法学的认识论有了环境伦理学的基础,从而使环境法学的理论更加成熟和更加有说服力。”②

以上言论表明,道德已经不仅仅是人与人之间的行为准则和行为规范,同时还是人与自然之间的行为准则和行为规范,后者即属于“环境道德”或“环境伦理”。1992 年,联合国环境与发展会议上发布了《保护地球——持续生存战略》,提出了如下主张:基于互相尊重与关心和保护地球的道德准则是持续生存的基础;我们的生存依赖于对其他物种的使用,这不仅是使用问题,而且是道德问题,我们要保证他们的生存并保护其生存环境;应把人类的道德观念从人与人之间的关系扩展到人与自然的关系;应把保护环境、尊重自然、维持持续生存作为人类的道德准则;各行各业的人们应将这种道德准则融于个人行为和执业行为的准则之中。1988 年,美国出版的《环境公平》一书提出了如

---

① 裴广川主编:《环境伦理学》,高等教育出版社 2002 年版,第 52 页。

② 蔡守秋:《当代环境法发展的特点和趋势》,载《新世纪法学前沿(2002)》,上海交通大学出版社 2002 年版,第 191 页。

下观点：从道德上讲，环境伦理促使人们更多地意识到其对自然的权利和责任。由此可见，道德由人与人之间的关系延伸到人与自然之间的关系，提醒人类对自然的一种责任感，那就是对自然的尊重、爱护和平等相待。

二、环境法治应当坚持新人本主义原则

传统人本主义的核心原则——“人是目的而不是手段”，新人本主义的核心原则——人与自然的和谐共生才是目的，人或自然都不是手段。环境法治应当贯彻新人本主义原则，处理好人与自然的关系。“当今所有环境资源法律或法规，都毫无例外地包含人与自然的关系、反映人与自然的关系、调整人与自然的关系。一部良好的环境资源法律就是一张人与自然关系的关系网，就是一幅反映、描绘人与自然和谐共处关系的蓝图。”①

根据学界的观点，法律应当从以下几个方面规定人与自然的关系：在一部法律的序言或总则中规定人与自然的关系，包括立法目的、任务、适用范围、基本理念、基本原则等；以具体的法律行为规则来规定人与自然的关系；以原则性的、一般性的法律条文来规定人与自然的关系；通过规定法律责任来规范和引导人与自然的关系。

从国外的情况看，各国环境立法均涉及人与自然的关系问题。1969 年出台的美国《国家环境政策法》规定了人与自然的关系，包括人对自然的影响、人与自然的和谐、人的环境权等内容。该法首条规定：“创造和保持人类与自然得以在一种建设性和谐中生存的各种条件，实现当代美国人及其后代对于社会、经济和其他方面的要求，这乃是联邦政府一如既往的政策。”1993 年出台的日本《环境基本法》第 3 条规定：“在可能的限度内，减少因社会经济活动及其他活动而对环境的负荷及其他与环境因素有关的影响。”第 14 条规定：“保持人与自然的密切接触。”1972 年颁布的《联合国人类环境宣言》强调“人类必须利用知识在同自然合作的情况下建设一个较好的环境”。1971 年颁布

① 李龙等主编：《社会和谐中的重大法律问题研究》，中国社会科学出版社 2008 年版，第 223 页。

的《国际湿地公约》则申明“承认人类同其环境的相互依存关系”。1992 年联合国环境与发展大会通过的《21 世纪议程》则提出了“环境友好”的概念。1982 年联合国大会通过的《世界自然宪章》指出:“每种生命形式都是独特的,无论对人类的价值如何,都应得到尊重,为了给予其他有机体这样的承认,人类必须受行为道德准则的约束。”并要求“应当尊重大自然,不得损害大自然的基本过程”。

正如传统人本主义理念对法治的影响是人权的法治保障,新人本主义理念对环境法治的影响则是通过环境立法和司法来加强对人的环境权的保障。“公民环境权是指公民享有适宜环境的权利,在所有有关人的权利中,公民环境权是最能直接体现和反映人与自然关系的权利。”①截至 20 世纪末,全球已经有数十个国家的宪法或法律规定了公民环境权,“规定了环境权的四十多个国家的宪法或立法文件中,环境权或者是作为人的权利之一,或者是作为国家的职责,或者二者兼而有之,这些文件都或多或少地使用了修饰词,以人及其需要为中心”②。

1980 年的《秘鲁政治宪法》就规定了公民环境权,该法第 123 条规定:“公民有保护环境的义务,有生活在一个有利于健康、生态平衡、生命繁衍的环境的权利。”1980 年的韩国《宪法》第 35 条规定:“所有公民都有在健康而舒适的环境中生活的权利。”1991 年的俄罗斯《人口健康法》规定“公民享有拥有一个健康的环境和免受不良侵害的权利”。我国国内立法也确认了公民的环境权利,如 1981 年国家轻工业部颁布的《轻工业环境保护工作暂行条例》第 34 条规定:“职工有在清洁适宜的环境中生活和劳动的权利。”1982 年,城乡建设环境保护部颁布了《城市市容环境卫生管理条例》,其中第 4 条规定:“城市所有单位和个人,都有享受良好卫生环境的权利。”我国一些地方立法在此方面也有规定。1994 年,《上海市环境保护条例》第 6 条规定:“公民有享受良好环境的权利,有保护环境的义务。”1990 年,《宁夏回族自治区环境保护条例》第 8 条规定:“一切单位和个人,都有享受良好环境的权利和保护环境的义务。”1995 年,《福建省环境保护条例》第 9 条规定:“公民有享受良好环境

① 李龙等主编:《社会和谐中的重大法律问题研究》,中国社会科学出版社 2008 年版,第 231 页。

② [法]亚历山大·基斯:《国际环境法》,张若思译,法律出版社 2000 年版,第 18 页。

的权利和保护环境的义务。”如此等等，说明对公民环境权利的重视和保护，已经成为我国立法的一项重要内容。

从20世纪70年代以来，随着《环境正义》《绿色正义》等书的出版，一些重要的环境伦理概念如“环境正义”“环境公平”“绿色正义”等逐渐为人熟知，其实质在于提倡人与自然的和谐。这种被视为新人本主义的理念也逐渐影响到环境资源法治领域。在我国，学术界通过吸收国外的环境资源法治学说，形成了具有一定中国特色的环境资源法学理论，其主要内容是：(1)承认和重视环境资源的价值、意义和作用，强调环境问题和环境保护是环境资源法发展的决定因素；(2)承认和重视人与自然关系的重要意义，正确处理人与自然的关系，促进人与自然的和谐共处，是对环境资源法的基本要求；(3)合理运用环境资源法调整人与自然关系的机制，发挥环境资源法在调整人与自然关系方面的功能和作用；(4)建立综合性的调整机制，有效调整人与自然的关系。①

环境的改善、生态的健康与经济社会发展实际上并不存在根本的矛盾，关键是如何实现科学发展、健康发展，这就需要我们树立科学发展观。有专家指出：“科学发展观的重要内容之一，就是强调社会经济的发展必须与自然生态的保护相协调，在社会经济的发展中要努力实现人与自然之间的和谐，发展不能以破坏生态平衡为代价，发展不仅要与现存的自然条件相适应，也要顾及子孙后代的利益，要走可持续发展的道路。简言之，科学发展观不仅从理论上需要我国建立生态文明，而且将在客观上促进我国生态文明的建立。在环境政策与观念转变的情况下，我国的环境立法也在悄悄地体现出这些理念。”②

伴随着我国现代化建设的不断深入，环境或生态问题逐渐成为影响国家和社会生活的全局性问题。一种建基于环境伦理或生态伦理之上的生态文明建设战略也应时而出，登上了历史舞台，并被纳入国家治理体系和社会治理体系之中。党的十七大提出了我国的生态文明建设战略，十八大又将该战略纳入“五位一体”总布局，进行了全面的规划和部署。应该指出，这一战略的思想渊源既有中国传统文化中“仁民爱物”“厚德载物”的环境伦理观，又有马克

① 参见李龙等主编：《社会和谐中的重大法律问题研究》，中国社会科学出版社2008年版，第248—251页。

② 《中国法治30年》，厦门大学出版社2009年版，第109页。

思主义强调人与自然是辩证统一的有机整体的环境伦理思想，同时也吸收了部分西方现代环境伦理学中的观念，体现了鲜明的新人本主义的理念。正如习近平总书记所说："生态环境在群众生活幸福指数中的地位必然会不断凸显。"①执政党在治国理政方面坚持以人民为中心，在生态文明建设战略中同样也是如此，处理好人与自然的关系就是为了造福于民。显然，这与新人本主义的环境伦理观如出一辙。

那么，生态文明建设战略思想的主要内涵是什么？下面介绍一下学界的有关解释：一是"绿水青山就是金山银山"的绿色发展观；二是"环境就是民生"的生态民生观；三是"最严格的制度、最严密的法治"的生态法治观；四是"内化于心，外化于行"的生态文化观②。特别是在生态法治方面，首先要完善生态文明建设的制度体系，实行最严格的源头保护制度、损害赔偿制度、责任追究制度，完善生态修复制度；其次，要树立法律的尊严，让法律为生态文明保驾护航。生态法治或环境法治的核心在于维护人与自然的和谐关系并保障公众的"环境权"。

以生态文明建设助推"美丽中国"建设，以法治手段保障生态文明建设，也成为学界和官方的一致立场。我国学者还提出了完善与生态文明建设相关的法律法规体系的主张："一是要加快'立改废'进程，尽快完善生态环境、土地、矿产、森林、草原等方面保护和管理的法律制度，全面清理修订现有法律法规中与生态文明建设要求不一致的内容。二是要加快《环境保护法》的修订工作，研究制定生物多样性保护、土地污染防治和生态安全等法律法规，同时要重点解决目前普遍存在的有法不依、执法不严、违法成本过低的状况。三是要改革生态环境保护管理体制，建立和完善严格监管所有污染物排放的环境保护管理制度，独立进行环境监管和行政执法，提高执法工作权威性。对造成生态环境损害的责任者严格实行赔偿制度，对构成犯罪的依法追究刑事责任。"③

---

① 《习近平关于全面建成小康社会论述摘编》，中央文献出版社 2016 年版，第 168 页。

② 转引自刘靖北：《新时期治国理政战略思想研究》，上海人民出版社 2017 年版，第 225—228 页。

③ 全国干部培训教材编审委员会指导组织编写：《建设美丽中国》，人民出版社 2015 年版，第 173 页。

用严格的法治手段来保护环境、保护绿色生态，实际上还是贯彻了以人为本的原则，因为只有尊重自然才能尊重人类自身，只有实现了人与自然的和谐才能真正保障人的环境权。近几年来，上海作为生态文明建设的国家试点，在建设生态文明示范区以及完善相关法律制度方面颇有建树。《上海生态文明试点样本的经验总结和理论解读》一文指出："不管是国家生态文明先行示范区、领导干部自然资源资产离任审计还是碳排放权交易试点，其目的都是为了减少资源消耗和环境破坏，让人民群众享受到更好的生态环境，体现了一切为了人民、以人为本的思想。"①以人为本也是新人本主义的重要原则之一，不过这并不意味着让人主宰自然，而是主张人类对自然应当平等相待，人类与自然应当和谐共生，否则以人为本也就失去了真正的意义。

从司法层面上看，环境司法以保护绿色发展为职志，致力于人与自然的和谐共生，为资源节约、低碳发展、自然修复等提供有力的司法保障，为可持续发展保驾护航。环境司法有着鲜明的伦理属性，它以环境伦理为基础，环境伦理将人类的道德关怀从人与人的关系领域扩充到人与自然的关系领域，这种"民胞物与""仁民爱物"的情怀既植根于源远流长的中国伦理传统，又契合于强调人与自然和谐一统的环境伦理，它实际上是一种新型的人本主义观念，其与传统人本主义的差异在于后者坚持人是目的而前者坚持人与自然的和谐共生才是目的。换言之，现代环境司法的伦理基础应当是新人本主义伦理观，其立场从"尊重人"转变为"尊重自然就是尊重人类自身"。从人权保护的角度看，环境司法注重保护适合人类生存发展的"绿色环境"，强调保护人的生存权和环境权。从此意义上说，保护自然就是保护人类自身。因此，它与传统人本主义的根本价值取向并不矛盾，只是在实现价值的手段上有所不同而已。

三、环境司法既保护自然环境，又保护公民环境权

环境权是环境法治或生态法治领域中的核心问题。简言之，环境权就是

① 上海市中国特色社会主义理论体系研究中心编：《国家试点：上海样本的创新与示范》，上海人民出版社 2017 年版，第 357 页。

公众享有在健康和舒适的环境中生活的权利。环境权是法律领域的一种新型权利，与传统法律权利有所不同，它是与工业文明的发展而导致的环境污染及生态破坏问题相伴而生的。1972年《人类环境宣言》第一条规定："人类有权在一种能够过尊严的和福利的生活环境中，享有自由、平等和充足的生活条件的基本权利，并且负有保证和改善这一代和世世代代的环境的庄严责任。"这是对环境权基本内容的界定。我国学者一般认为，环境权主要包括环境知情权、参与权、检举权和控告权等。环境权这一新型权利的诞生，标志着新人本主义环境伦理观在法治领域的深度渗透。

通过司法手段保护环境实际上也就是保护公众的环境权。有学者指出："环境司法是环境保护各种手段中法律威慑力最高、执行力最强的措施。各国都将环境司法作为环境保护的重要手段和最后屏障，给予了大力支持。我国的环境保护工作起步晚，环境司法的应用也有一个由少至多的过程。然而，从总体上看，我国对环境司法在环境保护中的作用是很重视的。从立法上看，无论是实体法与程序法都对环境诉讼做出了相应规定；从司法操作上看，最高人民法院就环境诉讼颁布了一些司法解释，为解决环境诉讼的具体司法问题提供了指导性意见；从实践上看，环境诉讼在全国范围内已经有了一定程度的展开。近年来环境诉讼案件以年25%的速率在递增。"①可以预言，司法在保护环境、保护公民环境权方面将发挥越来越重要的作用，中国的生态文明建设需要环境司法来保驾护航。

环境司法又被称为"生态司法"，是生态文明建设的有力保障。生态文明建设致力于人与自然的和谐共生，追求"绿水青山就是金山银山"的环境生产力目标。"加大生态环境司法保护力度，打造生态环境保护的法治屏障，是推进国家治理体系和治理能力现代化的必然要求，是实现'美丽中国'奋斗目标和中华民族永续发展的重要支撑。绿水青山离不开司法保障。党的十八大以来，上海法院以习近平生态文明思想为引领，牢固树立生态司法理念，紧紧围绕长江经济带发展、长三角区域一体化发展战略，认真落实上海市委、最高人民法院关于强化生态环境司法保护的部署和要求，积极开展环境资源审判工

---

① 中国政法大学"中国法治30年"课题组编：《中国法治30年——回顾与展望》，厦门大学出版社2009年版，第110页。

作，充分发挥司法职能作用，有力服务保障长江流域生态文明建设与绿色发展。”①

上海崇明岛位于长江入海口，正在推进世界级生态岛建设，并努力将其打造为长三角地区生态保护的标杆和典范，崇明区人民法院致力于为生态岛建设提供优质的司法保障，在全市率先成立了环境资源审判庭，着力推进环境资源审判专业化建设，以审判组织专门化、审判队伍专家化、服务生态主动化、司法保障联动化、理论研讨常态化的“五化”方案为抓手，积极探索环境资源审判机制改革，取得了显著成效。2019 年出版的一本题为《环境资源审判典型案例与实务研究》，介绍了崇明区人民法院在这方面的成功经验。该书的序言指出：“人民法院是国家环境资源治理体系的重要环节，肩负着为生态文明建设提供司法服务和保障的重要使命。……面对环境治理、资源保护、生态建设的新形势，环境资源专门审判作为一项‘适逢其时’的制度创新，在探索实践中不断发展完善，有力提升了环境资源司法保护力度，极大地促进了环境资源治理体系和治理能力的现代化。”②

2019 年，上海市高级人民法院发布了《关于加强环境资源司法保护推进审判专业化建设的若干意见》，其基本原则一是生态绿色和最严保护原则，要求把保护放在优先位置，通过专门化审判，落实最严格的源头保护、损害赔偿标准和责任追究制度；二是预防和惩治并重原则，要求正确运用法律解释规则和裁判方法，加大对涉及环境评价、环境信息公开、环境公益诉讼、重大疑难敏感环境案件的审判力度，通过民事、行政、刑事审判的有机衔接，充分发挥环境资源审判的惩戒、引导作用，有效提升环境资源司法保护力度；三是损害担责和修复优先原则，要求落实以生态环境修复为中心的损害救济制度。可见，对环境进行严格的司法保护，正是为了更好地保护公民的环境权，环境的破坏也就意味着公民环境权受到了侵害。

该意见还提出支持环境资源公益诉讼，要求建立法院、检察院常态化联席会议机制，研究解决公益诉讼的法律适用、程序衔接等问题，积极支持检察机关依法提起公益诉讼，建立公益诉讼诉前化解机制，促进诉前各方协商，尽早

---

① 朱丹主编：《长江口生态司法新进展》，人民法院出版社 2020 年版，第 1 页。

② 朱丹主编：《环境资源审判典型案例与实务研究》，人民法院出版社 2019 年版，第 1 页。

修复生态环境。

环境公益诉讼是环境司法的一个重要方面，是一种以保护公众环境权为基本价值追求的诉讼形态。环境公益诉讼是对受损的公共利益进行救济，这种受损的公共利益往往因环境污染或生态破坏而形成。因此，生态修复责任常常成为环境公益诉讼的制度安排。

就目前来看，环境公益诉讼多由检察机关提起（故称“检察环境公益诉讼”），从而使环境及环境权的保护力度大大增强了。在山清水秀的浙江省，检察机关聚焦环境资源领域的公益保护，助力打好污染防治攻坚战，积极服务“美丽浙江”建设，取得的成绩可圈可点。一篇题为《浙江检察公益诉讼工作情况调研报告》的文章介绍了这方面的经验：积极督促加强工业企业大气污染综合治理，督促落实城镇道路施工、建筑工地扬尘管控措施；杭州市检察院在全市范围内开展扬尘污染公益诉讼专项监督行动；积极督促整治城镇工业、建筑、医疗污水排放，农村生活污水、家禽家畜养殖污染物违法排放行为；积极督促整治违法砍伐林木、非法捕捞水产品等违法行为，保护森林和渔业资源；积极督促整治擅自开采、破坏性开采、超范围开采等违法采矿行为，并要求生态破坏者修复了因非法采矿破坏了的生态环境；积极督促整治非法捕猎、出售受保护野生动物的行为，加强生物多样性保护。①

浙江省的官方媒体也报道了浙江省检察机关在环境公益诉讼方面的作为和成效，如发表在《浙江日报》上的文章《浙江省“守护海洋”公益诉讼专项活动以实效显担当》就指出：“以海洋生态环境和资源保护为着力点，浙江省人民检察院积极践行生态文明理念，在沿海和沿杭州湾部署开展‘守护海洋’公益诉讼专项监督活动，助力打好碧水保卫战，将检察公益诉讼的制度优势转化为守护海洋的生态效能，为海洋保护和有序开发利用提供优质的检察产品。”又指出：“公益诉讼的目的不是为了起诉，重要的是解决问题，恢复被破坏的海洋资源和环境。从陆地到海洋，浙江省检察机关以公益诉讼为抓手，持续强化对生态环境的保护。”②

---

① 参见浙江省人民检察院课题组：《浙江检察公益诉讼工作情况调研报告》，载《中国司法制度发展报告（2019）》，社会科学文献出版社 2019 年版，第 218 页。

② 刘乐等：《浙江省“守护海洋”公益诉讼专项活动以实效显担当》，《浙江日报》2019 年 11 月 11 日。

碧水蓝天、江河湖海、山地平原、森林草原，这些与人类生活息息相关的生态系统必须得到有效保护，才能为人类提供舒适的生活、生存环境，才能保障人的环境权的实现。否则，人类不仅不能健康地生活，甚至都不能生存。而对环境和环境权最有效、最有力度的保障就是环境司法，包括环境审判和环境检察，特别是由检察机关提起环境公益诉讼，更能在保障生态环境安全方面发挥重要的作用。浙江省助力"美丽浙江"建设的经验就是证明。

有的专家还提出了构建跨域环境公益诉讼机制的设想，认为跨域"三审合一"（刑事、民事、行政公益诉讼）是混合型诉讼模式下的一种审判方式，就是将不同区域涉及环境公益诉讼的案件通过一定组织架构和体系统一集中审理的集约化审判机制。与传统公益诉讼相比，这种模式具有跨域性、复合性、前置性、主体宽泛性、公益广域性等特点。该模式有助于"消除和解决不同区域审判权限的交叉重叠、案件受理的冲突推诿、审判资源的闲置浪费和审理标准宽严不一等弊端，更好地预防打击破坏生态环境的跨域违法犯罪，保护生态环境资源"①。

另有学者认为，环境司法的专门化更有助于解决环境案件。所谓环境司法的专门化，是指"环境审判专门化与环境监察专门化，是环境程序法治、司法领域治理体系和治理能力现代化的重要内容"②。所谓环境司法的专门化，是指国家或地方设置专门的审判机关（环境法院）或者专门的审判组织（环境法庭）对环境案件进行专门审理。环境司法专门化还包括环境检察专门化，是指检察机关在环境领域的机构、机制、规则和团队等方面的专门化。近年来，我国司法机关持续聚焦"美丽中国""健康中国"，开展公益诉讼试点工作、纷纷设立环境资源审判庭和生态环境检察室等，围绕大气污染、水污染和土壤污染等方面的违法犯罪行为开展监督，用司法的霹雳手段打好污染防治攻坚战，为深入推进生态文明建设提供了有力的司法保障。"目前我国已基本形成环境司法专门化体系，检察机关在遏制生态环境保护领域的行政不作为、对生态环境领域民事行政案件的法律监督等方面发挥了积极

---

① 崔永东主编：《司法学研究（2019）》，人民法院出版社 2020 年版，第 144 页。

② 陈真亮：《论生态环境检察的专门化、体系化与法治化》，《浙江工业大学学报（哲社版）》2019 年第 2 期。

的功能。”①

还有学者认为，环境民事公益诉讼应该成为环境公共利益保护的重要途径。优良的生态环境是最公平的公共产品，是最普惠的民生福祉。环境资源案件不同于普通的侵权案件，损害的是环境公共利益，并不一定造成私人权益的直接损害，但是会间接导致一定区域内隐性和长期的损害，而私人的权益受损意识将会淡化，并因此弱化了维权冲动。环境公益诉讼制度正是为了纠正这种怠于公共利益的“公地悲剧”而设计的，其旨在于通过保护生态公共利益进而保护个人的环境权益。“环境民事公益诉讼有助于弥补私益诉讼的局限性，健全生态文明，建设司法保障机制。”②

上述探索都是有价值的，通过这种探索逐步完善环境司法的体制和机制，不断发挥环境司法在助推生态文明建设、保障公民环境权的过程中的重要作用。如果说新人本主义的理念着力于将人与人的关系扩展到人与自然的关系，并将人与自然的和谐、人与自然都是目的而非手段作为核心的伦理原则加以坚持和倡导，那么建基于环境伦理之上的环境立法和环境司法就应当维护人与自然的和谐关系并保障公民的环境权，这是一个健康的法治社会或“绿色社会”的必备条件。

四、对环境司法案例的实证分析

2019 年 8 月，被告人邢某月在未取得捕捞许可证的情况下，在上海市崇明区佘山岛北面水域捕捞国家一级保护野生动物中华鲟活体，后上海铁路运输检察院提起刑事附带民事公益诉讼，上海崇明区人民法院作出判决，邢某月犯非法猎捕、杀害珍贵、濒危野生动物罪，判处有期徒刑一年并处罚金五千元，赔偿国家野生动物资源损失四万元。③ 上海市长江口湿地自然保护区是世界上最大的河口湿地之一，是不少国家一级保护野生动物的重要栖息地，本案判

---

① 陈真亮：《论生态环境检察的专门化、体系化与法治化》，《浙江工业大学学报（哲社版）》2019 年第 2 期。

② 朱丹主编：《长江口生态司法新进展》，人民法院出版社 2020 年版，第 333 页。

③ （2020）沪 0151 刑初 144 号判决书。

决对保护国家保护野生动物，维护长江流域珍贵、濒危水生野生动物栖息地生态安全具有重要的示范意义。

本案也是上海市高级人民法院于 2019 年 11 月发布《上海市高级人民法院关于加强环境资源司法保护推进审判专业化建设的若干意见》、上海市人民代表大会常务委员会于 2020 年 6 月发布《关于加强检察公益诉讼工作的决定》后的典型案例，其重要意义体现在两个方面。一方面，本案实现由专门的环境资源审判庭对环境公益诉讼民事、行政、刑事案件"三合一"的归口审理，体现出环境资源审判的专业化、科学化趋势。该案审理法院注重审判智库的建设，2018 年 5 月建立上海首个环境资源审判咨询专家库，8 名全国环境资源法学领域权威专家受聘，2019 年聘任多名环境资源领域技术专家，以提升环境资源审判质量、弥补专业技术领域的短板，为崇明世界级生态岛的建设提供更强有力的司法服务和司法保障。该法院亦积极探索创新环境资源民事、行政、刑事、执行"四合一"的审判模式，进一步推进审判组织专门化。另一方面，体现出环境资源案件集中管辖的趋势。根据上海市《城市总体规划（2017—2035 年）》重点生态区域的功能定位，兼顾环境资源生态统筹的需要以及各区域不同的特点，对环境资源案件进行集中管辖，优化环境资源审判机构格局。上海市高级人民法院、上海市第三中级人民法院以及上海市崇明区人民法院、上海市金山区人民法院、上海市青浦区人民法院、上海铁路运输法院四家基层法院，形成三级联动、审级监督、各有侧重的功能格局。本案审理法院重点保障长江口战略协同区、东滩重点生态区域、世界级生态岛。上海市第三中级人民法院统筹全域并进行审级监督，上海市高级人民法院对外协调长三角地区环境资源司法协作，对内调整环境资源案件管辖范围。

据媒体报道，自 2019 年 1 月至 2020 年 5 月，上海法院共受理环境资源案件 2294 件，包括民事案件 1429 件，行政案件 633 件，刑事案件 216 件，公益诉讼案件 16 件。2019 年，上海高级人民法院根据重要水系和生态功能区的分布特点，对环资管辖体制大幅度调整，规定自 2020 年 1 月起将环资民事、行政和刑事三类案件按照统一的集中管辖标准，交由金山、青浦、崇明、上铁四家法院负责审理。上海三中院统筹全域并进行审级监督。上海市高院负责指导全市法院环资审判工作，对外协调与长三角地区环境司法协作。这说明，上海市法院系统的环境司法工作正在有序推进，为"绿色发展"不断添油助力。

在司法实践领域，各级法院受理的环境案件正日益增长。继2020年9月25日之后，最高人民法院于2021年2月25日在其官方网站上又发布了10起长江流域生态环境司法保护的典型案例。与其他类型的案件相比，如果加上黄河流域以及其他地区的生态环境案件数量，绿色司法案例总数在其推出的全部典型案例中占比是最高的。其中，不乏有刑事案件、刑事附带民事公益诉讼案件、民事公益诉讼案件、行政公益诉讼案件和环境损害赔偿案件，也由此凸显了最高人民法院对生态环境进行司法保护的坚强决心和执法力度。笔者认为，在这些典型案例中，较引人注目的是湖北省检察院武汉铁路运输分院对阳新网湖生态种养殖有限公司（以下简称养殖公司）提起的环境民事公益诉讼一案。其实本案案情同其他大多数环境公益类案件一样较为简单、清楚：2014年至2016年，该养殖公司在其承包经营的网湖大湖投放肥料进行水产养殖，三年间共投放磷肥、氮肥、有机肥、豆渣、啤酒糟等共约5万吨，造成水质恶化，水质由三类随之降为四类，呈中富营养状态级别，并显示磷含量超标。

本案虽然事实清楚，法律关系明确，但却呈现出两大特点，一是判处的赔偿水体环境损害费数额较高，达1946776元；二是检察院较为罕见地形成了各级检察院的工作联动，对检察资源进行了有效整合。从中可窥其执法力度之大。本案由阳新县检察院立案，由黄石市检察院公告，由湖北省检察院指定武汉铁路运输分院管辖，而且中间由阳新县纪律监察委员会（阳新县监察委员会）委托鉴定机构对环境损失数额进行鉴定。最后武汉海事法院以院长为审判长组成合议庭进行了审理。① 如此“兴师动众”并非小题大做。因为网湖湿地自然保护区处长江中下游，属于长江干流的南岸，在湖北省黄石市阳新县东南部，属于长江一级支流的富水河下游。经湖北省政府批准，黄石网湖2006年成为省级自然保护区，而网湖大湖是其主要湖泊，执行的环境质量标准为三类，是很多珍稀动物的栖息地，故被湖北省政府于2012年列为第一批湖泊保护名录，是名副其实的“湿地水禽遗传基因保存库”，其健康的水体生态是长江流域生物多样性的重要保证。尤其是其重要的地理位置对于维护长江流域的生态安全，维护当地淡水资源安全至关重要，这不但与人民群众生产生活质量息息相关，而且在调节长江流域的生态环境方面具有不可替代的作用。

---

① （2019）鄂72民初1220号判决书。

作为以营利为目的的养殖公司根据民事合同享有相应的合同权利，但是不能以此免除保护水环境的义务，否则就应依法受到严惩。根据我国现行的水污染防治法，该养殖公司应“合理投料和使用药物”，避免水环境受到污染。当地的水污染防治条例则在此基础上做了更进一步的详细规定。作为养殖公司而言，不能将逐利作为其从业的唯一目的，不能将以上法律制度视为“没有牙齿的老虎”，而应在保护生态的前提下进行合法的生产经营，实现人与自然的和谐共生。

在本案中，该养殖公司以其高昂的违法成本给长江流域众多水产养殖个体及单位上了一堂生动的法治课。另外，不论是各级人民检察院还是法院，在本案中均提供了优质高效的环境司法服务，有效使受损的公共利益得到及时修复。本案中人民法院最后判决该养殖公司承担的环境损害赔偿款用于网湖大湖水体的整体治理与恢复，对改善、恢复湖泊、湿地生态系统的质量及功能，维护公民的环境权，推动长江流域的绿色发展起到了不可替代的重要作用，是环境司法尊重自然、顺应自然以及保护自然的集中体现。同时，从本案中我们也不难看出，在整个环境司法体系中，环境公益诉讼是其重要内容之一，对于受损环境的修复和污染危险的排除等方面发挥着极为重要的作用。

《中国环境司法发展报告（2015—2017）》认为，生态文明建设在当前中国既是全面深化改革的重要环节，也是全面依法治国的重要内容，运用法治思维和法治方法推进生态文明体制改革、补齐生态短板也是当代环境法的历史使命。在完成该使命的过程中，“环境立法与环境司法缺一不可：环境立法需要解决的是生态文明建设的制度设计问题，环境司法则要将这种制度设计运用于调节社会关系的具体行动，通过法律适用、纠纷处理，将写在纸上的死条文变成体现社会生活的千变万化的活法律。实际上，环境司法的功能不只是处理纠纷本身，诉讼结果的影响范围也不仅限于纠纷当事人，还波及社会的其他成员。司法裁判的结果，为确认一定的环境价值和环境权利的存在，为其他社会成员解决同样问题提供指南，由此影响环境、社会、经济、法律、政策的制定及执行，在相当程度上具有引导新的社会关系形成、促进生态文明体制改革深化的功能”①。

① 吕忠梅等：《中国环境司法发展报告（2015—2017）》，人民法院出版社2017年版，第1页。

环境立法与环境司法均有其伦理基础，这一伦理基础是新人本主义的，它超越了人与人的关系而进入人与自然关系的层面；它超越了传统的坚持"人是目的而非手段"的人本主义，而是坚持人与自然同为目的而非手段；它以人与自然的和谐关系作为最高旨归——这是对古代中国人"天人合一""仁民爱物"及"厚德载物"等理念的现代回应。它以环境正义、代际公平、尊重自然、生物平等、可持续发展为重要原则，宣示人类的道德关怀应该也必然惠及自然万物，甚至惠及整个宇宙。在此前提下，自然已经成为道德化的自然，宇宙变成了道德化的宇宙。宋儒所谓"宇宙便是吾心，吾心便是宇宙"或许揭示了这一奥秘。自然的世界就是一个大的生物圈，人类只不过是这个生物圈的一个链条而已，在该圈中的所有物质都是息息相通的，其关系是一荣俱荣、一损俱损。这就是一个大家园，家园里的生物并无高低贵贱之分，彼此之间应当平等相待，从而形成一种"善意"的、道德化的和谐关系。这正是全人类应当努力的方向。在这一历程中，道德教育、法治教育等都应当释放人类对自然的"善意"，都应当阐释人与自然和谐关系的重要意义，并通过环境立法将这种"善意"与"和谐"确立为重要的原则，又通过环境司法对其提供有效的保障。

第六章　行政司法论

一、行政司法的准司法性：理论与制度维度的考察

行政司法，字面上的含义是指行政机关依法进行的"司法"活动，但实际上这种司法活动并不是司法机关的司法活动，而是行政机关解决行政争议、民事纠纷和处理行政违法问题的活动。可见，行政司法是一种"准司法"，从"大司法"的角度看，它属于"社会司法"（西方法社会学提出的概念），社会司法不仅包括社会组织化解纠纷的活动，还应包括行政机关解决行政纠纷、民事纠纷和处理行政违法的活动，它是相对于"国家司法"（国家司法机关的诉讼活动）而言的。

在中国古代社会，实行行政权与司法权合一的体制，或谓行政兼领司法，或谓司法兼领行政，此种体制下的司法是一种行政化的司法。如果说当时的司法是一种"行政司法"，那么它与今天的行政司法并不相同。古代的行政司法是指官府衙门从事的司法活动，这种司法不属于"准司法"，它属于国家司法，因为权力主体行使的是国家司法权，尽管该权力主体也是行政主体（官衙具有行政主体与司法主体的双重属性）。今天的行政司法则是一种"准司法"，权力主体是行政机关，它行使的是行政权，而非国家司法权。简言之，今日的行政司法是"貌似"司法，实为"准司法"（社会司法）；古代的行政司法是"貌似"行政，实为"真司法"（国家司法）。

学界一些人对"行政司法"这一概念进行了探讨，认为自 20 世纪以来，

“依法行政”的原则在各国法律中普遍确立,法律不仅要求行政机关必须依法行政,还“赋予行政行为的相对人提请复议甚至提出控告的权利,这样就使一些行政机构开始行使起一定的司法职能来,出现了‘行政司法’(或‘行政裁判’)一类的概念。行政的这种功能性扩张一方面是经济现代化发展的需要,另一方面也体现了现代社会法治化的进一步深入。同时,复合性概念的出现给原本明确的分工带来的冲击也模糊了人们的视线,使法律学科的研究增加了难度。‘行政司法或裁判’由于其概念的二重性就面临着一个如何归类的难题”①。

看来,行政司法这一概念虽然未必科学,但其确实表达了行政机关的解纷职能。当然,这种职能与国家司法司法机关的解纷职能是有差异的,故用“准司法”这一概念加以表述更为妥当。从严格意义上讲,行政与司法是两种不同质的现象,在原理和机制上都存在着明显的差异;“另一方面,从通过适用法律解决纠纷的功能和方式来看,具有解纷功能的行政裁判与司法(在审判的意义上)之间无疑又具有某种共性。以这种共性为出发点,在承认差异的基础上,人们创造了一个新的概念,即把‘行政司法’这类现象贴上了‘准司法’或者‘准审判’的标签,意指行使一定司法职能的行政机关、仲裁机构等司法主体的行为原本不具有司法的性质,但由于其解纷功能和方式在某些方面类似于司法,具有司法的某些表征”②。

这里应当指出,行政司法与“司法行政”概念是根本不同的,后者是指与司法有关的行政或行政管理,也可以说是司法中的行政或与司法有关的行政。“无论是司法中的行政还是与司法有关的行政,都要围绕着司法展开,都是为了司法活动的正常有效的运行提供保障的。但是两者还是有所区别的。司法中的行政,是为司法机关正常运转提供基本保障的行政,一般是指司法机关人财物等事物管理和有关的司法政策等;与司法有关的行政,是为司法机关开展司法活动提供各类法律或技术保障的行政,主要包括裁判执行、律师辩护和诉讼代理、司法鉴定等管理活动。”③另外,司法行政还是一种以提供法律服务和办理各类法律服务为内容的综合性法律制度。“司法行政从开始主要为司法

---

① 杨一平:《司法正义论》,法律出版社 1999 年版,第 34 页。

② 杨一平:《司法正义论》,法律出版社 1999 年版,第 34 页。

③ 董开军主编:《司法行政学》,中国民主法制出版社 2007 年版,第 23 页。

审判提供保障,逐渐发展为一种以提供各类法律服务为内容的日趋复杂的法律制度,即主要负责向政府和社会提供必要的有关法律服务或帮助的法律制度。”①

司法行政具有交叉性(司法和行政两种属性兼备)、服务性、社会性(为社会提供法律服务)、管理性及宽泛性等特点,其功能除了为政府和社会提供法律服务外,还包括对司法活动提供行政保障,以便维持司法的正常运转。司法行政的种类大约有如下数种:司法人事、司法财政、司法执行、司法政策、司法协助、政府法律事务办理、法律服务管理及对社会公益性法律活动的指导等。拙著《司法学原理》曾指出:“从国外的情况看,无论是大陆法系还是普通法系,所谓‘司法行政’的主要内容包括两大方面:一是对司法机关人财物的管理;二是对监狱、律师、公证、司法鉴定、司法协助等的管理。在司法行政管理体制上,国外普遍采取司法行政事务与司法业务相分离的原则,即司法行政事务并非由司法机关负责,而是由政府行政管理部门负责。”②

由上述可见,“司法行政”与“行政司法”是两个在内涵、外延上完全不同的概念,前者是指一种行政保障机制和法律服务机制——为司法活动提供行政保障和为政府、社会提供法律服务,后者则是指一种行政解纷机制——行政机关依照法律规定、遵行法定程序所进行的解决纠纷、处理违法的活动。前者本质上属于行政活动,后者则在功能上与国家司法机关的活动近似,属于“准司法”。

另外还要指出,行政司法与行政诉讼也是不同的。虽然两者都是处理行政争议的活动,但行政司法是一种解纷机制和处理违法的活动,其中“行政复议是行政机关依照法定程序对具体行政行为的合法性和适当性进行审查的活动,而行政诉讼则是人民法院按照司法程序审查具体行政行为的合法性的活动”③。可以说,行政司法是“准司法”(属于行政机关的解纷活动),而行政诉讼是“真司法”,或称纯粹意义上的司法(属于国家司法机关适用法律解决纠纷的活动)。

行政司法属于“准司法”,是指行政机关根据行政法规、依照法定程序所

---

① 董开军主编:《司法行政学》,中国民主法制出版社2007年版,第23页。

② 崔永东:《司法学原理》,人民出版社2011年版,第65页。

③ 李乾贵主编:《依法行政问题研究》,中国法制出版社2002年版,第251页。

进行的化解纠纷、处理违法的活动。但其与国家司法机关的司法活动有别。一般认为,目前我国的行政司法主要包括行政复议、行政裁决、行政调解、行政仲裁、行政裁判、行政处罚等类型。

行政复议作为行政纠纷的解决机制,它是公民权利的救济方式,也是行政责任的追究形式。学者指出:"行政复议权是我国行政机关依法享有的准司法权,行政复议机制是行政系统内部的一种自我纠错机制。"①行政复议制度能否得到有效实施,直接关系到我国政府化解行政争议的能力,直接关系法治政府建设的成效。但其另外提出"行政司法主要包括行政复议和行政诉讼"②的说法将行政诉讼也纳入行政司法的范畴则难以令人苟同,因为行政诉讼是指法院的行政审判活动,显然属于国家司法的范畴,不属于"准司法"。

另有学者指出:"行政复议是指公民、法人或其他组织认为行政机关的具体行政行为侵犯其合法权益,按照法定的程序和条件向作出该具体行政行为的上一级行政机关或法定机关提出申请,由受理申请的行政机关对该具体行政行为进行复查并作出复议决定的活动。"③"在行政法学理论中,行政复议被视为一种具有行政与司法双重属性的活动,即行政复议以准司法的方式来审理特定的行政争议。"④这说明,行政复议是一种准司法活动,也被称为行政司法。

行政复议是公民、法人或者其他组织获得行政救济的一种重要途径,它不仅能够为公民的合法权益提供及时、高效的保障,而且还能够实现行政系统内部的自我监督。⑤ 这种方便快捷的行政救济机制带有"准司法"的性质自不待言,为维护和谐的行政秩序、实现被侵权人的权利救济开辟了一条十分有效的渠道。因此,得到了许多法治发达国家的立法确认,如法国的行政救济制度、德国的异议审查制度、英国的行政裁判制度、美国的行政法官制度、日本的行政不服审查制度等本质上均属于行政复议制度。

---

① 江必新主编:《中国法律实施报告 2013》,法律出版社 2014 年版,第 72 页。

② 江必新主编:《中国法律实施报告 2013》,法律出版社 2014 年版,第 72 页。

③ 张树义主编:《行政法学》,法律出版社 2000 年版,第 85 页。

④ 张树义主编:《行政法学》,法律出版社 2000 年版,第 85 页。

⑤ 参见杨海坤等:《中国行政法基本理论研究》,北京大学出版社 2004 年版,第 501 页。

将行政复议当成行政司法，为行政法学界一般学者所认可。其理由是行政复议兼有行政和司法的双重属性，即由行政机关解决行政纠纷表明其行政性质，而解决纠纷则属于司法性质。因此，一般将行政复议作为一种更接近于司法性质的准司法行政行为加以界定。① 或者“将行政复议视为一种具有司法程序特征的行政活动”②。

行政裁决也属于行政司法，它“是指行政机关根据法律授权，主持解决当事人之间发生的与行政管理事项相关的特定的民事纠纷的活动”③。或谓行政裁决是指行政主体依照法律授权和法定程序，以第三者的身份，对平等主体之间发生的、与行政管理活动密切相关的特定民事、经济纠纷进行裁决的具体行政行为。④

行政裁决带有“准司法”的性质，此点已经被一些学者所揭示：“行政裁决的程序是一种准司法程序。行政裁决是解决纠纷的行为，是一种准司法性质的行为，这种准司法性质，除了表现在行为方式等特征上，更主要还体现在行为的程序上，必须按法律明确规定的程序，客观公正地审查证据，调查事实，依法作出公正的裁判。”⑤作为一种纠纷解决机制，行政裁决的“准司法”性质是相当明显的，其程序亦非一般的行政程序，而是一种准司法程序。行政裁决在形式上具有准司法性，这主要表现为行政机关在行政裁决中并非以管理者而是以居间裁决的主持人身份出现的。另外，行政裁决依照的程序也不同于一般的具体行政行为的程序，“而是一种准司法程序，它要求行政主体客观而公正地审查证据，调查事实，然后依法作出公正地裁决”⑥。

行政调解也是一种“准司法”活动，属于行政司法。它是在行政机关的主持下，通过协商的方式化解矛盾纠纷的机制。在自愿、合法的前提下，“以相关机关法律法规及政策为根据，通过说服教育的方式，促使争议各方平等协

① 参见张尚鷟主编：《走出低谷的中国行政法学》，中国政法大学出版社 1991 年版，第 312 页。

② 杨海坤等：《中国行政法基本理论研究》，北京大学出版社 2004 年版，第 502 页。

③ 张树义主编：《行政法学》，法律出版社 2000 年版，第 85 页。

④ 参见姜明安主编：《行政法学》，法律出版社 1998 年版，第 118 页。

⑤ 张树义主编：《行政法学》，法律出版社 2000 年版，第 45 页。

⑥ 姜明安主编：《行政法学》，法律出版社 1998 年版，第 118 页。

商，最终化解矛盾纠纷”①。这说明，行政调解的主体是行政机关，行政调解应当遵循一定的原则和依据，行政调解的方式和结果不具有强制性，纠纷当事人如果不服行政调解结果，可以另行提起诉讼。行政调解的最终目的是化解纠纷，这是一种柔性的化解矛盾的方式。总而言之，行政调解具有自愿性、便捷性、合法性和任意性的特点，是行政机关管理公共事务的重要手段，也是促进社会和谐的重要途径。

行政处罚也属于广义的行政司法。它是指享有行政处罚权的行政机关或法律、法规授权的组织，对违反行政法律规范，依法应当处罚的行政相对人给予法律制裁的行为。② “行政处罚是行政主体为了维护公共利益和社会秩序，保护公民、法人和其他组织的合法权益，对违反行政管理秩序，依法应当给予行政处罚的行政相对人所给予的法律制裁。”③行政处罚的原则包括处罚法定原则、处罚公正公开原则、一事不再罚原则、处罚与教育相结合原则、保障权利原则等。我国《行政处罚法》规定了七种行政处罚：警告、罚款、没收违法所得、没收非法财物、责令停产停业、暂扣或者吊销许可证和执照、行政拘留等。行政处罚的程序包括处罚决定程序和处罚执行程序，前者又包括简易程序、一般程序和听证程序。

有的学者考察了大陆法系国家特别是德国的行政处罚制度，指出德国的行政处罚是指违反秩序法、行政处罚法等综合性法律以及其他单行法律规定的刑罚以外的制裁措施，采用刑事诉讼程序以外的相对简易的程序惩戒行政法义务违反者的行为。其特点是：“（1）行政处罚与刑罚相分离；（2）行政处罚实行‘二元’主体制，行政机关和法院均享有行政处罚权；（3）行政处罚是比刑事诉讼程序更简便的准司法程序。行政处罚有自己的实体和程序规定，不是刑罚中的一部分。在欧洲大陆国家，行政机关有权决定行政处罚。”④上述话语明确说明行政处罚是一种“准司法程序”，因此，将行政处罚划入行政司法的范畴应该是没有问题的。

综上所述，“行政司法”的字面含义是指行政机关依法进行的“司法”活

① 王敬波主编：《行政法学》，中国政法大学出版社 2018 年版，第 148 页。
② 参见张树义主编：《行政法学》，法律出版社 2000 年版，第 48 页。
③ 姜明安主编：《行政法学》，法律出版社 1998 年版，第 145 页。
④ 关保英主编：《行政法制史教程》，中国政法大学出版社 2006 年版，第 258 页。

动，但实际上这种司法活动并不是司法机关的司法活动，而是行政机关解决行政争议、民事纠纷和处理行政违法问题的活动。从“大司法”（包括国家司法与社会司法）的角度看，行政司法是一种“准司法”，属于“社会司法”，社会司法不仅包括社会组织化解纠纷的活动，还应包括行政机关解决行政争议、民事纠纷及处理行政违法的活动，它是相对于国家司法而言的。另外需要指出的是，社会司法不等于“民间司法”——民间力量进行的准司法活动，社会司法可以包括民间司法，民间司法不能包括社会司法。民间司法与行政司法是对应的，与国家司法也是对应的，但其只是社会司法的一部分，因为社会司法可以包含行政司法，而民间司法则不能。一般认为，目前我国的行政司法主要包括行政复议、行政裁决、行政调解、行政仲裁、行政裁判和行政处罚等类型。另外，还要注意行政司法与司法行政、行政司法与行政诉讼、行政裁决与行政仲裁、行政裁决与行政裁判、行政调解与人民调解、行政调解与司法调解之间在内涵和外延上的区别。

二、行政司法领域中几个疑似概念的辨析

（一）行政裁决与行政裁判。行政裁决是指行政机关依据法律授权，主持解决当事人之间发生的与行政管理事项相关的特定民事纠纷的活动。或谓行政裁决是“行政机关依照法律规定或授权，对平等主体之间发生的，与行政管理活动密切相关的民事争议进行审查，并作出裁决的行政行为”①。根据学界通说，对行政裁决的概念可以从以下几个方面来把握：第一，行政裁决的主体是国家行政机关；第二，行政裁决是行政机关主持解决与行政管理事项有关的民事纠纷的活动；第三，行政裁决权来源于法律的明确授权；第四，行政裁决必须遵循法定程序；第五，行政裁决是一种具体行政行为，裁决的过程是行政权力运用的过程。

行政裁决程序属于一种准司法程序，它要求行政机关必须按照法律明确规定的程序，客观公正地审查证据，调查事实，并作出公正的裁决。行政裁决

---

① 王敬波主编：《行政法学》，中国政法大学出版社 2018 年版，第 144 页。

要解决当事人之间的民事纠纷，是对当事人的民事权利义务的法律确定，具有法律效力。当事人若不履行行政裁决，行政机关可以采取强制执行措施或申请人民法院强制执行。

也有学者将行政裁决直接定性为行政司法行为："所谓行政司法行为，是指行政机关作为争议双方或者特定的民事争议双方之外的第三者，按照准司法程序审理特定案件，处理特定争议的活动。在我国，行政司法活动包括行政复议、行政裁决、行政诉讼等。所以，行政裁决从本质上看是一种行政司法活动。"①不过此处将行政诉讼也看成是行政司法，笔者不敢苟同，因为行政诉讼已经属于司法机关从事的司法活动的范围，不再属于行政行为。行政司法只能是行政法意义上的准司法活动。

行政裁判是指国家行政机关依法以行政手段裁决行政争议的活动。它与行政裁决是有区别的，这种区别主要表现在针对的客体方面，行政裁决主要针对的是民事纠纷，行政裁判主要针对的是行政争议。所谓行政争议，是以实施具体行政行为的国家行政机关为一方，以作为该具体行政行为相对人的公民、法人或者其他组织为另一方，针对行政机关实施的具体行为是否合法而引起的争议。这里有两点需要注意，一是争议的对象必须是行政机关实施的具体行政行为，否则不属于行政争议；二是争议要解决的问题是确定具体行政行为是否合法，不以合法性为争议目的的争议不属于行政争议。民事纠纷是指平等主体之间发生的，以民事权利义务为内容的社会纠纷，这种纠纷主要包括两方面：一是财产关系，二是人身关系。行政裁决的目的在于解决民事纠纷，行政机关"居中裁决"，近似于法官的"居中裁判"。

（二）行政裁决与行政仲裁。行政仲裁是行政机关以第三者身份对当事人之间的争议依照法定仲裁程序加以解决的制度，也是具有准司法性质的行政活动。行政机关中所设立的专门仲裁机构，按照法定程序对民事争议进行裁决，这种裁决具有法律效力。有的学者认为，行政仲裁是法定的行政仲裁机构对特定的争议依法进行公断、裁判的行政行为，因此，行政仲裁权是一种行政权力，但这种行政权带有"准司法"性。目前，我国行政仲裁只有一种，即劳动争议仲裁。《企业劳动争议处理条例》第 2 条规定："因企业开除、除

---

① 王敬波主编：《行政法学》，中国政法大学出版社 2018 年版，第 144 页。

名、辞退职工和职工辞职、自动离职发生争议，因执行国家有关工资、保险、福利、培训、劳动保护规定发生争议，因履行劳动合同发生的争议，均可申请仲裁。”可见，行政仲裁与行政裁决指向的对象明显不同，而且是由法律明确规定的。

值得注意的是，学界也有人主张将行政裁决与行政仲裁合并，理由是："将解决与合同有关的行政仲裁单独作为一项制度，其主要理由在于纠纷性质上有所差别。但是，这种同在民事纠纷范围内的差异很难证明需要不同的纠纷解决机制。……而且，现有的劳动争议仲裁等行政仲裁，由于缺乏自愿性的要件，很难用仲裁制度规范，纳入行政裁决更为合适。”①笔者认为上述主张是合理的。

（三）行政裁决与行政诉讼。行政诉讼即民间所说的“民告官”，是一种司法诉讼活动。它也是我国法律规定的三大诉讼活动之一，另外两项分别是民事诉讼、刑事诉讼。它是指“公民、法人或者其他组织与行政机关或法律、法规、规章授权的组织在行政法律关系中发生争议后，依法向人民法院提起诉讼，人民法院依法定程序审查行政机关和法律、法规、规章授权组织行政行为的合法性并作出裁判的一种诉讼活动”②。行政诉讼是法院应公民、法人或者其他组织的请求，通过审查行政行为合法性的方式来解决具体行政争议的活动。③ 在西方，人们通常用“司法审查”来指称行政诉讼。行政诉讼是解决行政争议的一种诉讼活动，行政诉讼的对象是行政行为，行政诉讼的被告是被原告提起诉讼并由法院通知应诉的行政机关或法律、法规、规章授权的组织。行政诉讼通过司法权对行政权的监督来实现对行政权的制约功能，实际上是一种司法审查制度。行政诉讼也是一种行政救济制度，在行政诉讼过程中，通过法院对具体行政行为的审查和纠错，实现对行政相对人权利的救济。因此，它与行政裁决在性质上是不同的，行政诉讼是一种司法活动，而行政裁决是一种行政活动，或者说是一种准司法活动。

（四）行政裁决与行政诉讼裁定、决定。行政诉讼裁定，是指人民法院在审理行政案件或执行案件的过程中就程序问题作出的判定。它是人民法院行

---

① 马怀德主编：《法治政府研究报告》，同心出版社 2007 年版，第 87 页。

② 韩君玲主编：《简明中国法治文化辞典》，商务印书馆 2018 年版，第 296 页。

③ 参见马怀德主编：《行政诉讼法学》，法律出版社 2000 年版，第 1 页。

使行政审判权的表现,具有法律效力和司法权威性。行政诉讼决定,是指人民法院为了保证行政诉讼的顺利进行,“依法对行政诉讼中的某些特殊事项所作的处理”①。这些“特殊事项”往往在诉讼中具有紧迫性,其作用在于保证诉讼程序的顺利进行,或为案件的正常审理提供必要的条件。因此,它们与行政裁决是不同的,行政裁决是一种行政活动(带有准司法性质),而行政诉讼裁定、决定则属于司法程序中的活动。

(五)行政调解与人民调解、司法调解。行政调解是在行政机关的主持下,“通过协商的方式化解矛盾纠纷的机制”②。行政调解的主体是行政机关,行政调解应当遵循自愿、合法的原则,其方式不具有强制性,而是带有强烈的劝导、教育的色彩。行政调解的最终目的在于化解纠纷,维护社会秩序的稳定。

另有学者指出:“行政调解是指行政机关根据争议双方当事人申请或法律规定,在双方当事人同意的情况下对争议进行的调处,主要解决争议不大的民事纠纷和标的额不大的经济合同纠纷。这种纠纷解决机制力求建构公共权力与公民权利间的平衡,具有调解主体的确定性、调解形式的准司法性、调解方式的合意性、调解协议效力的非强制性等特点。”③

行政调解是一种行政行为,属于诉讼外调解,所达成的协议不具有法律上的强制执行力。在行政调解中,行政主体作为第三者居间对平等民事主体间的民事案件和部分刑事自诉案件以及部分行政争议案件调停处理,作出公断,这在形式上近似于法院的司法调解,但不具有终局性。

司法调解又称诉讼调解,是在人民法院的主持下,对双方当事人就争议的实体权利和义务自愿协商,达成协议,解决纠纷的活动。所有民事争议案件,在第一审普通程序、简易程序、第二审程序和审判监督程序中,只要当事人自愿,都可以进行调解。通过司法调解达成的协议在双方当事人、审判员、书记员签名后即具有法律效力,法庭制作的调解书与判决书具有同等法律效力。

人民调解又称“民间调解”,是在人民调解委员会的主持下,在不违背国

① 马怀德主编:《行政诉讼法学》,法律出版社 2000 年版,第 117 页。

② 王敬波主编:《行政法学》,中国政法大学出版社 2018 年版,第 148 页。

③ 章晨:《中国司法制度》,中国民主法制出版社 2017 年版,第 198 页。

家法律法规的前提下，“对民间纠纷当事人进行调解、劝说，促使他们互相谅解、平等协商，自愿达成协议，消除纷争的群众性司法活动”①。这种靠民间力量进行的化解纠纷的活动，在中国有着久远的历史，它是儒家“和为贵”理念的体现，是群众自我管理、自我教育、自我服务的社会自治行为。以“小事不出村，大事不出镇，矛盾不上交”而闻名于世的“枫桥经验”，就是人民调解的典型范例，为社会纠纷的化解提供了中国智慧和中国方案，是中国“软实力”的体现。

行政调解、人民调解、司法调解之间的区别在于：第一，行政调解、人民调解都属于诉讼外调解，不具有司法性（但具有准司法性）；而司法调解属于诉讼调解，具有司法性。第二，调解的主体不同，行政调解的主体是行政机关或者是法律法规授权的组织，司法调解的主体是人民法院，人民调解的主体主要是人民调解委员会或受聘受邀的公民。第三，调解的效力不同，行政调解达成的协议不具有司法上的强制执行力，人民调解达成的协议如果得到人民法院的司法确认才具有强制执行力，司法调解达成的协议一经送达签收即生效，具有与判决书一样的法律效力。

（六）行政调解与“官府调解”。从表面上看，官府调解就是中国古代的行政调解和司法调解。众所周知，调解文化在中国源远流长，据《周礼》记载，西周时期就设有“调人”官职，由官府出面调解民间争讼。之后调解之风历代传承不辍。宋代要求司法官员在处理民间诉讼时必须先行“调解息讼”，元代则将调解正式写入法律。纵观中国古代的调解，主要有两种类型，一是官府调解，一是民间调解。民间调解是指当事人双方为解决纠纷而邀请民间组织作为中间人出面调停，这些民间组织主要包括宗族组织、行会组织、村社组织、宗教组织等。官府调解是指“在官吏主持下对民事案件或轻微刑事案件所进行的调解，依据调解主体的不同，又可以分为两类：有审判权的官员所主持的调解和基层组织中的官吏所主持的调解”②。

在此需要说明的是，中国古代的权力体系是将行政权与司法权合二为一

---

① 章晨：《中国司法制度》，中国民主法制出版社 2017 年版，第 183—184 页。

② 陈光中：《中国古代司法制度》，北京大学出版社 2017 年版，第 536 页。

的，行政兼领司法乃是惯例。因此，古代的官府调解既近似于今日的行政调解，也近似于今日的司法调解。“与民间调解相比，官府调解带有一定的强制性，官吏可以利用公权力对当事人施加影响。因此，在官府调解中，当事人并非完全自愿，有时候不得不服从官府的意愿”①。可见，中国古代的官府调解虽然近似于今日的行政调解，但在性质上还是有所不同，如前者具有强制性，而后者则没有强制性；另外前者的当事人不一定是自愿的，而后者则是自愿的。

综上所述，行政司法是行政机关解决行政争议、民事纠纷和处理行政违法问题的活动。它是一种行政行为，而这种行政行为又带有一定的“准司法”性质。行政司法属于“社会司法”，社会司法不仅包括社会组织化解纠纷的活动，还应包括行政机关解决行政争议、民事纠纷及处理行政违法的活动，它是相对于国家司法而言的。另外需要指出的是，社会司法不等于“民间司法”（民间力量进行的准司法活动），社会司法可以包括民间司法，民间司法不能包括社会司法。民间司法与行政司法是对应的，与国家司法也是对应的，但其只是社会司法的一部分，因为社会司法可以包含行政司法，而民间司法则不能。一般认为，目前我国的行政司法主要包括行政复议、行政裁决、行政调解、行政仲裁、行政裁判和行政处罚等类型。

行政裁判是指国家行政机关依法以行政手段裁决行政争议的活动，它与行政裁决是有区别的，这种区别主要表现在，行政裁决主要针对的是民事纠纷，行政裁判主要针对的是行政争议。行政诉讼是解决行政争议的一种诉讼活动，行政诉讼的对象是具体行政行为，它与行政裁决在性质上是不同的，行政诉讼是一种司法活动，而行政裁决是一种行政活动。行政调解、人民调解、司法调解之间的区别在于：行政调解、人民调解都属于诉讼外调解，不具有司法性（但具有准司法性）；而司法调解属于诉讼调解，具有司法性；行政调解达成的协议不具有司法上的强制执行力，人民调解达成的协议如果得到人民法院的司法确认才具有强制执行力，司法调解达成的协议一经送达签收即生效，具有与判决书一样的法律效力。中国古代的官府调解虽然近似于今日的行政调解，但在性质上有所不同，如前者具有强制性，而后者则没有强制性。

---

① 陈光中：《中国古代司法制度》，北京大学出版社 2017 年版，第 536 页。

三、行政司法的意义及发展趋势

作为社会司法的一个重要方面,行政司法在社会治理中具有重要的作用。在一种治理体系中,社会治理是基础性结构,国家治理是上层结构;社会治理对国家治理具有强有力的支撑作用,基础不牢则地动山摇。国家治理的重心在于国家司法(司法机关适用法律解决纠纷的活动);社会治理的重心在于社会司法(社会组织、行政机关适用社会规则和国家法律来化解纠纷的活动)。如果从广义上来理解法治战略,那么可以说它包括国家治理战略、社会治理战略两个方面。与此相应,司法战略也是"二元"的,包括国家司法战略、社会司法战略两个方面。因此,如果站在法治战略的高度来审视,行政司法具有战略意义,它不仅能够助推社会司法与社会治理战略的实施,而且能对国家治理战略发挥重要的支撑作用。

在强调"溯源治理"、提倡多元解纷的"枫桥经验"的大背景下,行政司法具有特别重要的意义。较长一段时间以来,受法律浪漫主义思潮的影响,人们对国家司法机关的解纷功能和解纷效果存在着不切实际的期待,人们天真地以为法院可以解决好所有的社会纠纷,在威严的国家司法机关面前,所有的"非专业"的解纷主体都可以退场,从而导致公平正义的前沿防线(如人民调解、行业调解、商会调解以及包括行政调解在内的行政司法等)集体失守,法院成了第一道防线也是唯一的防线,大量的案件如洪水般涌入法院,"案多人少"成了法院的"老大难",法官难堪重负,办案质量直线下降,司法公信力遭受冲击,司法判决在社会舆情中出现了信任危机。

这一局面的出现恰恰反映了我们在社会治理领域中的诸多问题,特别是对社会司法(包括行政司法)的长期忽视,使"枫桥经验"在相当一部分地区并未落到实处,因此所谓"小事不出村,大事不出镇,矛盾不上交,依靠群众就地解决"的治理良策被束之高阁。可见,行政司法、社会司法在社会治理中的作用不言自明,如果能落实到位,不仅能化解大部分的社会纠纷,而且能大大节约国家司法资源、降低国家司法成本,并有助于缓解法院"案多人少"的矛盾,使法官能够腾出手来集中精力办好重大、疑难、复杂案件,以提高司法的质量和效率,进而提升司法公信力。可以预见,筑牢公平正义的前沿防线,完善包括行政司法在内的社会司法的体制机制,将是今后社会解纷和社会治理领域的不二选择与大势所趋。

第七章　民族司法论

一、法学研究的社会学视野

西方久负盛名的法社会学派的代表人物是奥地利著名法学家尤根·埃里希，他在《法律社会学基本原理》一书中阐明了法社会学的基本立场："无论现在还是其他任何时候，法律发展的重心不在立法、不在法学，也不在司法判决，而在社会本身。"①拙著曾对此评说："指出法律发展的重心不在立法和司法，而在社会本身，这确实是一种独到的见解。埃里希认为，人们真正的行为准则是职业道德和商业习惯，社会制裁（丧失荣誉等）甚至比国家的法律制裁更为严厉。总之，埃里希将法律研究的重点引向了广阔的社会生活，研究对象不再是单纯的法律条文，而是法律赖以存在的社会基础。"②

埃里希还提出了著名的"活法"论，认为活法是支配社会生活本身的法律，"构成了人类社会法律秩序的基础"③。这里的"活法"就是指包括习惯法在内的社会规则。埃里希认为，活法在调整社会秩序方面的作用远远超过了国家制定法。从其"活法"论出发，他又提出了"社会司法"④的概念，认为社

---

① 转引自崔永东：《司法学论纲》，人民出版社 2014 年版，第 235 页。

② 转引自崔永东：《司法学论纲》，人民出版社 2014 年版，第 235—236 页。

③ ［奥］尤根·埃里希：《法律社会学基本原理》，叶名怡等译，中国社会科学出版社 2009 年版，第 375 页。

④ ［奥］尤根·埃里希：《法律社会学基本原理》，叶名怡等译，中国社会科学出版社 2009 年版，第 89 页。

会组织以“非法律规范为基础”，开展了富有成效的活动，这些活动展示的强制手段“比国家裁决机构的强制手段更有效”①。这里的“非法律规范”即活法，亦即社会规则，社会组织根据社会规则而进行的化解纠纷的活动就叫“社会司法”。

在法社会学视野中，活法、习俗、习惯法、民间法、社会规则以及“非法律规范”这样一些概念，名异而实同。法社会学的基本立场是：习俗是法律的基础和实质渊源，习俗是独立于国家制定法之外的“法律”系统，习俗支撑着国家法律的运作。《商君书·算地》曰：“圣人之为国也，观俗立法则治。”意谓国家应当在考察借鉴习俗的基础上进行立法，如此才能有健全的法治。在国家的法治体系和治理体系中，不能单靠国家制定法来治理，还必须有习惯法的参与，因为后者能为前者提供有益的补充和必要的支撑。正如学者所言：“法律的习俗基础是法社会学研究中一个不可忽视的重要论题。如果把法律看成是向社会生活开放的意义结构，那么习俗就是这一意义结构最重要的源头活水之一。习俗是法律诞生的母体，并在法律发展的漫长历史过程中给法律施加着重要的影响。即便是在成文法高度发达的今天，习俗仍是支撑法律有效运作的重要因素。”②

下面，笔者将分别以“活法”和“社会司法”为视角来观察、分析和研究民族习惯法，并探讨民族习惯法在少数民族地区社会治理方面所发挥的作用。另外需要指出的是，本章所谓“民族习惯法”是指我国少数民族地区的习惯法，这是采用了目前学界关于少数民族问题研究的流行表述；所谓“习惯法”是与“国家法”对应的概念，它来源于社会组织和社会权威，为一定社会区域所有成员普遍遵循的行为规范。“习惯法是独立于国家制定法之外，依据某种社会权威和社会组织，具有一定的强制性的行为规范的总和。”③

---

① ［奥］尤根·埃里希：《法律社会学基本原理》，叶名怡等译，中国社会科学出版社 2009 年版，第 96 页。

② 胡平仁等：《法律社会学》，湖南人民出版社 2006 年版，第 123 页。

③ 高其才：《中国习惯法论》，湖南出版社 1995 年版，第 4 页。

二、从“活法”视角看民族习惯法

《宪法》第 4 条规定的国家保障各少数民族“都有保持或者改革自己的风俗习惯的自由”，实际上也就是表达了国家肯定和尊重民族习惯法的立场，换言之，也就是肯定了“活法”在我国民族地区调整社会秩序的正面功能。也因此，一些“下位法”如《民族区域自治法》第 6 条就规定：“民族自治地方的自治机关根据本地方的情况，在不违背宪法和法律的原则下，有权采取特殊政策和灵活措施，加速民族自治地方经济、文化建设事业的发展。”由此可见，民族“自治”在一定程度上有赖于“特殊政策”和“灵活措施”，而这些灵活措施恰恰与民族习惯法有密切关系。从某种意义上说，民族自治是建立在尊重和顺应良性的民族习惯法的基础之上的。

《立法法》第 75 条规定：“民族自治地方的人民代表大会有权依照当地民族的政治、经济和文化的特点，制定自治条例和单行条例。”这里提到要依照当地民族文化的特点，显然也包括了习惯法在内。《刑法》规定：“民族自治地方不能全部适用本法规定的，可以由自治区或者省的人民代表大会根据当地民族的政治、经济、文化的特点和本法规定的基本原则，制定变通或者补充的规定，报请全国人民代表大会常务委员会批准施行。”这里又提到了当地民族文化的特点，并且强调可以根据其特点制定“变通”的规定，应该说这也是表达了对民族习惯法的尊重。

《民法典》第 10 条规定：“处理民事纠纷，应当依照法律；法律没有规定的，可以适用习惯，但是不得违背公序良俗。”这里的“习惯”就是我们所理解的“习惯法”，它不但指汉族的习惯法，还包括少数民族的习惯法。此处法条所说的“可以适用习惯”，但又强调“不得违背公序良俗”，其实“习惯”就包括了“公序良俗”，当然应看到，习惯中还有糟粕性的东西，这些东西是违背公序良俗的（如“裹小脚”“抽大烟”之类）。

如果我们站在“活法”的立场上看，在民族地区长期流行并支配当地社会生活的“活着的法律”，并非都是良性的，也有一些不符合现代精神和中华民族“共识”的东西，对这部分东西应予否定。正如专家所说：“少数民族习惯法的乡土性、原始性、独立性、层级性、强制性的特征，决定了民族习惯法在发展和传承的过程中积淀下了很多合理成分。……但是，由于受时代和认知水平的限制，少数民族习惯法的有些内容和规范以及执法程序与方式是违背时代精神和国家法律主旨的。”①如一些少数民族习惯法中的早婚、抢婚、包办婚、买卖婚、共夫共妻制等，违反了男女平等、一夫一妻的婚姻基本制度。又如在民事方面，许多少数民族习惯法基本上以家庭为财产所有权的主体，个人一般不能成为财产所有权的主体，这也与国家法律相悖。在处罚方式上，少数民族习惯法以罚款、罚物、肉刑和游街示众等为基本形式，表现为损害名誉、人身伤害等特点，也与国家法律保障人权的精神相悖。因此，有必要对不良的民族习惯法进行改造，当然这需要在加强教育、循序渐进、尊重客观规律的前提下稳妥推进。

应该指出，我国现行政策和法律中对待少数民族习惯法的尊重态度是有着悠久的历史传统的，它与我国古代“因俗而治”的治边之策和治理民族地区的法治经验一脉相承。这里的“俗”就包括了习惯法在内。儒家经典《礼记·王制》有言：“修其教不易其俗。”唐代孔颖达对此解释道：“言修此教化之时，当随其风俗，故云不易其俗。”“不易其俗”就体现了统治者对各地、各民族习惯和风俗的尊重。自周代开始，这成为一条基本的基层治理政策和治理经验。历代统治者“一般采用‘羁縻统治’、‘汉夷两制’、‘恩惠抚和’的方式处理民族关系，给予少数民族一定的自治权，尊重民族习惯”②。特别是清代，统治者明确将“因俗而治”作为治藏、治疆的基本国策，如《清史稿·职官志序》说：“斯皆因俗而治，得其宜已。”学者指出：“清王朝统治者意识到在用武力征服幅员辽阔的边疆地区后，要在其地建立稳固的统治，必须建立起适应当地情形的管理体制。……如在藏区强制推行与内地相同的行政制度、社会组织、宗教信仰和生活习惯，将会受到这些地区的藏族等各民族民众的反对、反抗甚至形成动乱。”③并称“因俗而治”的原则在处理涉藏刑事案件时“更多地尊重藏

① 李资源等：《中国共产党与少数民族传统文化保护和发展研究》，人民出版社2014年版，第332页。

② 《第二届民族法制文化与司法实践研讨会优秀论文集》，人民法院出版社2019年版，第322页。

③ 汪世荣等主编：《中国边疆法律治理的历史经验》，法律出版社2014年版，第219页。

族及不同民族之间的风俗和地方实际情况。从案件的审断和社会影响来看,这一原则的运用也确实起到了审决案件、平息纷争乃至稳定藏区的社会效果”①。

习惯法历经千年传承,有着深厚的民意基础,至今仍有顽强的生命力。有的学者对西藏地区村规民约的实效问题进行了调查,在调查报告中指出,这些村规民约中的很多条款都与藏族的宗教及风俗习惯有密切关系,与当地社会生活也有密切关系。藏族文化及习惯法“深深影响到本地区村规民约的制定”②。调查发现,当地村民在遇到纠纷时极少数会赞成适用国家制定法,绝大部分人主张用村规民约来化解纠纷。村规民约作为藏族农牧区定分止争的“小宪法”,对国家制定法起着重要的补充作用,它是“国家制定法和习惯法之间的桥梁,在建设法治西藏的过程中必须对本地区的村规民约有着真正的重视和有效利用”③。

另有学者考察了海南岛黎族习惯法,认为黎族地区官府所立的“禁示碑”是地方性法规,通过碑文的警示功能来预防矛盾纠纷。除了这种地方立法之外,还有经过国家认可的黎族习惯法:“那些与国家法不相冲突的习惯习俗被中央政权所确认或认可,赋予国家强制力,成为习惯法。”④该学者的结论是:“由国家法、地方专门法和黎族习惯法共构的黎族多层次法律体系,有效地维持了黎族社会的生产和生活,确立了不同阶层的权利义务关系,调整了民事、刑事冲突,保持了传统黎族社会和谐稳定的内部秩序。”⑤这就是说,调整黎族社会秩序的“法”有三个层次,一是国家法,二是习惯法,三是介于国家法与习惯法之间的地方专门法。这种地方专门法兼有“国法”和“活法”的因素,既体现了国家意志,也反映了地方民意,对形成国法与活法二元互补的秩序格局发挥了重要作用。

作为一种“活法”的习惯法,它支配着民族地区的社会生活。民族地区的立法当然也要回应民众对习惯法的传承诉求。因为“法律是民族的固有性

---

① 汪世荣等主编:《中国边疆法律治理的历史经验》,法律出版社 2014 年版,第 227 页。
② 汪世荣等主编:《中国边疆法律治理的历史经验》,法律出版社 2014 年版,第 122 页。
③ 汪世荣等主编:《中国边疆法律治理的历史经验》,法律出版社 2014 年版,第 126 页。
④ 汪世荣等主编:《中国边疆法律治理的历史经验》,法律出版社 2014 年版,第 244 页。
⑤ 汪世荣等主编:《中国边疆法律治理的历史经验》,法律出版社 2014 年版,第 247 页。

质，是民族精神的自然言说”①。民族自治区域的自治机关可以根据当地政治、经济和文化的特点进行自治立法，是对国家法律的“变通”和“补充”：“变通是因为法令与风俗习惯在规范使用方面存在‘不能完全适用’之冲突，补充则是由于法令在社会控制方面的缺失而引起的无序。”②站在法社会学的立场上看，“活法”正是对国家制定法的有益补充，甚至是支撑了国家法治的有效运行。

“习惯法是这样一种知识传统，它生自民间，出于习惯，乃由乡民长时期生活、劳作、交往和利益冲突中显现，因而具有自发性和丰富的地方色彩。由于这套知识主要是一种实用之物，所以在很大程度上为实用理性所支配。”③正如国家与社会之间形成的二元结构构成了任何一个民族的社会形态一样，其治理模式也相应地形成了国家治理与社会治理的二元结构。与此相应，所谓“法律规则体系”自然也形成了“国家法”与“习惯法”的二元结构，司法体系则形成了“国家司法”与“社会司法”（或“民间司法”）的二元结构。习惯法乃是不同于国家法的另外一种知识传统，其间形成了一种既互相渗透、配合，又彼此抵触、冲突的复杂关系，但在实践中互相配合、渗透是主要的。从某种意义上说，习惯法对国家法、社会司法对国家司法往往发挥重要的补位、支撑作用。甚至可以说，没有国家法，社会仍然井然有序；没有习惯法，社会肯定会混乱失序。进一步引申也可以说：没有社会，国家将不复存在；没有国家，社会仍将存在。

三、从“社会司法”视角看民族习惯法

所谓“社会司法”，根据西方法社会学的观点，是指社会组织依据社会规则所进行的化解纠纷的活动。它与“国家司法”相对，国家司法是指国家司法

① 《第二届民族法制文化与司法实践研讨会优秀论文集》，人民法院出版社2019年版，第85页。

② 《第二届民族法制文化与司法实践研讨会优秀论文集》，人民法院出版社2019年版，第85页。

③ 梁治平：《清代习惯法：社会与国家》，中国政法大学出版社1996年版，第127—128页。

机关依据国家制定法来解决纠纷的活动。应该说,我国民族地区仍然存在着大量的社会司法的现象。有的学者提出了"多元司法"的概念,即司法的主体和运行的方式是多元的,包括中国古代的宗族司法、村落司法、行会司法以及少数民族的纠纷解决方式都属于多元司法。可见,此种意义上的"多元司法"也就是我们所说的"社会司法"。"为了解决社会纠纷,保障习惯法的实施,维护习惯法的权威,少数民族形成了纠纷解决方面的习惯法,包括调解和审理、械斗、审判等公力救济方式,处理社会纠纷,解决社会冲突,维护社会秩序。"①其中,调解是最主要的纠纷解决方式:"少数民族的纠纷解决方式注重运用调解手段来解决纠纷,不仅可以迅速化解社会矛盾,而且也节约了纠纷解决费用,有助于少数民族习惯法的实现。"②调解正是社会司法的重要方式之一。

我国羌族地区也存在多样化的社会司法的形式,如"说和""赔偿"就是其中重要的形式。"说和"实际上就是一种调解,通过此种方式来解决纠纷是羌族的一大传统。"赔偿"就是让加害者对被害者支付赔偿,"赔偿既使加害者受到经济制裁,又使受害者受到经济补偿,赔偿引起了权利义务的公平交易,赔偿成了解决纠纷的关键"③。在我国藏族地区,"调解作为历史上藏族社会处理纠纷的一种最重要的方式,在稳定藏族地区社会秩序、协调社会成员关系等方面都发挥了重要的作用"④。

在湘鄂西土家族地区,历史上一直存在着"家族司法"的现象:"土家族家族司法,是指执掌家庭权力的土家族族长和家长依据家族法族规教训、惩治违法家族成员的一种家庭司法活动,其作为一种具有浓郁地方色彩的民间司法形式,在社会司法实践中起着国家司法往往不能替代的重要作用。"⑤在这种家族司法中,家长或族长肩负着"教化""调解"和"审判"三大重任,另外还有专门的家族司法官员"梯玛",据说其能够沟通神、人,在调解纠纷时具有极高的权威性。可见,家族司法实际上也是社会司法的一种表现形式。

事实上,社会司法的观念、形式等对国家司法也有一定的影响,国家司法

---

① 高其才:《多元司法》,法律出版社 2009 年版,第 95 页。
② 高其才:《多元司法》,法律出版社 2009 年版,第 161 页。
③ 陈金全等主编:《中国传统司法与司法传统》,陕西师范大学出版社 2009 年版,第 923 页。
④ 陈金全等主编:《中国传统司法与司法传统》,陕西师范大学出版社 2009 年版,第 943 页。
⑤ 陈金全等主编:《中国传统司法与司法传统》,陕西师范大学出版社 2009 年版,第 971 页。

甚至还直接或变通采用了社会司法的形式来解决纠纷。例如,“藏族地区的国家司法也不时地借助传统调解制度的力量,特别是在处理故意杀人、伤害等案件时,如果涉及被害人提出‘赔命价’、‘赔血价’等问题,当地的司法机关还要请调解人就‘命价’、‘血价’数额进行调解”①。

拙著曾指出:“社会司法在稳定社会秩序方面发挥着举足轻重的作用,其‘势能’也构成了对国家司法的挑战。为了回应这一挑战,国家司法主动进行了某种调整,例如,将一些社会司法的方法如调解之类纳入其司法体系,将一些社会规则纳入其立法体系之中。通过此类调整,国家司法融入了大量的社会司法的要素,甚至使国家司法体现了某种‘混合’的样态,此种现象或可称为‘国家司法的社会化’。”②总之,作为社会治理重要手段之一的社会司法,可以对国家司法、国家治理发挥重要的补充、辅助作用。

社会司法的依据主要是“活法”,在少数民族地区就是民族习惯法。社会司法的依据和形式甚至被纳入国家司法之中,如民间调解被法院吸收改造为“司法调解”。社会司法还对我国法院的刑事司法带来了一定的影响,从民族地区刑事司法的实践可以看到,“以习惯法为依据进行出罪的占绝大多数,而且司法上的非犯罪化也没有被禁止,反而更能契合法治的社会效果”③。这说明,民族习惯法对刑事司法的影响反而增进了司法的社会效果,提高了司法的社会认同度。因为习惯法“比法更具有文化底蕴和规范生命力”④。

在民事审判领域,一些民族地区的法院正在探索将民族习惯法作为判决书说理引用的内容,如贵州黔东南州榕江县法院在处理家事纠纷和邻里纠纷时将民歌内容引入审判,甚至将山歌歌词也作为判决依据运用到司法实践中。专家认为,基于目前的制度设计,法院可以在民商事审判领域“将公序良俗条款中的习惯规则充分运用,只要不违背国家法,有利于实现公平正义,又能为当事人所接受,就可以直接引用习惯法作为说理依据。至于有无国家法律规定则应当根据处理纠纷的质量和效率而言,若少数民族习惯法适用其处理质

---

① 陈金全等主编:《中国传统司法与司法传统》,陕西师范大学出版社 2009 年版,第 944 页。

② 崔永东主编:《法治社会与社会司法》,法律出版社 2019 年版,第 11 页。

③ 《第二届民族法制文化与司法实践研讨会优秀论文集》,人民法院出版社 2019 年版,第 87 页。

④ 《第二届民族法制文化与司法实践研讨会优秀论文集》,人民法院出版社 2019 年版,第 87 页。

效高于国家法则应当运用少数民族习惯法,反之则运用国家法"[①]。拙著也曾指出:"司法审判中对习惯法的适度采纳,会产生较好的社会效果,更有助于服判息讼,这一点也为我国当代西部少数民族地区的司法实践所证实。"[②]

从四川彝族地区的情况看,相关研究报告指出当地约 90%的案件是由传统习惯法解决的。某自治县在 2007 年通过"德古"制度——聘任"德古"为特邀人民陪审员的调解机制来调解纠纷 757 件,成功 721 件,成功率为 95%。"特别是在部分偏远落后地区,习惯法更是占据主导地位。这说明传统习惯法仍旧在彝族人民的日常生活中发挥着重要作用。"[③]

从广西民族地区法院的司法实践看,对民俗习惯进行了"原则性运用",主要表现在如下几个方面:一是以习俗来证成事实;二是将习俗作为认定事实的依据;三是将习俗作为行为的规范标准;四是将那些与案件情节、案件后果等存在密切关系的习俗作为法官判决时考量的因素。在司法适用民俗习惯的制度措施方面,法官提出了如下建议:第一,提高法官运用民俗习惯的能力;第二,推进民俗习惯规范化运用建设;第三,坚持善良习俗补充性法源地位;第四,建立民俗习惯司法运用的程序性规则。[④] 以上做法需要尊重法官的自由裁量权,当然行使自由裁量权还需要遵循如下标准,即价值合法性、内容合理性和社会公认性。

四、民族习惯法在民族地区基层社会治理中的作用

2013 年,中共十八届三中全会通过的《中共中央关于全面深化改革若干重大问题的决定》提出了"社会治理"这一重要概念,并将"创新社会治理"与改进社会治理方式、提高社会治理水平、激发社会组织活力、创新有效预防和

① 梁明远主编:《民族法制文化论丛》第一卷,人民法院出版社 2020 年版,第 171 页。

② 崔永东主编:《法治社会与社会司法》,法律出版社 2019 年版,第 12 页。

③ 梁明远主编:《民族法制文化论丛》第一卷,人民法院出版社 2020 年版,第 140 页。

④ 参见梁明远主编:《民族法制文化论丛》第一卷,人民法院出版社 2020 年版,第 255—272 页。

化解社会矛盾体制、健全公共安全体系等联系起来。2014 年,中共十八届四中全会通过的《中共中央关于全面推进依法治国若干重大问题的决定》提出了“法治社会”的概念,要求“弘扬中华优秀传统文化”“弘扬公序良俗”,强调“支持各类社会主体自我约束、自我管理。发挥市民公约、乡规民约、行业规章、团体章程等社会规范在社会治理中的积极作用”。这里强调自我约束、自我管理,实际上也就是强调了法治社会的“自治”功能,而强调发挥公序良俗、乡规民约等在社会治理中的作用实际上也就是肯定了习惯法的价值和地位。

2019 年,中共十九届四中全会通过的《中共中央关于坚持和完善中国特色社会主义制度,推进国家治理体系和治理能力现代化若干重大问题的决定》提出了“群众自治”的概念,要求“在城乡社区治理、基层公共事务和公益事业中广泛实行群众自我管理、自我服务、自我教育、自我监督”。又要求“构建基层社会治理新格局。完善群众参与基层社会治理的制度化渠道。健全党组织领导的自治、法治、德治相结合的城乡基层治理体系”。可见,中央文件还是突出了“自治”在社会治理中的作用(在社会治理的三个手段——自治、法治和德治中,自治具有优先性),而自治的依据主要是“活法”即习惯法,自治的手段主要是“社会司法”(调解、仲裁之类)。具体到少数民族地区,社会治理的依据主要是民族习惯法,手段主要是社会司法。推进民族地区的社会治理,当然应该重视民族习惯法的作用,但要“把握好尊重民族习惯、乡村习俗和维护法律底线的关系”①。简言之,要处理好自治、法治与德治三者之间的关系。

新中国在社会治理领域形成的“枫桥经验”,就融合了民间习惯法(活法)、多元解纷机制(社会司法)等在内的民间智慧和文化积淀,为国家治理提供了有益的补充。可以说,社会治理与国家治理不仅互相补充、相辅相成,而且实际上社会治理也是国家治理的重要支撑。我国封建时代“皇权不下县”,国家治理的体制性力量并不介入县级政权以下的治理工作,基层治理主要通过宗族组织、行会组织、村落组织以及乡绅集团来进行,这些组织通过调解等多元手段来化解纠纷,实现了基层社会的和谐稳定。这种“小事不出村,大事不出镇,矛盾不上交”的社会治理经验后来成为“枫桥经验”的有机组成部分,

① 梁明远主编:《民族法制文化论丛》第一卷,人民法院出版社 2020 年版,第 504 页。

不仅大大节约了国家治理的成本和资源，而且为国家治理提供了重要的补充和支撑。因此，“枫桥经验”理所当然地成为了新中国社会治理领域的一面旗帜，在当今更是为各国民间争端的解决提供了“中国智慧”和“中国方案”，为讲好“中国故事”打下了良好的基础。

一些专家认为，应当将“枫桥经验”的一般原理与少数民族地区的社会治理实践相结合，将民族习惯法及传统的多元民间解纷机制纳入少数民族地区的社会治理体系之中，从而发挥其在社会治理中的积极作用。“少数民族地区有着广泛的习惯法传统，充分发挥习惯法在少数民族地区的社会治理作用正是‘枫桥经验’告诉我们的基层边缘文化生态的纠纷解决之道。”①“以公序良俗为伦理基础的民族习惯法体现出了其在少数民族区域社会治理层面上的特殊优越性。国家通过尊重良好的民族习惯法，降低社会治理成本，提升治理效果，逐渐得到了更多少数民族地区人民的理解和支持。”②习惯法经过千年传承，已经成为民族心理深处的烙印，成为一个民族的“集体记忆”。作为一种“地方性知识”，虽与“普遍性知识”有别，但其在当地却能发挥着后者不能替代的作用，在纠纷解决领域更是如此。因此，基层社会治理应当处理好两种知识的平衡问题，实际上也就是要处理好国家治理与社会治理的关系问题。

在彝族地区，“家支”（家族）制度在社会治理方面就发挥了重要作用。研究表明，“家支往往是更有说服力、更权威的基层社会力量，因而在许多时候也发挥着更为重要的社会治理功能。……家支产生的价值在于运用集体的力量帮助个人，更好地化解当事人之间的纠纷冲突，弥补司法本身的缺憾，达到案结事了的效果”③。实践中，家支制度可以化解群体性冲突，可以协助社区矫正，可以协助政府在戒毒、戒赌及打击邪教方面发挥积极作用。事实上，许多案件从国家法律的角度看并不复杂，但是完全靠法律来解决未必能收到良好的社会效果，通过发挥家支制度的调解功能，有助于维护案件双方当事人的利益，安抚受害者及其家属的情绪，从而收到案结事了的社会效果。

作为一种地方性知识的习惯法与作为上层精英知识的国家制定法可以形成良性的互补关系，中国的法治建设、国家治理及社会治理离不开作为文化传

---

① 梁明远主编：《民族法制文化论丛》第一卷，人民法院出版社 2020 年版，第 140 页。

② 梁明远主编：《民族法制文化论丛》第一卷，人民法院出版社 2020 年版，第 140 页。

③ 梁明远主编：《民族法制文化论丛》第一卷，人民法院出版社 2020 年版，第 141 页。

统的习惯法的有效支撑，因为“法律文本的僵硬性与实践个案的复杂性使得制定法难以垄断纠纷解决，习惯法接地气的优势有助于案结事了”①。因此，建设法治社会需要习惯法，中国复杂的国情以及深厚的民意也需要习惯法，基层社会治理更需要习惯法。习惯法有助于化解社会矛盾，实现定分止争，“当下中国法治理想与现实国情之间时有冲突，机械判决产生的一纸空文不如针对个案积极适用习惯法。不仅可以实现案结事了，而且可以树立法律权威。……习惯法作为社会主义法律渊源的有机组成部分，通过为个案提供更为广阔的空间有利于恢复社会秩序，成为司法改革的有益路径之一”②。

以《中国法律与中国社会》而享誉国际学术界的法史学大家瞿同祖先生，是我国学界将西方社会学理论和方法引入中国法制史研究领域的第一人。他在 1947 年出版的《中国法律与中国社会》一书中指出：“法律是社会产物，是社会制度之一，是社会规范之一。它与风俗习惯有密切的关系，它维护现存的制度和道德、伦理等价值观念，它反映某一时期、某一社会的社会结构，法律与社会的关系极为密切。因此，我们不能像分析法学派那样将法律看成一种孤立的存在，而忽略其与社会的关系。任何社会的法律都是为了维护并巩固其社会制度和社会秩序而制定的，只有充分了解产生某一种法律的社会背景，才能了解这些法律的意义和作用。”③

瞿同祖先生为中国的法律和法学研究提供了社会学视角和方法，法律绝不是一种孤立的存在，它有着深厚的社会基础，与社会习俗有着千丝万缕的联系。不研究法律的社会基础和社会关系，就不能了解法律存在的根基、背景和意义，也就只知其然不知其所以然。应该说，上述观点与西方法社会学的理论有异曲同工之妙。

西方法社会学认为法律发展的动力和基础在于社会本身，强调“活法”即社会规则或习惯法是支配社会生活本身的法律，在调整社会秩序方面，其作用甚至远远超过了国家制定法，又主张以“社会司法”（调解、仲裁之类）的手段来推进“活法”的实施，达到社会秩序的和谐稳定。这种理论对我们思考民族

① 汪世荣等主编：《中国边疆法律治理的历史经验》，法律出版社 2014 年版，第 84 页。

② 汪世荣等主编：《中国边疆法律治理的历史经验》，法律出版社 2014 年版，第 85 页。

③ 瞿同祖：《中国法律与中国社会》，中华书局 1981 年版，第 1 页。

地区习惯法与国家法、社会司法与国家司法的关系提供了有益的启示：习惯法是国家法的有益补充和有力支撑，社会司法是国家司法的有益补充和有力支撑，两者的互补互助不仅有助于社会治理体系的完善，而且有助于国家治理体系的完善。在今天提倡全面依法治国的大背景下，民族地区应当在重视“自治”（以习惯法为基础）的前提下，致力于构建自治、法治和德治相平衡的秩序结构，并让民族习惯法及以其为据的社会司法为国家法治体系和司法体系的完善提供有力的支撑和必要的补充，为促进国家治理体系和治理能力、社会治理体系和治理能力现代化提供有益的“本土资源”，从而为全球治理体系的完善提供“中国智慧”和“中国方案”，为世界法治文明的进步提供“中国经验”和“中国故事”。

第八章　司法传统论

所谓传统，是一种连接历史和现实的精神纽带，是人们在社会交往活动中产生的智慧结晶。有学者指出："传统是流动于过去、现在、未来这整个时间性中的一种过程，……传统是无法摆脱的，而只有创新。传统的确是不管我们愿不愿意，就先在于我们，而且是我们不得不接受的东西。但是主体在此过程中并非消极被动的，主体在与传统之间的理解、分析和互补关系中，体现着主动性。"①因此，我们可以说，司法传统是连接古今司法实践的思想纽带，在中国司法传统中，占据主流地位的是法家和儒家关于司法的理论学说。

一、法家关于刑事司法的理论

所谓刑事司法，根据现代司法原理的界说，是指国家司法机关依照宪法、法律赋予的刑事司法权，各司其职、互相配合，并且按照法定程序办理刑事案件、执行国家刑罚的活动。在我国当前司法体系中，刑事司法是一个包括侦查、起诉、审判和执行等环节在内的系统工程，由公安机关、检察机关、审判机关和司法行政机关共同参与，分工协作。刑事司法权又分为侦查权、审判权、检察权及执行权，侦查权由公安机关和检察机关行使，审判权由人民法院行使，检察权由人民检察院行使，执行权由人民法院、公安机关与司法行政机关行使。刑事司法的根本任务在于坚持现行刑事政策，正确运用刑事法律制度，

① 张立文：《传统学七讲》，长春出版社 2008 年版，第 5—6 页。

预防、打击犯罪,维护社会秩序。

在中国古代,虽然没有今日的公检法机关及其相互配合的体制机制,但在司法与行政合一的体制下,却存在着类似于今日侦查、起诉、审判和执行等司法环节,并且在刑事司法的根本任务方面——如预防和打击犯罪、维护社会秩序,与今日的刑事司法没有根本不同。另外,古代的刑事司法理论在内容上更加宽泛,如涉及刑事司法的理论基础、刑事司法的根据以及刑事政策等。早在先秦时期,推崇"法治"的法家学派就对刑事立法、刑事司法、刑事政策及刑事法的理论基础等进行过系统探讨,其中的一些观点至今仍有生命力。下面主要介绍法家学派的管子、商鞅和韩非关于刑事司法的理论。

(一) 管子关于刑事司法的理论

1. 刑事司法的理论基础。从《管子》一书看,刑事司法的理论基础是趋利避害的人性论。管子说:"民,利之则来,害之则去。民之从利也,如水之走下,于四方无择也,故欲来民者,先起其利,虽不招而民自至。设其所恶,虽召之而民不来也。"(《管子·形势解》)这就揭示了趋利避害的人之本性,并进而指出,制度和法律的设计、安排必须顺应人的这种本性。管子又说:"人主之所以令则行、禁则止者,必令于民之所好而禁于民之所恶也。民之情莫不欲生而恶死,莫不欲利而恶害。"(《管子·形势解》)"夫凡人之情,见利莫能弗就,见害莫能勿避。其商人通贾,倍道兼行,夜以继日,千里而不远者,利在前也。"(《管子·禁藏》)这里说的"民之情"或"人之情"实际上也是指人的本性而言,人的本性"莫不欲利而恶害"、"见利莫能弗就,见害莫能勿避",正点明了"好利无害"——趋利避害的人性。

管子对人性的这种揭示,目的不纯粹是为了探讨人性的全貌,而是为其刑事司法思想提供一种理论根据——人性论,以这样一种人性论为其刑事司法主张提供一种人性论证。在管子看来,刑事法治的推行,关键要靠赏、罚两手,赏罚顺应了人性,实际上也就是顺应了民心:"令顺民心,则威令行。使民各为其所长,则用备。严刑罚,则民远邪。信庆赏,则民轻难。"(《管子·牧民》)

2. 刑事司法的根据。刑事司法要取得良好的效果,就必须在立法上为其提供优质的"根据"。管子说:"以法治国,则举错而已。"(《管子·明法》)《管子》是中国历史上首倡"以法治国"主张的一本书。该书认为,法律对治理国家具有极为重要的作用,因为它是人们行为的规范和是非评价的标准:“法者,天下之程式也,万事之仪表也”(《管子·明法解》);“法者,天下之仪也。所以决疑而明是非也,百姓之所悬命也”(《管子·禁藏》)。此处的“百姓之所悬命也”是说法律乃为百姓命运所系。另外,法律还有建功立业、除暴安良和定分止争的功能,因此可以促进社会的发展,维持社会秩序的稳定:“法者,所以兴功惧暴也;律者,所以定分止争也。”(《管子·七臣七主》)。

管子还强调:“令尊于君。”(《管子·重令》)即法律的地位高于君主。君主虽然有立法权,但是,在制定了法律之后,君主必须带头遵守,即所谓“置法自治”“行法修制先民服”(《管子·法法》)。如此一来,“君臣上下贵贱皆从法,此谓大治”(《管子·任法》),上下贵贱普遍守法,自然就会达到天下大治。实际上,此中含一前提,即立法必须是良法,才能得到上下普遍认同,而认同是守法的心理基础。

既然法律的重要性犹如上述,那么立法就成为一项非常重要的事业。管子说:“法立令行,则民之用者众矣。”(《管子·法法》)对国家的统治者来说,只有制定了法律,才能令行禁止,使民众为己服务。立法之后必须及时公布,让民众知晓。“令未布而罚及之,则是上妄诛也。”(《管子·法法》)法令制定后,必须及时公布,司法应当以已经公布的法令为依据,反之如果以未公开的法令施加惩罚,则是滥施刑罚。

管子又说:“号令必著明,赏罚必信密,此正民之经也。”(《管子·法法》)所谓“号令必著明”指法律必须公布,让百姓明白易晓,这就是管子一再强调的“明法”之意。学者认为,“明法”的目的有两个,“一是使万民能够以法律自戒,知道不能做什么。……二是防止司法官吏徇私枉法或罪刑擅断,同时防止罪犯法外求情”①。

《管子》还提出了“察民俗”(《管子·正世》)而立法的主张,要求立法“随时而变,因俗而动”(《管子·正世》)。此处的“俗”即习俗,或称“习惯法”。在此笔者采学界新说,习惯法在国家出现之前就已经存在,它并非经国家立法机构认可后才会成为习惯法。国家出现之后,习惯法独立于国家制定法之外继续发展。上述引文的意思是,国家立法应当吸收习惯法的一些内容,因为习

① 武树臣等:《法家思想与法家精神》,中国广播电视出版社 1998 年版,第 93 页。

惯法具有深厚的民意基础，所以国家立法适度吸收习惯法有助于国家法律的实施。

管子认为，立法应当具有统一性和稳定性。他说："君之置其仪也不一，则下之背法而立私理者必多。"（《管子・法禁》）"置其仪"是指立法，就是说立法不统一，就会给徇私枉法打开方便之门。另外，法律一方面需要"随时而变"，另一方面又不能朝令夕改："号令已出又易之，礼义已行又止之，度量已制又迁之，刑法已措又移之，如是庆赏虽重，民不劝也，杀戮虽繁，民不畏也。"（《管子・法法》）意思是说朝令夕改必然导致百姓对法律丧失敬畏之心，其结果可想而知，法律必将难以实施。

3. 刑事司法的良性运行。对掌握司法权的人来说，应当坚持公正无私的原则。作为掌握最高司法权的一国之君，在从事司法活动时更应当如此，这样的君主才是有道之君，而"无道之君，既已设法，则舍法而行私法者也"（《管子・君臣上》）。无道之君，因为私心作祟，故舍公法而行私法。管子又说："舍公而好私，故民离法而妄行。"（《管子・任法》）司法官吏如果不能秉公司法，民众就不会信任司法，就会背弃法律，行为出格。对于君主来说，如果任由私情私欲左右司法权的行使，则是"舍大道而任小物，故上劳烦，百姓迷惑，而国家不治"（《管子・任法》）。这就是说，若以私心主导司法，则会导致司法公信力尽失，百姓迷惑，国家混乱。

司法不公源于司法官吏不能公正处理案件："为人上者释法而行私，则为人臣者援私以为公。"（《管子・君臣上》）在管子看来，法律是体现"公义"的，掌握司法权力的人在办理案件时必须出于公心，依法行权，才能维护公义。反之，如果君主释法行私，下属司法官吏则会假借"为公"的名义来满足其私欲。因此，排除私心、秉公办案是对司法官吏最基本的要求。管子另外所言"不淫意于法之外，不为惠于法之内，动无非法"（《管子・明法》）也是对司法官吏提出的秉公司法的要求。

管子指出："以法制行之，如天地无私也。是以官无私论，士无私议，民无私说，皆虚其胸以听于上。"（《管子・任法》）所谓"以法制行之"是指法律实施而言，法律实施包括司法、执法等在内。司法官吏效法天地，行权无私，才能实现司法的公正公平。这就揭示了司法权的本质属性：公正无私。

司法人员除了坚持秉公司法外，还要坚持严格司法，所谓"行令在乎严罚”(《管子·重令》)即指此意。管子说:“严刑罚,则民远邪。”(《管子·权修》)是说刑罚严格,百姓则不敢犯罪。管子又说:“亏令者死,益令者死,不行令者死,留令者死,不从令者死。五者死而无赦,惟令是视。”(《管子·重令》)这就是说,司法官吏必须不折不扣地执行法律,执法过度或执法不到位,以及不严格依法办案等,都不符合“严罚”之旨,会被严厉追责。

管子还提出了司法审慎的原则,主张“刑罚不可不审”(《管子·权修》),要求负责定罪量刑的司法官员必须以高度谨慎的态度来对待司法活动,这是对西周以来“慎刑”传统的继承。正如拙著所说:“法是用来决定民众生死的,所以‘不可不审’,要慎重对待。如果刑罚不审慎,就有可能杀戮无辜而赦免有罪。”①

司法还应当坚持信用原则,这是提高司法公信力的前提。所谓“信赏必罚”就是说该赏的一定赏,该罚的一定罚,这就是司法信用问题。管子所言“赏罚必信密”(《管子·法法》)就是此意。管子说:“言是而不能立,言非而不能废,有功而不能赏,有罪而不能诛,若是而能治民者,未之有也。”(《管子·七法》)所谓有功不能赏,有罪不能罚,就违反了信赏必罚的原则,也使司法的信用性隐而不彰,如此一来法律的公正性和权威性也就荡然无存了。管子又说:“民信其法则亲。”(《管子·七臣七主》)这就是说,司法讲信用,民众就会信任司法、亲近司法。

管子主张“赏罚必信密”,又称“民信其法则亲”,这就揭示了信用司法的真谛:司法只有讲信用才能得到民众的信任。这在大力提倡司法公信建设的今天更是有着特别重要的借鉴意义。拙文曾指出,信用司法是社会信用体系的最后一道屏障,是“信用中国”建设中的重要环节。信用司法的实质在于“取信于民”,在于司法输出产品的正义性得到了人民群众的认同,司法的权威性得到了人民群众的信赖。因此,司法的公信力得以产生。从此意义上讲,信用司法即司法公信。② 拙著也指出:“司法公信力是指司法赢得社会认同、公众信任的能力,这种能力取决于司法强制力、司法判断力、司法自控力和司法拒斥力方面是否能够经得起社会公众的认同和信赖。司法公信力是司法权

① 崔永东等:《中国传统司法文化研究》,人民出版社 2017 年版,第 165 页。

② 参见崔永东:《信用司法的理论探究与制度进路》,《政法论丛》2021 年第 3 期。

威的根基，一个缺乏社会认同和公众信任的司法体系，是没有任何权威性可言的。……司法公信力是由司法强制力、司法判断力、司法自控力和司法拒斥力‘整合’形成的一种国家公权力量，是上述四种力量的‘合力’，并靠这种合力输出正义的产品，公平而有效地解决纠纷并得到社会的认同和大众的信赖。”①上述言论有助于我们深化对管子提出的信用司法理论之现代因素的认识。

管子对公正司法问题也极端重视。管子主张“不淫意于法之外，不为惠于法之内”，对司法官吏提出了秉公司法的要求，绝对不能“舍法而行私”（《管子·君臣上》）。《管子·小匡》称“决狱折中，不杀无辜，不诬无罪”，“反映了管子追求司法公正的思想。为保证司法公正，管仲对司法官提出了严格的要求，对不执行法令，或者执法不严、故意出入人罪者要‘罪死不赦’”。② 上述思想在今日是有现实意义的。习近平总书记曾指出：“司法是维护社会公平正义的最后一道防线。公正是司法的灵魂和生命。”③“司法人员要刚正不阿，勇于担当，敢于依法排除来自司法机关内部和外部的干扰，坚守公正司法的底线。”④可见，这是对中国有关公正司法的思想传统的继承和发扬。

管子还提出了审慎司法的观点。管子主张“刑罚不可不审”，又要求“人主不可以不慎其令”（《管子·法法》），反映了一种对司法高度慎重的态度。“慎其令”的含义是指“谨慎地对待法律、适用法律”⑤。我国现代刑法学者指出：“所谓慎刑，就是审慎地运用刑罚权，包括刑罚权的发动，刑罚打击范围与打击重点的界定，刑罚种类的选择，刑罚宽严程度的掌握，各种刑罚制度的设置，乃至具体刑罚的运用与执行，都必须审慎从事，不得有半点轻率。”⑥该学者还古为今用地对现代“慎刑”原则进行了分析，称其包括三个方面的含义：“一是在制定刑法时，尽量缩减刑罚的适用范围（收紧法网），减少刑罚的适用量，做到不迫不得已不动用刑罚措施；二是适用刑罚时，应当采取谨慎的态度，按照慎重适用的原则、适度适用的原则适用刑罚；三是在刑罚执行过程中，应

① 崔永东：《司法与社会之关系研究》，人民出版社 2020 年，第 121—122 页。

② 崔永东等：《中国传统司法文化研究》，人民出版社 2017 年版，第 166 页。

③ 《习近平谈治国理政》第二卷，外文出版社 2017 年版，第 131 页。

④ 《习近平谈治国理政》第二卷，外文出版社 2017 年版，第 121 页。

⑤ 崔永东：《中国传统司法思想史论》，人民出版社 2012 年版，第 82 页。

⑥ 包雯：《慎刑论》。中国检察出版社 2009 年版，第 3 页。

当坚持人道主义原则，尽量扩大监禁刑的适用范围和执行的社会化。”①这是对“慎刑”观念的现代理解和解释，尽管未必完全符合管子所言慎刑的含义，但在坚持刑事司法必须高度谨慎这一点上，两者又是相通的，这正是管子思想具有现代意义的地方。

（二）商鞅关于刑事司法的理论

作为先秦法家的重要代表人物之一，商鞅的思想无论是在当时还是对后世均影响甚巨。他携《法经》入秦，佐秦孝公进行变法，并主持制定《秦律》，为秦一统天下打下了基础。迄今为止，学界探讨商鞅法律思想的文章不少，但罕有专研其刑事司法思想者。笔者略作尝试，专从刑事司法思想的角度对《商君书》加以考察。

商鞅刑事司法思想的最大特点就是“重刑”，重刑的实质在于轻罪重罚，利用刑罚的暴力性和威慑性来树立司法的权威，以巩固政权、稳定社会。因此可以说，重刑主义指向的是一种司法严酷主义，是一种高压与残暴的司法政策。

商鞅说：“重刑而连其罪，则褊急之民不斗，很刚之民不讼，……。”（《商君书·垦令》）此所谓“重刑”是指轻罪重罚，“连其罪”是指连坐，即株连无辜。商鞅又说：“重罚轻赏，则上爱民，民死上；重赏轻罚，则上不爱民，民不死上。”（《商君书·去强》）这里的“重罚”也是指轻罪重罚，统治者轻罪重罚，老百姓就会为其卖命。

根据商鞅的政治逻辑，统治者只有信奉重刑主义，坚持轻罪重罚，天下自可大治。轻罪重罚，百姓就不敢犯轻罪，既然不敢犯轻罪，重罪就更不敢犯了。最终，刑罚就可措置不用。如其所说：“故行刑，重其轻者，轻者不生，则重者无从至矣，此谓治之于其治也。行刑，重其重者，轻其轻者，轻者不止，则重者无从止矣，此谓治之于其乱也。故重轻，则刑去事成，国强；重重而轻轻，则刑至而事生，国削。”（《商君书·说民》）从刑事司法的角度看，上述言论最为精确地概括了商鞅的刑事政策和司法理念，根据这一司法理念，严酷的司法对于治理好国家来说是必不可少的，轻缓的司法不仅无益反而有害，导致“事生”

① 包雯：《慎刑论》。中国检察出版社2009年版，第5页。

与“国削”的下场。所谓“重重而轻轻”是重其当重，轻其当轻，即对重罪施以重刑，对轻罪施以轻刑，商鞅认为这种做法过于软弱，不利于树立司法的威严，而只有严酷的司法才会带来“刑去事成”的良好效果。

在《靳令》篇中，有一段话与上述引文相当接近，兹移录于下，可比较观看：“行罚，重其轻者，轻其重者——轻者不至，重者不来，此谓以刑去刑，刑去事成；罪重刑轻，刑至事生，此谓以刑致刑，其国必削。”（《商君书・靳令》）这再明显不过地阐明了其重刑逻辑——重刑可达到“去刑”即刑罚不用，轻刑则会“致刑”即罚不胜罚。此与商鞅另外所言“以杀去杀，虽杀可也；以刑去刑，虽重刑可也”（《商君书・画策》）相较可谓异曲同工。

下面一段话还是讨论重刑问题，并将重刑与连坐加以关联：“重刑，连其罪，则民不敢试。民不敢试，故无刑也。夫先王之禁，刺杀，断人之足，黥人之面，非求伤民也，以禁奸止过也。故禁奸止过，莫若重刑。刑重而必得，则民不敢试，故国无刑民。国无刑民，故曰：明刑不戮。”（《商君书・赏刑》）在这里，株连无辜的“连坐”也成了重刑的必要条件之一，这种类似于对不作为犯罪的惩治导致许多无辜者陷于暴虐的司法之网中，受到刑罚的摧残。而秦代的司法实践并未证明商鞅上述理论的合理性，严酷的重刑和连坐实际上并未使犯罪率降低，刑罚的变本加厉似乎也进一步刺激了犯罪的恶性升级——后来的秦帝国也是在“群体性犯罪”（农民起义）的浪潮中覆灭了。

商鞅进一步阐释其司法严酷主义（“严刑”说）：“去奸之本莫深于严刑。故王者以赏禁，以刑劝；求过不求善，籍刑以去刑。”（《商君书・开塞》）所谓“去奸之本莫深于严刑”，是说清除犯罪没有比严厉的刑罚更彻底的了；所谓“以刑劝”是指“惩于彼而劝于此”，即通过严厉的刑罚使人们受到劝诫，不敢以身试法；所谓“求过不求善”，是指统治者只关注人们的罪过而不必关注人的善行，可以理解为只罚不赏；所谓“籍刑以去刑”是指凭借严厉的刑罚来达到去除刑罚的目的。这反映了商鞅对司法暴力的一种迷信。

商鞅又说：“故善治者，刑不善而不赏善，故不刑而民善。不刑而民善，刑重也。刑重者，民不敢犯，故无刑也；而民莫敢为非，是一国皆善也，故不赏善而民善。赏善之不可也，犹赏不盗。”（《商君书・画策》）这与上文所言“求过不求善”的理论是一致的，不用重刑而民众能趋于善道，那是因为刑罚重的缘故。刑罚重，则民众不敢犯法，因此而致“无刑”。在商鞅看来，“刑不善而不赏善"才是一种"善治"。这样,商鞅迷失于一种司法恐怖主义的泥潭中,幻想通过高压与严酷的司法措施而达到"善治",无异于南辕北辙。

商鞅刑事司法思想的另一特点是"任法",即要求法官必须严格依法裁判,既不能搞自由裁量,也不能适用其他社会规则。所谓"事不中法者,不为也"(《商君书·君臣》)即指此言。他又说:"立君之道莫广于胜法,胜法之务莫急于去奸。"(《商君书·开塞》)此处"胜法"即任法之意。商鞅尤其反对儒家那种善用道德原则指导司法审判的做法,认为儒家的礼乐、诗书、孝悌、诚信、贞廉、仁义等是"六虱",政治活动与司法活动不可受此类东西的影响。他强调:"重刑,明大制;不明者,六虱也。六虱成群,则民不用。"(《商君书·靳令》)这就是说重刑使司法严明,司法不严明就是因为六虱作祟,信奉六虱的法官多了,民众就很难治理了。

商鞅还指出:"世之为治者,多释法而任私议,此国之所以乱也。"(《商君书·修权》)"私议"指社会舆论。"释法而任私议"指统治者(包括执掌司法权力者)受社会舆论影响而放弃依法裁判,商鞅认为这会使国家陷于混乱的风险之中。

照商鞅的说法:"故以刑治则民威,民威则无奸,无奸则民安其所乐。以义教则民纵,民纵则乱,乱则民伤其所恶。"(《商君书·开塞》)"刑治"是严格依据刑法治理民众,"义教"指道德教化。在治国方略上,商鞅推崇"刑治"模式,反对道德教化;在司法实践上,他反对司法官员的司法审判援用道德观念,提倡严格依法裁判。

商鞅刑事司法思想的第三个特点是"壹刑",即刑罚适用上要平等。"所谓壹刑者,刑无等级,自卿相将军以至大夫庶人,有不从王令、犯国禁、乱上制者,罪死不赦。有功于前,有败于后,不为损刑。有善于前,有过于后,不为亏法。忠臣孝子有过,必以其数断。守法守职之吏有不行王法者,罪死不赦,刑及三族。"(《商君书·赏刑》)可见,"壹刑"就是"刑无等级",就是要在法律适用上一律平等,不管犯法者身份地位如何。上述话语透露的另外信息是:"不从王令""不行王法"这样的犯罪将面临"罪死不赦"的处罚,足见刑罚的苛重,反映了"壹刑"的前提是重刑。因此,我们有理由相信,重刑主义是商鞅司法思想中最深层的司法价值观。

商鞅刑事司法思想的第四个特点是反对"赦宥"。基于"刑重而必得"的立场，商鞅不但强调重刑，还强调“必得”即犯罪必须受到严厉惩罚，因此商鞅明确反对赦宥，认为赦宥会破坏法制。他说：“圣人不宥过，不赦刑，故奸无起。”（《商君书·赏刑》）不搞赦宥，则犯罪者不会滋生侥幸心理，因而也就不敢以身试法。

商鞅刑事司法思想的第五个特点是提倡“审慎”司法。他明确提出“明主慎法制”（《商君书·君臣》）的主张，要求君主在从事司法活动时必须审慎地依法裁判。又称“论功察罪，不可不审也”（《商君书·禁使》），也是要求在定罪量刑时必须高度谨慎认真，因其事关当事人的身家性命。还说：“凡将立国，制度不可不察也，治法不可不慎也。”（《商君书·壹言》）对法律的慎重当然也包括对司法的慎重，慎重立法与慎重司法、执法应当是君主的基本素质和心理品质。《商君书》中还有一篇《慎法》，论述了谨慎司法的重要性。

商鞅刑事司法思想的第六个特点是“明法”，即要求司法官员自己不但通晓法律，还要向当事人释明法律。他说：“法治不明者，君长乱也。”（《商君书·壹言》）意思是说糊涂的君主才不能通晓法律，当然更不能向臣民释明法律，如此也就很难实行法治。正如其另外所言“法必明，令必行”（《商君书·画策》），明法是“令行”即法治得以实施的前提。又说：“夫错法而民无邪者，法明而民利之也。”（《商君书·错法》）“错法”即实行法治，而实行法治的关键是官员应当精通法律并向民众释明法律，这样才能有利于民众依法行事。

为了释明法律，商鞅还主张设置专门负责解释法律的官员——“主法令之吏”。他说：“各主法令之民，敢妄行主法令之所谓之名，各以其所忘之法令名罪之。……诸官吏及民有问法令之所谓也于主法令之吏，皆各以其故所欲问之法令明告之。……主法令之吏不告，及之罪，而法令之所谓也，皆以吏民之所问法令之罪，各罪主法令之吏。”（《商君书·定分》）可见，对主管法令的官吏来说，他们必须精通法律，并且严格执法，如果忘记执行其主管的法令条文，则会按其忘记的法令条文来进行处罚。主管法令官员的另一职责是向其他官员和民众释明法令，如果主管法令的官员对吏民拒不履行职责，不回答吏民对相关法令的咨询，那么吏民一旦犯法，就按吏民询问的法令条文所规定的罪名来处罚主管法令的官员。照商鞅的说法，采取上述措施的目的在于“法明白易知而必行”（《商君书·定分》）。

商鞅还指出：“故圣人为法，必使之明白易知，名正，愚知遍能知之；为置法官,置主法之吏,以为天下师,令万民无陷于险危。故圣人立天下而无刑死者,非不刑杀也,行法令,明白易知,为置官吏为之师,以道之知,万民皆知所避就,避祸就福,而皆以自治也。故明主因治而终治之,故天下大治也。”(《商君书·定分》)这里所言“法官”应该也是主管法令的官员,此类官员既要精通法律,又有执法权(包括司法权),并且享有向吏民释明法律的权力和职责,使吏民知法守法。“吏民【欲】知法令者,皆问法官。故天下之吏民无不知法者。吏明知民知法令也,故吏不敢以非法遇民,民不敢犯法以干法官也。”(《商君书·定分》)应该说,设计此种制度也有让民众通晓法律来监督官员司法活动的初衷。

商鞅刑事司法思想的第七个特点是强调“不以私害法”,即司法官员必须秉公执法,勿为私情私利所左右。他说:“故明主爱权重信,而不以私害法。”(《商君书·修权》)不以私害法才能树立司法的威信,才能推行法治。

商鞅刑事司法思想是以其人性论为基础的。他说:“民之性:饥而求食,劳而求佚,苦则索乐,辱则求荣,此民之情也。民之求利,失礼之法;求名,失性之常。”(《商君书·算地》)在商鞅看来,自利性是人的本质属性,放纵自利性,就会败坏礼法。他又说:“好恶者,赏罚之本也。夫人情,好爵禄而恶刑罚,人君设二者以御民之志,而立所欲焉。”(《商君书·错法》)照商鞅的说法,实施法治的两个抓手是赏与罚,而赏罚乃是顺应了人的好利恶害之性。刑罚作为一种重要的司法手段,乃基于人性中厌恶和躲避祸害的本能而设,而赏赐实际上也是对刑罚的一种辅助,因其可引导人们干正当的事情而不去干邪恶的事情。如其所言:“夫刑者,所以禁邪也;而赏者,所以助禁也。羞辱劳苦者,民之所恶也;显荣佚乐者,民之所务也。故其国刑不可恶而爵禄不足务也,此亡国之兆也。”(《商君书·算地》)这是说,刑罚用来禁止邪恶,防止人们通过非法途径获取利益;赏赐是用来辅助禁邪的手段,它将人们的求利行为导向了合法的轨道。

(三)韩非关于刑事司法的理论

韩非(约前280—前233),战国末期思想家,法家理论的集大成者。出身于韩国贵族,与李斯同为荀子的学生。著《孤愤》《五蠹》《说难》等十余万言,受到秦王政的重视,至秦国后不久因李斯、姚贾陷害死于狱中。他综合前期法家商鞅的“法治”说、申不害的“术治”说和慎到的“势治”说，构建了一个以“法”为中心、“法术势”三结合的法治理论体系。著有《韩非子》一书。

1. 严刑重罚说。提到韩非的司法观念，人们往往想到他的“严刑重罚”的主张。但应指出，他所说的“严刑”并不是滥刑，滥刑是指滥施刑罚、随意轻重，司法没有任何标准可言。而“严刑”则是有标准的，强调严格依法论罪，当重则重，当轻则轻。当然，根据法家一贯的“轻罪重罚”的立法原则，其所谓严刑是重刑前提下的严刑，或用一句通俗的话表述：轻罪处较重的刑罚，重罪则处更重的刑罚。

法家的司法观提倡“重刑”，但重而不滥，是有规则和标准可循的。儒家则力主“轻刑说”（或称“宽刑”说），即量刑时能从轻则不从重，或者说是对重罪处以较轻的刑罚，对轻罪则处以更轻的刑罚。可见，儒家的轻刑亦非随意从轻，而是按照标准与规则处断。儒家之所以力主轻刑，还是基于一种“仁道”（仁者爱人之道）的立场，或谓“好生之德”。根据这一立场，儒家认为法家的严刑实质上是重刑，而重刑是违反“仁道”的。因此，儒家反对法家的重刑主义。

韩非批评儒家提倡的宽缓之政、仁义之说是“不智”“不明”之举：“如欲以宽缓之政治急世之民，犹无辔策而御馯马，此不知（智）之患也”——以宽缓之政治理急剧变动时代的民众，就好比没有缰绳和马鞭去驾驭凶悍的马匹，这是不明智造成的过错；“夫垂泣不欲刑者，仁也；然而不可不刑者，法也。先王胜其法，不听其泣，则仁之不可以为治亦明矣”——法治是仁义的对立面，仁义不可以为治，提倡仁义之政是不明事理的表现。

韩非说：“欲治者必恶乱，乱者，治之反也。是故欲治甚者，其赏必厚矣；其恶乱甚者，其罚必重矣。今取于轻刑者，其恶乱不甚也，其欲治又不甚也。此非特无术也，又乃无行。”意思是说：想把国家治理好的人必定厌恶混乱，混乱是治理的反面。因此，凡是特别想将国家治理好的人，其奖赏必然优厚；凡是特别厌恶混乱的人，其刑罚一定很严厉。现在主张轻刑的人，对混乱的厌恶程度肯定是不深的，治理好国家的愿望肯定也是不强烈的。这种人不但缺乏治国之术，也缺乏必要的行动。

这是韩非从政治态度上批评了所谓的“轻刑”说，认为凡主“轻刑”说者均属于“恶乱不甚”即厌恶混乱不强烈的人，因此这种人实质上并不特别想把国家治理好，否则他就一定会提倡严刑重罚。韩非不仅将提倡轻刑的人视为治国乏术之辈，还将其当成“行动上的矮子”加以嘲讽，反映了他对儒家的轻蔑。但韩非的主张也会在实践中产生严重流弊，后来秦朝因“暴政”而亡证明了此点。

根据韩非的重刑主义理论，对轻罪施以重刑，则人们不敢犯轻罪，轻罪不犯，重罪就更不敢犯了。因此，他认为英明的君主治理国家，“正明法，陈严刑，将以救群生之乱，去天下之祸”。并强调说：“夫严刑重罚者，民之所恶也，而国之所以治也；哀怜百姓轻刑罚者，民之所喜，而国之所以危也。”就是说越是严刑重罚，老百姓就越不敢犯法，国家就会因此大治，反之则导致国家危亡。

战国时期法家的另一重要代表人物商鞅曾说：“行刑，重其轻者；轻者不至，重者不来，是谓以刑去刑也。”意谓对轻罪处以重刑，则人不敢犯轻罪，重罪就更不敢犯了，因此达到“以刑去刑”，即以重刑的手段达到去除刑罚的目的。韩非对此论高度认可：“公孙鞅之法也重轻罪。重罪者，人之所难犯也；而小过者，人之所易去也。使人去其所易，无离其所难，此治之道。夫小过不生，大罪不至，是人无罪而乱不生也。”相反，如果“罪重而刑轻，刑轻则事生，此谓以刑致刑，其国必削”。韩非又说：“罚莫如重而必，使民畏之。”对犯罪的重罚和必罚，才能让民众敬畏法律、敬畏司法。

以下是韩非对严刑重罚问题的申论：“夫严刑者，民之所畏也；重罚者，民之所恶也。故圣人陈其所畏以禁其邪，设其所恶以防其奸，是以国安而暴乱不起。吾以是明仁义爱惠之不足用，而严刑重罚之可以治国也。”话说得很直白，严刑重罚让人畏惧，仁义爱惠不能禁恶，尽管此种理论在对待某些犯罪（性质恶劣而损失轻微的犯罪，如今日“偷井盖”之类）上也不无道理，但整体上看因其过于迷信司法暴力而沦于“司法恐怖主义”一途，与儒家的“司法仁道主义”背道而驰。

2. 刑罚必信说。照韩非的说法，刑罚必须“有信”，即该罚的一定要罚，不能因外部势力的干扰和司法官的私情私欲而使犯罪者逍遥法外，否则会动摇法治的根基与司法的权威。如韩非所言：“言赏则不与，言罚则不行，赏罚不信，故士民不死也。”“不死”指不尽死力，也就是说不忠诚于君主和国家。这也就意味着百姓对君主以及立法、司法产生了“信任危机”。韩非所说的“刑重而必”“必于赏罚，赏罚不阿”等也是强调了刑罚的不可避免性。

正是基于赏罚必信的原则，韩非不赞成对犯罪的赦免宽宥："故不赦死，不宥刑。赦死宥刑，是谓威淫，社稷将危，国家偏威。"对犯罪的赦免宽宥会损害司法的权威，甚至会给国家带来失信于民的风险。儒家则对此表达了不同的态度，认为赦免宽宥犯罪者的举措体现了君主的仁恩浩荡，因此也会树立君主的威望。

在韩非看来，对有罪的人必须进行惩罚，这是司法讲信用的表现，但如果宽宥罪犯，则会使司法失信，失信则败坏法治。他说："若罪人，则不可救也；救罪人，法之所以败也；法败，则国乱。"另外，司法官员也不能使无辜的人受到追究，否则会导致民怨沸腾、国家危亡；"重不辜，民所以起怨者也；民怨，则国亡"。又说："罚不辜之民，非所谓明也。"

韩非说："故明君无偷赏，无赦罚。赏偷，则功臣堕其业；赦罚，则奸臣易为非。是故诚有功，则虽疏贱必赏；诚有过，则虽近爱必诛。疏贱必赏，近爱必诛，则疏贱者不怠，而近爱者不骄也。"这里有几点需注意：(1)对有罪者赦免刑罚会刺激人们进一步犯罪（"为非"）；(2)对掌握司法权的人来说，无论犯罪者与自己是否关系亲密，都应该依法论罪。这就进一步阐明了有罪必罚的理念，韩非认为只有如此做才能取信于民，树立司法的权威。

韩非还批判了儒家的"教民怀惠"说（怀念君主恩德），指出："惠之为政，无功者受赏，而有罪者免，此法之所以败也。法败则政乱，以乱政治败民，未见其可也。"假如君主为树立恩惠而免除有罪者的刑罚，则会使法治的威信败坏殆尽，并会导致政治的混乱。

韩非认为，在良好的法治社会里，"有功者必赏，赏者不得君，力之所致也；有罪者必诛，诛者不怨上，罪之所生也。民知诛赏之皆起于身也，故疾功利于业，而不受赐于君。"这段话的意思是：有功的人一定会受到奖赏，但受赏的人不会感激君主，因为这是他自己努力的结果；有罪的人必然受到惩罚，受罚的人也不会怨恨君主，因为这是他自己犯罪造成的。民众皆知受赏或受罚都是因自己的行为带来的，因此都积极于建功立业，而不寄希望于得到君主的恩赐。这告诉人们，君主作为执法者只是依法办事，无论是论功行赏还是论罪行罚，都是按法律的规定操作，其个人好恶不起任何作用。

韩非又说："法不信，则君行危矣；刑不断，则邪不能胜矣。""法不信"是指立法、司法没有威信，这对君主来说是很危险的。"刑不断"是指执行刑罚不果断，因此也会导致奸邪并出、犯罪滋生。有罪必罚、刑罚果断是君主树立威信的前提条件之一。

3. 虚静待令说。对于君主或掌握司法职权的人来说，必须有良好的个人修养和内在的自律机制，要“虚静以待令”。“虚静”的意思是“去好去恶”，即排除个人的好恶之情，不因私情私欲干扰自己的理性判断能力，从而冷静客观地从事司法活动。“虚静以待令”的含义就是要求司法官以冷静的心态对待法令的实施，即从事司法审判。韩非另外所说“去私曲就公法”“去私行行公法”之类的话也是这个意思。既然法律是体现“公义”、维护“公利”的，司法就不容许私心私欲掺杂其间，如此才能实现法律的公正。

韩非还说：“法不阿贵，绳不挠曲。法之所加，智者弗能辞，勇者弗敢争。刑过不避大臣，赏善不遗匹夫。”君主的刑罚果断必须建立在公正的前提下，公正的司法判决，使那些受制裁者有智慧也不能辩驳，有勇气也不敢抗争，只能接受判决结果——此即公正司法的力量！而公正司法的前提是司法官不得“释法用私”——放弃法律的公正原则而用私心裁判。“释法用私”的结果是法律秩序的破坏，即所谓“私者，所以乱法也”。

韩非的如下话语值得注意：“故用赏过者失民，用刑过者民不畏。”这里的“用刑过”指滥施刑罚，并非指用重刑。依法严格适用重刑，韩非并不反对。他反对滥施刑罚，因为这是司法官私心膨胀、滥施淫威的表现。

执掌司法权者能够心中“虚静”、头脑冷静，则能明辨公私之分。“必明于公私之分，明法制，去私恩。夫令必行，禁必止，人主之公义也；必行其私，信于朋友，不可为赏劝，不可为罚沮，人臣之私义也。私义行则乱，公义行则治，故公私有分。”君主代表“公义”，司法维护公义，君主只有明于公私之分，秉持公心从事司法活动，才能达到“公义行则治”的目标。

按照韩非的理论，君主内心虚静则头脑冷静，头脑冷静则能明辨公私，这样在司法审判中就能秉公执法、用刑得当。他说：“夫刑当无多，不当无少。”此言耐人寻味，所谓“不当无少”是指用刑不当，即使用得极少也不应该，故称“无少”。这句话的意思是：用刑恰当，无所谓多；用刑不当，无所谓少。可见，此处的“刑当”论体现了韩非对司法公正价值的追求。

4. 责任司法说。责任司法意味着司法人员必须对自己的行为负责，出了错案必须承担责任。在法家思想中，责任司法的理论源于责任行政的理论,因为当时的司法权与行政权不分家。责任行政的理论要求行政执法主体必须为自己的行为承担责任,为此,秦朝制定了完善的监察制度,对行政执法进行严密的监察,对执法主体的违法行为进行追究。根据当时的体制,司法权只是行政权的一部分,因此,对行政权的监察也包括了对司法权的监察,监察主体如果发现司法人员存在徇私枉法、司法不公问题,自然会对其加以惩戒。可以说,监察制度是当时司法责任制得以确立的前提。秦朝的司法责任制具有开创性,其法典《秦律》中规定的“不直”“纵囚”“失刑”等罪名就是例证。这对我们今天司法责任制的构建具有启迪意义。司法责任制是目前我国司法改革的核心,实现权责利的统一是近期司法改革追求的基本目标之一。

责任司法也是一种“治吏”司法,韩非提倡“明主治吏不治民”(实际意思是治吏重于治民),要求将整治官员作风纳入法治化轨道。值得注意的是,这里的“吏”是当时的底层官员(高层官员称“官”),数量庞大,又与民众有着广泛的接触,其作风如何直接影响到官府在民众中的形象,也直接关系到民众的利益诉求与社会的和谐稳定。因此,法家才将治国的重点和政治的起点放在“治吏”上。这对我们是有启发意义的,中国当今的基层官员多如牛毛,他们代表政府直面群众,其一言一行都关乎政府形象与群众利益,即使一个最低级的管理人员如果欺上瞒下、谎话连篇,毫无诚信可言,大搞权力寻租、中饱私囊,都会给单位、国家和群众的利益带来重大损害,甚至会影响到社会的和谐稳定。因此,治官应当从基层开始,它是政治的根基和法治的起点。应该指出,“吏”也包括基层司法官吏,对基层司法官吏也要从严治理,对其违法行为必须从严惩处,这样才能提高司法公信力。

责任司法也是严格司法,司法人员必须严格依法办事,慎重适用法律来化解纠纷,使有罪的人得到正义的审判,使无罪的人不被法律追究,从而使法律的公正性得以体现。严格司法使司法的严肃性得以彰显,司法不是儿戏,需要严肃认真、小心谨慎地对待,如此才能保证司法的权威性,而司法权威是法律权威得以彰显的前提,如果司法活动不严格依法进行,那法律还有什么价值可言?因此,严格司法作为责任司法的题中应有之义,理应受到高度重视。

二、儒家的“司法”思想

（一）重视“社会司法”

儒家强调“和为贵”“致中和”，表明社会和谐是儒家治国方略中的最高价值目标。要达到此一目标，需要诉诸多种途径。除了政治、经济、德教等手段外，还需要立法、司法、执法等法律手段加以辅助。拙著《中国传统法律文化与和谐社会研究》曾指出：“儒家的一些司法理念也直接体现了对和谐价值的追求，孔子所谓‘和为贵’、《中庸》所谓‘致中和’等就是证明。‘致中和’的意思是说按照中庸之道去做就能达到和谐，因为中庸之道是一种利益平衡的艺术、实现和谐的方法。儒家认为，司法乃是一种利益平衡术，它可以实现和解与和谐。儒家推崇的调解制度（包括官府调解与民间调解）就是和谐司法理念的制度化，它通过利益上的平衡实现了当事人的和解，维护了社会秩序的和谐。”①

“司法”应该是一个广义概念，既指国家司法，也指社会司法。根据西方法律社会学派的观点，国家司法是国家专门司法机关适用制定法解决纠纷的活动，社会司法则是社会组织根据社会规则来化解纠纷的活动。笔者认为，如调解之类解纷方式应当属于社会司法的范畴，它不仅因备受儒家推崇而成为中华传统“国粹”，而且也是当代中国“枫桥经验”中的核心内容，它对传统中国与当代中国的社会治理发挥了至关重要的作用。

儒家虽然并不反对靠国法来解决纠纷，但其并不主张将大量的普通纠纷都诉诸法律来解决，因为那样既不经济又会消耗大量的国家司法资源，更关键的是由此恶化双方关系，并有可能形成“世仇”，从而长期影响社区和谐。正是在此点上，孔子提出了“无讼”的主张，无讼并不是不要一切诉讼，如重大刑案肯定还是需要国家司法力量的介入，但是大量的轻微刑案或一般的民事案件，可以通过调解等方式来解决，不必进入国家司法层面。而调解的主体，在民间社会往往是德高望重的“乡贤”，调解的规则是包括道德规则在内的社会

---

① 崔永东：《中国传统法律文化与和谐社会研究》，人民出版社 2011 年版，第 4 页。

规则。因此,调解本身就具有相当的道德意义。有学者说:“至于‘和解’(调解),孔子是倡导以此息讼的先驱人物,其‘仁学’体系强调以调和作为解决矛盾的根本途径,这就为息讼提供了坚实的哲学基础。调解之所以在中国源远流长并高度发达,原因之一是它与儒家所追求的‘无讼’境界密切相关。”①当代中国的“枫桥经验”实际上是继承光大了儒家的“无讼”与“和谐”理念,并成为中国基层社会治理的典范。

美籍华裔著名史学家黄仁宇先生曾描述深受儒家文化影响的明代社会基层社会治理的特色:“农村的组织方式是以每一乡村为单位,构成一个近于自治的集团,按照中央政府的规定订立自己的乡约。一村内设‘申明亭’和‘旌善亭’各一座,前者为村中耆老仲裁产业、婚姻、争斗等纠纷的场所,后者则用以表扬村民中为人所钦佩的善行。”②“乡约”即乡规民约,是包括儒家道德和社会规则在内的规则体系,是支配当时社会生活的“活法”。依据这些规则来化解社会纠纷的活动是基层社会治理的重要组成部分,即所谓社会“自治”。

其实,儒家的“礼治”也包含了社会司法的内容。礼作为一种“活法”,在民间社会发挥着强大的整合社会秩序的功能,礼治包含了宗族司法、村落司法、行会司法等内容,这种可统称为社会司法的民间司法制度,对民间社会的和谐稳定起着举足轻重的作用。过去有所谓“皇权不下县”的说法,即体制性力量不介入县级政权以下的基层社会,基层社会的治理模式是自治,自治的主体是宗族组织、村落组织、行会组织等,通过社会规则来化解纠纷。如此一来,除非重大刑案,国家司法权一般不会介入基层社会的自治,通过自治同样达到了基层社会的和谐稳定,甚至当上层社会因政权更迭而动荡时,基层社会仍然秩序井然。这种化解纠纷的自治实际上类似于法律社会学派所谓“社会司法”的内容。在目前中国注重提升社会治理能力的背景下,适当借鉴传统的社会自治模式很有必要。

(二) 重视“明德慎罚”

“明德慎罚”是萌芽于西周又被先秦儒家继承的司法思想,体现了一种明

① 任强:《知识、信仰与超越——儒家礼法思想解读》,北京大学出版社2007年版,第190页。

② 黄仁宇:《万历十五年》,中华书局2006年版,第137页。

显的人道价值与和谐精神。学界对明德慎罚问题曾进行过深入研究,提出了有价值的观点。比较有代表性的观点认为,明德慎罚是"以周公为代表的西周初期统治集团提出的法律主张。周初统治者鉴于商亡的教训,认识到单靠'天命天罚'已不足以维护统治,因而提出'以德配天'及'明德保民'的思想。明德,是要求统治者减轻对人民的压迫,采取怀柔的一手,以获得人民的拥护;慎罚,是要求统治者在用刑时务必谨慎从事,做到用刑准确。具体内容大致包括三个方面:一是以常刑、常典治民,严防滥用刑罚,杀害无辜,即'勿替敬典';二是区分故意、过失、惯犯、偶犯。对故意犯、惯犯应加重处罚,对过失犯、偶犯的处罚酌情减免……;三是修正商朝'罪人以族'的制度,强调'罪止其身','罪人不孥'(《孟子·梁惠王下》),以缩小刑罚的打击面。明德慎罚的主张在周初得到了较好的贯彻,缓和了阶级矛盾,促进了法律的完善与社会的安定。这一主张为春秋战国时儒家所继承,并发展为'为政以德'的德治思想。西汉正统法律思想中的'德主刑辅'也是由此演化而来的"①。

上述说法至少阐明了三点:一是明德慎罚具有人道价值("要求统治者减轻对人民的压迫",并"在用刑时务必谨慎从事");二是明德慎罚具有和谐价值("缓和阶级矛盾"并促进"社会的安定");三是指出明德慎罚后来演变为德主刑辅,成为中国传统法律思想的核心观念(实际上也是中国传统司法思想的核心观念)。笔者认为,如果从司法角度看,所谓"明德慎罚"至少有三义:一是说掌握司法之权的官员要注意修德,使自己具备光明的德性——宽厚之德(包括"好生之德");二是说司法官员要注意对民众进行德教;三是说司法官员要谨慎对待刑罚,能不用则不用,能从轻则不从重。

从封建时代的正史刑法志来看,确实反映了明德慎罚的司法思想。《汉书·刑法志》曰:"故不仁爱则不能群,不能群则不胜物,不胜物则养不足。群而不足,争心将作,上圣卓然先行敬让博爱之德者,众心说而从之。……圣人取类以正名,而谓君谓父母,明仁爱德让,王道之本也。爱待敬而不败,德须威而久立,故制礼以崇敬,作刑以明威也。圣人既躬明悊之性,必通天地之心,制礼作教,立法设刑,动缘民情,而则天象地。故曰先王立礼,'则天之明,因地之性'也。刑罚威狱,以类天之震曜杀戮也;温慈惠和,以效天之生殖长育

---

① 《北京大学法学百科全书》,北京大学出版社2000年版,第568页。

也。”这是说圣人本着“仁爱德让”的态度从事立法与司法活动，因其上顺天道、下顺民情，故其立法与司法都体现了一种“敬让博爱”的人道价值。

班固在《汉书·刑法志》中称赞汉初几位帝王在立法和司法方面的宽和举措，称高祖“躬神武之材，行宽仁之厚”，称惠帝及吕后“填以无为，从民之欲，而不扰乱，是以衣食滋殖，刑罚用稀”，称文帝“论议务在宽厚，耻言人之过失”，等等，表达了班固对立法、司法之人道价值的肯定与张扬。特别是对汉文帝推行的人道化司法措施，班固更是赞誉有加，称其“选张释之为廷尉，罪疑者予民，是以刑罚大省，至于断狱四百，有刑错之风”。予民，颜师古注曰：“从轻断。”断狱四百，颜师古注曰：“谓普天之下重罪者也。”当时的廷尉在司法活动中有仁者之风，慎刑恤刑，对犯罪有疑者从轻发落，注重减免刑罚，结果全国一年重刑犯仅有四百人，刑罚适用率大大降低，以至于有“刑错之风”（刑罚措置不用）。为了贯彻仁政，汉文帝还废除了残酷的肉刑制度，他在诏书中说：“今人有过，教未施而刑已加焉，或已改行为善，而道亡繇至，朕甚怜之。夫刑至断肢体，刻肌肤，终身不息，何其刑之痛而不德也！岂称为民父母之意哉？其除肉刑，有以易之；及令罪人各以轻重，不亡逃，有年而免。”值得注意的是，汉文帝认为“断肢体，刻肌肤”的肉刑是“不德”即不道德的刑罚，反映了他对人道化刑罚的认可与追求，足见其见识之高明。

《汉书·刑法志》又说：“原狱刑所以蕃若此者，礼教不立，刑法不明，民多贫穷，豪杰务私，奸不辄得，狱豻不平之所致也。”并引孔子之言“今之听狱者，求所以杀之；古之听狱者，求所以生之”，“与其杀不辜，宁失有罪。今之狱吏，上下相驱，以刻为明，深者获功名，平者多后患”。上述见解相当深刻，“狱豻不平”即狱讼不公平是社会失和、犯罪滋生的重要原因，故司法官员必须具备好生之德，秉持“与其杀不辜，宁失有罪”的人道原则，在司法审判中决不可“以刻为明”即以刻薄寡恩为高明，如此才能使社会符合“仁道”。

《旧唐书·刑法志》记唐太宗与臣下所言：“朕以死者不可再生，思有矜愍，故简死罚五十条，从断右趾。朕复念其痛，极所不忍。”又记“太宗尝录囚徒，悯其将死，为之动容，顾谓侍臣曰：刑典仍用，盖风化未恰之咎。愚人何罪，而肆重刑乎？更彰朕之不德也。用刑之道，当审事理之轻重，然后加之以刑罚。何有不察其本而一概加诛，非所以恤刑重人命也”。上述话语反映了唐太宗的一种人道情怀，说明他重视人的生命价值，并怜悯人的伤痛，他想做一个有德之君，故在从事录囚之类的司法活动时努力追求"恤刑"价值，而重刑则是"不德"（不合乎仁德）的表现。可见，重视人的生命价值（"重人命也"），怜悯人体的痛苦，这是古今人道主义的共同点。

正是在这种人道化司法思想的指导下，唐代立法"凡削烦去蠹，变重为轻者，不可胜纪"（《旧唐书·刑法志》），并明确以"宽简"作为一个立法的原则。据《旧唐书·刑法志》记载："初，太宗以古者断狱，必讯于三槐九棘之官，乃诏大辟罪，中书、门下五品已上及尚书等议之。"这应该是封建时代会审制度正式确立之始，但唐太宗认为该制度来源于《周礼》中的"三槐九棘"之制。根据《周礼·秋官·朝士》记载，在朝廷的外朝，种植多种树木，公开审理案件时，以树木为标志排列参与审理的官员的座次，左右两侧各种植棘树九棵，为卿大夫和诸侯的座次；前面种植槐树三棵，作为三公和地方官的座次。有学者评价唐太宗此举体现了"慎刑"精神，他说："唐初，由大理寺判决死罪后，由刑部奏请皇帝核定。唐太宗为要标榜慎刑，诏令大理寺决后，由刑部尚书会同中书门下两省五品以上的高级官员如侍中等再议，然后奏报。"①会审制度基于慎刑的司法理念而创设，反映了一定的人道性因素。

唐太宗曾对臣下说："人命至重，一死不可复生。……今春府史取财不多，朕怒杀之，后亦寻悔，皆由思不审也。比来决囚，虽三覆奏，须臾之间，三奏便讫，都未得思，三奏何益？自今已后，宜二日中五覆奏，下诸州三覆奏。又古者行刑，君为撤乐减膳。朕今庭无常设之乐，莫如何撤。然对食即不啖酒肉。自今已后，令与尚食相知，刑人日勿进酒肉。内教坊及太常，并宜停教。且曹司断狱，多据律文，虽情有可矜，而不敢违法，守文定罪，或恐有冤。自今门下复理，有据法合死而情可宥者，宜录状奏。"（《旧唐书·刑法志》）这就是所谓的死刑覆奏制度——三覆奏五覆奏之制，也是基于慎刑理念而创设，反映了一种人道温情。又规定对那些情有可原的死刑犯，法官可上奏皇帝裁决（结果一般是减免），体现了一种宽和精神。在封建时代，宽和的司法有利于社会的和谐。

武则天当政时，任用周兴、来俊臣、索元礼等酷吏执法，罗织罪名，大兴冤狱，受其迫害者不计其数，民众怨声载道，社会秩序一度混乱。可见，反人道的

---

① 高其迈：《隋唐刑法志注释》，法律出版社1987年版，第82页。

司法是社会失和的重要原因之一。为此,陈子昂上书说:“臣闻古之御天下者,其政有三:王者化之,用仁义也;霸者威之,任权智也;强者胁之,务刑罚也。是以化之不足,然后威之,威之不足,然后刑之。故至于刑,则非王者之所贵矣。况欲光宅天下,追功上皇,专任刑杀以为武断,可为策之失者也。”(《旧唐书·刑法志》)这段话蕴含明德慎罚的意思。陈子昂基于儒家的“仁义”理念,希望当时的武则天能够做到明德慎罚,追求“王者化之”的境界,树立一种人道化的施政目标。

陈子昂在这份上书中进一步说道:“观三代夏、殷兴亡,已下至秦、汉、魏、晋理乱,莫不皆以毒刑而致败坏也。夫大狱一起,不能无滥。何者?刀笔之吏,寡识大方,断狱能者,名在急刻,文深网密,则共称至公。爰及人主,亦谓其奉法。于是利在杀人,害在平恕,故狱吏相诫,以杀为词。非憎于人也,而利在己。故上以希人主之旨,以图荣身之利。徇利既多,则不能无滥,滥及善良,则淫刑逞矣。……冤人吁嗟,感伤和气;和气悖乱,群生疠疫;水旱随之,则有凶年。人既失业,则祸乱之心怵然而生矣。……陛下可不敬承天意,以泽恤人?臣闻古者明王重慎刑罚,盖惧此也。”(《旧唐书·刑法志》)

这段话系统阐释了陈子昂的慎刑理论,实际上它也是儒家传统的司法思想,反映了一种人道价值观。他通过总结历史上治乱兴衰的经验教训,认为“毒刑”“滥刑”和“淫刑”是导致王朝崩溃的重要原因之一,特别是司法官员“名在急刻,文深网密”,信奉所谓“利在杀人,害在平恕”的司法格言,将“滥及善良”的黑暗司法与暴虐司法推向了反人道的极致,“和气悖乱”即社会动荡失和的局面因之而生,“祸乱之心怵然而生”,群体性违法犯罪也就难以避免了。有鉴于此,陈子昂希望最高统治者能够“以泽恤人”“重慎刑罚”,如此才能使国家长治久安、社会和谐稳定。应该说,所谓“以泽恤人”“重慎刑罚”等是对儒家“明德慎罚”司法思想的准确表达,体现了明显的人道因素与和谐精神。

宋代学者对儒家慎刑传统多有推崇,如李觏就说:“刑期无刑,盖不获已,苟得其情,亦哀矜而勿喜,矧可不慎以及于非辜者乎?”(《李觏集·刑禁》)包拯则主张:“国家富有天下,当以恤民为本。”(《包拯集·言陕西盐法》)又说:“治平之世,明盛之君,必务德礼,罕用刑法。”(《包拯集·请不用苛虐之人充监司》)并认为“天任德不任刑也,王者亦当上体天道,下为民极,故不宜过用重典,以伤德化。”(《包拯集·请不用苛虐之人充监司》)陈亮主张:“凡天下奏谳之事,长案碎款,尽使上诸刑寺,其情之疑轻者,驳就宽典。”可见,宋代学者对儒家司法思想中的人道观念高度认同。

古文《尚书·大禹谟》(一般认为该篇成书于魏晋时期,系伪作,但也长期被尊为儒家经典)载皋陶之言:“帝德罔愆,临下以简,御众以宽。罚弗及嗣,赏延于世。宥过无大,刑故无小。罪疑惟轻,功疑惟重。与其杀不辜,宁失不经。好生之德,洽于民心,兹用不犯于有司。”该段大意是:舜帝品德高尚,没有过失,对臣下简易不烦,对百姓宽厚不苛。刑罚不株连子孙,赏赐却延续到后代。对过失犯罪,无论多大都能宽恕,对故意犯罪,无论多小都要惩罚。遇有疑罪从轻论处,功劳有疑则从重赏赐。与其杀害无罪之人,宁愿放纵有罪之人。好生之德,使民心和谐,因而不会违法犯罪。

有学者对“与其杀不辜,宁失不经”一语进行了分析,谓其“传说为皋陶执法时的原则之一。周初为防止滥刑亦奉行这一原则。与其错杀无罪之人,宁愿漏惩有罪之人。这一原则是慎罚思想的体现,对后世法律的实施亦有积极的影响”①。上述《大禹谟》引文,与儒家提倡的司法观念完全相合,如“御众以宽”“罚弗及嗣”“罪疑惟轻”及“宥过无大,刑故无小”等,均反映了“明德慎罚”的观念,其人道价值不可低估。所谓“好生之德,洽于民心”,正是说只要统治者具备“好生之德”,民心就会平和,社会就会和谐。

南宋大儒朱熹曾对此评说:“辜,罪也。经,常也。谓法可以杀,可以无杀,杀之则恐陷于非辜,不杀之恐失于轻纵;二者皆非圣人至公至平之意,而杀不辜者,尤圣人之所不忍也。故与其杀之而害彼之生,宁姑全之而自受失刑之责,此其仁爱忠厚之至,皆所谓好生之德也。盖圣人之法有尽,而心则无穷。故其用刑行赏,或有所疑,则常屈法以伸恩,而不使执法之意,有以胜其好生之德。”②“好生之德”乃司法官员的“明德”,出于对生命价值的重视,有时不得不“屈法以伸恩”。朱熹用“仁爱忠厚之至”一语表达了他对“与其杀不辜,宁失不经”这一司法原则的赞赏,反映了其对人道化司法的向往。

明代学者丘浚也对此评说:“圣人欲全民之生如此,一言以蔽之曰好生。

---

① 武树臣主编:《中国传统文化辞典》,北京大学出版社1999年版,第23页。

② 转引自丘浚:《大学衍义补·慎刑宪·总论制刑之义》。

吁！天地之大的曰生，圣人之大德曰仁。仁者，好生之谓也。”①在这里，丘浚认为圣人是有“仁”德之人，而仁德即好生之德。孔子说：“仁者爱人。”“仁”是博大爱心的表现。以仁德从事司法审判，无疑会给司法审判注入人道精神。过去学界曾用“仁者司法”来概括儒家司法思想的核心特征，应该说是有根据的。

针对《尚书·立政》所谓“不可误于庶狱庶慎”一语，丘浚又加评说：“盖狱者，天下之命，所以文王必明德慎罚。收聚人心，感召和气，皆是狱；离散人心，感召乖气，亦是狱。大底事最重处，只在于狱。故三代之得天下，只在不嗜杀人；秦之所以亡，亦只是狱不谨。惟是以用狱之际，养得以好生之德，自此发将去，方能尽得君德。……人君为治，真诚知狱之为重，则必调和均齐。夫狱慎之事，择人以用，而不间以小人；委心以用，而不误于己私。”②丘浚认为，“明德慎罚”是汇聚人心、官民和谐的基本途径之一，统治者只有养成“好生之德”“不嗜杀人”，才能赢得民心、巩固政权，否则断狱“不谨”则会导致社会失和、政权垮台。他还认为，断狱之道在于“调和均齐”，实为以平衡之法使双方当事人互相妥协并予和解。由此可见，作为儒家法律思想的总结者，丘浚以“明德慎罚”与“调和均齐”作为儒家的司法理念，并认为上述理念有利于政权的稳定与社会的和谐。应该说，丘浚的这一认识是准确的，儒家的司法理念无疑体现了一种人道意识与和谐精神。

---

① 丘浚：《大学衍义补·慎刑宪·总论制刑之义》。

② 丘浚：《大学衍义补·慎刑宪·总论制刑之义》。

第九章　智慧司法论

目前，随着互联网、大数据和人工智能技术的发展，国家与社会生活的各个方面都受到了深刻的影响。无论是在国家治理领域还是在社会治理领域，都需要先进的信息技术提供强有力的支撑，司法领域也不例外。互联网、大数据和人工智能技术对司法最为直接的影响就是“智慧司法”的出现，智慧司法是依托上述技术而进行的司法活动，涉及司法领域的各个方面，如司法审判、司法管理、司法监督和判决执行等。智慧司法不但提高了司法效率，而且降低了司法成本，同时促进了司法公正。显然，智慧司法将有助于国家司法体系和司法能力的现代化。

上海市高级人民法院原院长崔亚东在其新著《人工智能与司法现代化》一书中指出：“人工智能是对人的意识、思维的信息过程的模拟，包括学习、思维、语言、分析、判断等能力在内的综合心理机能的模拟，人工智能在司法领域的应用正是实现司法推理定量化、过程精细化、行为规范化，使司法活动更加科学、公正、规范、高效的有效路径。”①确实，以人工智能、互联网、大数据等先进技术为代表的新技术浪潮，不仅深刻影响了人类的社会生活，还深刻影响了司法的运行机理和基本风貌，其作用是难以估量的。

人工智能为促进司法现代化提供了强有力的技术支撑，其在司法中的应用使现代科学技术与司法实践实现了深度融合，从而让司法变成了一门“科学”。根据上海市法院系统的经验，人工智能技术主要在如下几方面促进了司法进步：一是防范冤假错案，保证公正司法；二是缓解案多人少的矛盾，提升

---

① 崔亚东：《人工智能与司法现代化》，上海人民出版社 2019 年版，第 54 页。

审判质效；三是促进适法统一，落实司法责任制；四是助力司法公开，让正义看得见、可衡量；五是建构智能服务体系，破解群众诉讼难题；六是全程可视，有效防止司法腐败；七是尊重保障人权，提升刑事司法文明。①

一、智慧司法的基本特点

“智慧司法”与传统司法相比，具有一定的特点，如信息化、数据化、智能化、透明化、科学化、规范化、标准化、精细化、精准化和价值化等。从大的方面看，主要表现在如下几个方面：

（一）实现了科技理性与司法理性的结合。科技需要理性的引领和支撑，司法也同样如此。科技文明与司法文明都是人类理性主导的产物，没有人类理性的主导，就不可能有人类的文明。这种理性既包括技术理性，也包括道德理性，而后者更为根本，因为只有道德理性主宰技术理性，技术理性才不会“跑偏”，才会助推科学技术和人类文明的健康发展。从某种程度上讲，司法理性也是一种技术理性，它与科技理性一样应当受到道德理性的主宰，否则就会将司法引向邪路。在此语境下，道德理性就是一种人道理性，或谓人道价值观，在此价值观的引领和支撑下，我们将科技理性与智慧理性深度融合，这才是“智慧司法”的题中应有之义。因此，我们建议官方文件在表述此问题时采取如下方式：智慧司法实现了科技理性、司法理性和道德理性的深度融合。因为，道德理性才是科技理性与司法理性的终极支撑。

（二）实现了打击犯罪与保护人权的结合。司法本来就有打击犯罪与保护人权的双重功能，但智慧司法利用其精准化、科学化的特点，能够更加稳准狠地打击犯罪；同时，又利用其透明性、便利性等特点，更有效地实现了对人权的保护，特别是对人民的知情权、表达权、参与权和监督权的保护更有力度。中共十九大报告提出了“加强人权法治保障，保证人民依法享有广泛权利和自由”的主张，为今后智慧司法建设应当强化人权保障指明了方向。

（三）实现了提升司法效率与降低司法成本的结合。新技术的采用，大大

① 参见崔亚东：《人工智能与司法现代化》，上海人民出版社 2019 年版，第 62 页。

提高了司法效率，也降低了司法成本。许多司法机关利用大数据和人工智能技术研发的办案辅助系统、证据审查系统、量刑参考系统及文书生成系统等具有极大的便捷性，从而使办案效率有了大幅度的提升，缓解了“案多人少”的矛盾。这就是所谓“向科技要效率，向科技要警力”的题中之义。

（四）实现了司法透明与司法监督的结合。“透明化”是智慧司法的一个重要特点，其另外一种表达就是“可视性”。智慧司法通过互联网的可视性而推进了司法的公开性，审判流程公开、裁判文书公开、执行信息公开等平台的搭建，正是互联网、大数据等为其提供了有力的支撑，使正义不仅能实现，而且以看得见的方式来实现。同时，司法的透明化也为对其实行全程监督提供了方便，司法监督平台软件、办案辅助系统软件和智能分析系统软件的开发应用使全程留痕、全程监督变得轻而易举，有效防范了司法权力的任意和越轨，从而促进了司法廉洁与司法公正，因为“阳光是最好的防腐剂”。

（五）实现了证据标准统一化与办案程序规范化的结合。上一轮司法改革的重要任务之一在于推进以审判为中心的刑事诉讼制度改革，此轮改革的核心是庭审实质化。庭审实质化不仅要求办案程序的规范化，更重要的是要求庭审不能走过场，要坚持以庭审为中心，搜集和固定证据要符合庭审标准，这就需要证据标准的统一化。据《上海法院司法体制改革的探索与实践》一书介绍，上海法院将统一适用的证据标准嵌入数据化的程序中，着力解决证据标准不统一、办案程序不规范等问题，保证庭审在查明事实、认定证据、保障诉权、公正裁判中发挥决定性作用。①

上海市高级人民法院研发了“以审判为中心的刑事诉讼制度改革”软件系统，目前已经完成13项，主要包括证据标准和规则指引、单一证据审查、逮捕条件审查、社会危险性评估、证据链和全案证据审查判断、办案程序合法性审查监督、庭审标准、类案推送、量刑参考、文书生成、电子卷宗移送、全程录音录像等。该软件的开发应用，是现代科技在司法领域深度应用的重大突破，开启了人工智能与司法实践深度融合的先河。它“发挥了证据标准、证据规则指引、证据校验、审查判断等功能作用，确保提请逮捕、移送审查起诉的案件符

---

① 参见崔亚东主编：《上海法院司法体制改革的探索与实践》，人民法院出版社2018年版，第274页。

合法律规定的标准，增强了办案人员的证据意识、程序意识、责任意识、人权意识，倒逼办案人员从案件一接手，就按照法律规定的证据标准和证据规则收集、固定证据，促进了办案质效的提升。软件的开发与应用，克服了办案人员个人判断的差异性、局限性、主观性，提高了对证据审查判断的科学性、精准性、全面性，防止了‘起点错、跟着错、错到底’，防止了司法的任意性，对于防范冤假错案的发生，确保无罪的人不受刑事追究，有罪的人受到公正惩罚，具有重大意义”①。

二、智慧司法的意义

（一）助推司法体系与司法能力的现代化。正如国家治理体系与治理能力需要现代化一样，司法体系与司法能力也需要现代化，而且后者是前者的关键支撑点之一。以最新技术为依托的智慧司法，不仅能够助推司法体系和司法能力的现代化，还能够为司法改革提供有力的技术支撑。实际上，没有智慧司法就没有法院、检察院工作的现代化，也不利于司法改革大业的推进。司法体制改革涵盖司法理念、司法制度、司法管理、司法方法、审判方式、执行方式、司法保障及改革步骤等多个方面，其高效运作有赖于信息化的技术手段，否则如过去那种以“手工作业”的方式来开展工作，那就没有多大效率可言了。

（二）让司法真正成为了一门科学。信息化技术手段为执法办案插上了“科技的翅膀”，不但提升了办案的精准性和规范性，还极大地提升了司法的效率。在此意义上，司法成为了一门科学——司法科学，这应该成为法学领域的一门新的学科。专家认为，通过将先进的信息化技术运用到司法实践中去，“使现代科技的伟力和司法人员智慧更好地结合起来，迸发出无限的创造力，让司法真正成为一门科学，司法活动更加科学、精准，能最大限度地克服司法人员认识局限性和主观随意性的弊端，最大限度地减少误差和人情关系的干扰，从而形成科技理性和司法理性的融合效应，促进司法质量效率提升，助力

① 崔亚东主编：《上海法院司法体制改革的探索与实践》，人民法院出版社 2018 年版，第 287 页。

社会公平正义”①。

（三）在提高司法效率的同时促进了司法公正。公正不但要实现，还要及时实现。司法的“及时性”要求司法必须有高度的效率，否则迟到的正义就可能演变为非正义。尽管有所谓“正义虽然会迟到，但从不缺席”这样的法谚，但据学者考证，其后的那句“迟到太久的正义即不正义”却被有意无意忽略了。好在先进技术的应用、智慧司法的出台大大提高了正义的及时性，并大幅度压缩了正义的“迟到”空间。

三、智慧司法的主要举措与战略价值

（一）推进“智慧司法”的主要举措。各地司法机关在推进智慧司法建设方面是多措并举，甚至是“全面开花”。法院系统的智慧司法表现为“智慧法院”建设，检察院系统的智慧司法表现为“智慧检务”建设，公安机关的智慧司法表现为“智慧警务”建设。作为司法改革“排头兵”的上海法院，在智慧法院建设方面取得了突出成绩。他们坚持顶层规划、协同推进的原则，问题导向、服务需求的原则，创新应用、务求实效的原则，数据驱动、技术跟进的原则，着力从以下几个方面开展智慧法院的建设工作：一是以可评估、可视化为导向，以司法大数据为支撑，以人工智能技术为引领，构建智能司法应用体系；二是将图文识别、语音识别、深度学习算法等新技术引入司法系统，提升司法的科学性、精确性和规范性；三是搭建智慧决策、协同治理的智能分析平台；四是建立交叉融合、兼顾需求的智能应用基础理论体系；五是打造全程可控、加固认证的智能安全屏障。

（二）“智慧司法”的战略价值。智慧司法具有战略价值和战略意义，它不仅对国家治理体系和治理能力的现代化、社会治理体系和治理能力的现代化具有战略支撑作用，甚至对整个法治战略的设计和实施都具有支撑意义。笔者认为，法治战略有广义和狭义之分，广义的法治战略是对治理模式的一种整

---

① 崔亚东主编：《上海法院司法体制改革的探索与实践》，人民法院出版社2018年版，第251页。

体谋划和宏观设计，这种治理模式既包括国家治理模式，也包括社会治理模式。狭义的法治战略只是对国家法治发展模式的一种宏观设计和整体谋划。无论是广义的还是狭义的法治战略，都需要以高新技术为依托的智慧司法来支撑，因为司法在整个国家的治理体系和法治体系中具有举足轻重的作用，是法治战略从“顶层设计”走向“具体实施”的关键环节，而智慧司法在其中具有战略支撑价值。但是还应看到，智慧司法背后也是要有支撑的，这一支撑就是“德性”支撑，即道德理性来支撑和引领智慧司法。惟其如此，智慧司法才能在人道的轨道上前行，从而助推司法文明建设和法治文明进步。

第十章　阳光司法论

一、阳光司法的理论

“阳光司法”即透明司法，或者说是公开司法，它是防止司法腐败、保障公众知情权和监督权的有效途径之一。俗语称“阳光是最好的防腐剂”，将司法权的运行全过程暴露在阳光之下，那么“黑箱操作”“幕后交易”就无所遁形。因此，阳光司法是抑制司法腐败的利器。西方法谚云：“正义不但要实现，而且要以看得见的方式来实现。”这就是说，司法的公开性能够促进正义的实现，并且是在众目睽睽之下来实现。

“看得见的正义”是受到公众审视和社会监督的正义，它使司法的正义性与司法的民主性得以深度融合。正如学者所言：“司法公开能够使司法权力在阳光下运行，在社会的监督下公开、公平、公正地行使。”①“法院的职能是公正司法，普遍性是其固有特征，司法公开使规范的普遍性得以实现。公平正义是司法的终极目标，其应以看得见的方式予以实现。”②

六年前出版的拙著《司法改革与司法公正》一书设“司法公开与司法公正”一章探讨了司法公开的意义：首先，司法公开使司法权的运行透明化了，使其更易被监督制约，权力寻租的腐败行为会受到抑制，此即“阳光司法”倒逼司法廉洁与司法公正。其次，司法公开有利于提升办案质量和效率，办案质

---

① 章晨：《中国司法制度》，中国民主法制出版社 2017 年版，第 69 页。

② 田禾、吕艳滨：《司法公开：由朦胧到透明的中国法院》，中国社会科学出版社 2017 年版，第 2 页。

量不高、效率低下的办案人员暴露在众目睽睽之下,无地自容的窘境会倒逼其提高能力和素质,努力把案子办好。再次,司法公开有助于提高司法人员责任感,有助于提高司法人员权责统一的意识,他们要为自己行权负责,权大责任也大,违法行权必被追责。这是倒逼其依法行权。①

司法公开的社会意义和法律意义在于实现社会公众的知情权、参与权和监督权,有助于保障公民个人及组织的诉讼权利,有助于规范和制约司法权,有助于司法人员提高个人素质与办案质量,有助于法治思想的宣传和公众法治意识的提升。司法公开的核心在于审判公开,法院系统的司法公开主要包括立案公开、庭审公开、执行公开、听证公开、文书公开、审务公开、执行公开等,另外还有检察院系统的检务公开、公安系统的警务公开、监狱系统的狱务公开等。

在我国信息化进程不断加快的背景下,司法系统也不可避免地将信息化手段融入司法公开平台的建设之中,着力打造"阳光法院",形成了开放、动态、透明、便民的服务机制,受到了人民群众的欢迎。它不仅提高了审判的质量和效率,还提高了司法公信力。

构建阳光司法机制,搭建司法公开平台,实为利国利民之举,对促进司法改革、助推司法文明建设有着重大意义。正如论者所说:"司法公开是落实宪法法律原则、保障公民权利的重要路径。司法公开对促进司法公正、提升司法公信力、维护司法权威有重要的作用。同时,司法公开也是保证司法廉洁、提升司法水平的重要手段,是全面推进依法治国、加快建设法治中国的必然要求。"②

二、阳光司法的举措

2013 年,中共十八届三中全会《决定》指出:"推进审判公开、检务公开,录

---

① 参见崔永东:《司法改革与司法公正》,上海人民出版社 2016 年版,第 71 页。

② 田禾、吕艳滨:《司法公开:由朦胧到透明的中国法院》,中国社会科学出版社 2017 年版,第 1 页。

制并保留全程庭审资料。增强法律文书说理性，推动公开法院生效裁判文书。”①自此开始，我国的司法公开工作拉开了大幕。2015 年，最高人民法院首次对外发布《中国法院的司法公开》白皮书，全面介绍了人民法院司法公开的各种举措、表现形式及预期效果。2016 年，最高人民法院发布了《关于人民法院在互联网公布裁判文书的规定》。最高人民法院还在《人民法院第四个五年改革纲要(2014—2018)》中将构建开放、动态、透明、便民的阳光司法机制作为全面深化人民法院司法改革的主要任务之一，要求各级法院务必建成体系完备、信息齐全、使用便捷的审判流程公开、裁判文书公开和执行信息公开三大平台，逐步形成覆盖全面、系统科学、便民利民的司法为民机制。顶层设计为全国法院系统的司法公开工作指明了方向、确定了标准、划定了范围，有效推动了四级法院的司法公开工作，取得了令人瞩目的成就。

2018 年，最高人民法院发布《关于人民法院通过互联网公开审判流程信息的规定》。同年，又发布《关于进一步深化司法公开的意见》，要求加强司法公开平台载体建设管理，强化组织保障，规范司法公开程序，深化司法公开的内容。截至目前，最高人民法院已经建成中国裁判文书网、中国庭审公开网、中国审判流程信息公开网、中国执行信息公开网等平台，发布《最高人民法院工作报告》、《最高人民法院公报》、《人民法院年度报告》以及各类审判白皮书等。最高人民检察院在《2018—2022 年检察改革工作规划》中要求完善法律文书和案件信息公开范围，公开检察建议，发布典型案例等。

各地司法机关也积极响应，推出了一系列的制度措施，进一步深化、细化了司法公开的内容、范围、标准和操作流程。如上海市高级人民法院于 2015 年发布了《关于推进阳光司法、透明法院建设的意见》，要求充分认识阳光司法、透明法院建设的重要意义，其目的在于实现司法公正、促进司法民主、提升司法公信力。并且有助于当事人实现诉讼权利，保障人民群众对司法工作的知情权、参与权、监督权，增强社会公众对法院的认同感，促进公正司法，让人民群众在每一个司法案件中感受到公平正义。另外，推进阳光司法建设，有助于形成信赖司法、尊重司法、支持司法的制度环境和社会氛围，有助于人民法院依法独立公正行使审判权，建立权责明晰、权责统一、监督有序、配套齐全的

① 《中共中央关于全面深化改革若干重大问题的决定》，人民出版社 2013 年版，第 34 页。

审判权力运行机制。阳光是最好的防腐剂，公开是监督的有效方式。通过深化司法公开，让司法权在阳光下运行，有助于最大限度减少、杜绝司法工作的随意性，从源头上预防腐败，确保廉洁司法。2015 年，上海市高级人民法院还推出了《关于司法公开评估指数的设定办法》。2017 年，又推出了《关于推进庭审网络直播工作的暂行规定》。

近几年来，重庆市第四中级人民法院先后出台了《关于进一步深化司法公开的意见》《关于在互联网公布裁判文书的实施细则》等。《关于进一步深化司法公开的意见》强调司法公开有助于“提高司法为民公正司法水平，提升司法公信力”，点明司法公开可促进司法公正。意见要求将信息化建设与司法公开一体推进，以信息化建设为基础和主要抓手，进一步深化司法公开工作，全面推进审判流程公开、裁判文书公开、执行信息公开三大平台建设，逐步建立起以信息、交流、服务、监督为特征的司法公开长效机制。并提出了司法公开的三个原则：(1)全面公开。以公开为原则、不公开为例外，除涉及国家秘密、审判秘密、商业秘密和个人隐私等不宜公开的外，其他事项一律全面、完整公开。(2)及时公开。司法工作信息应当在规定的时限或者合理时间内及时予以公开。(3)规范公开。严格执行司法公开的制度和程序，防止无序公开和选择性公开。

该意见还提出深化“三大司法公开”的要求：(1)审判流程信息公开。完善审判信息数据录入，方便当事人自案件受理之日起，及时获取立案信息和审判流程节点信息。实行开庭审理的案件“每庭必录”，大力加强诉讼档案电子化管理，推进网站庭审直播平台建设和远程视频提讯系统建设。依托中国审判流程信息公开网、重庆法院公众服务网和重庆四中法院网，全面公开立案信息、听证过程、庭审过程、程序性变更事项、司法鉴定信息、减刑假释案件信息等。(2)裁判文书上网公开。完善裁判文书网上公开平台，依托中国裁判文书网、重庆法院公众服务网、重庆四中法院网，对应当上网的生效裁判文书同步上网公开。探索通过微博、微信发布社会公众较为关注案件的裁判文书链接，进一步完善裁判文书公开查询系统。(3)执行信息公开。以执行实施权运行过程公开为核心，加强执行信息公开平台建设。全面实行执行立案信息、执行人员信息、执行程序变更信息、执行措施信息、执行财产处置信息等同步公开，方便当事人查询。

2014年1月12日，笔者在北京市昌平区政协四届四次会议上提出一个题为《关于在我区法院实行司法公开的情况》的提案（第60号提案），引起昌平区法院领导的重视。2015年4月30日，昌平区法院在该提案的办理报告中对笔者进行了答复。在这篇长达8页纸的答复中，我们可以看到昌平区法院在落实司法公开方面的认真态度和具体措施。这些措施包括深入推进裁判文书公开、审判流程公开、执行信息公开三大平台建设，满足人民群众对司法公开的新期待；正确处理司法公开与公民个人隐私和当事人网络信息安全之间的关系；统一思想，明确职责，加强管理，切实保障司法公开工作的广度和深度；借助媒体提高司法透明度，积极回应群众关切，凸显新闻宣传在司法公开中的作用。另外，还提出了今后在司法公开方面的努力方向：（1）不断提高裁判文书的上网质量；（2）严厉打击规避、抗拒执行的行为，以司法公开提升司法公信力，推进社会诚信体系建设；（3）科技助推司法公开平台建设，为司法公开提供坚实的物质和科技保障。

在裁判文书上网公开平台建设方面，昌平区法院坚持以公开为原则，以不公开为例外，对部分一审生效判决书进行了上网公布。2014年全年，全院共在北京法院审判信息网上公布了3616篇裁判文书（除涉及国家秘密、个人隐私、未成年人犯罪及调解结案的案件之外）。2015年1月至3月，共上网公开裁判文书1028件，裁判文书上网率为31.46%，裁判文书上网数量和裁判文书上网率居于北京市法院中上等水平。另外，昌平区法院还将2014年以前全部档案卷宗进行电子扫描，做到了“随归档，随扫描”，以方便当事人调阅电子档案。

在裁判文书上网方面，该院还规定了如下几个原则：（1）坚持及时上网，明确规范文书公开流程，从工作习惯入手，正确认识文书公开流程作为审判流程的主要组成部分，严格规范，加强落实；（2）坚持层层校核，切实保证上网文书质量，充分发挥庭长对裁判文书校核的管理作用，建立先书后审的合议庭双校核机制，保证公开文书制作的高效高质；（3）坚持各部门负责人、审判实务管理办公室多方监督，将类型化问题进行汇总梳理，提高文书上网质量。

在审判流程公开平台建设方面，该院大力加强互联网建设，全面更新了法院及法庭基本信息、诉讼流程信息、开庭公告信息等。全院各审判庭加大庭审公开力度，平均每周进行两次网络图文直播，平均每月进行两次网络视频直播，开通了法院官方微博和两个人民法庭微博，形成了法院、法庭、法官三级联动的微博群。

在执行信息公开平台建设方面，该院加强执行公开信息的录入、维护工作，确保执行信息公开的规范性、准确性，在向被执行人发出的《执行通知书》中，载明有关限制高消费、纳入失信被执行人名单、限制出境、限制招投标的风险提示内容，在北京法院审判信息网、最高人民法院网公布拒不执行人的信息。

一些地方检察院也在积极探索实行检务公开，如北京市昌平区检察院就有多种举措推进检务公开。2015 年 1 月 13 日，昌平区人民检察院检察长邹开红在该区第四届人代会上所作的工作报告中指出，该院制定了《关于进一步深化检务公开工作的方案》，成立统一的检务接待中心和案件管理中心，整合控审接待、案件受理、行贿档案查询、询问证人等对外功能，完善案件查询、公开审查、公开答复等工作机制，努力促进公开与公正的高度契合。将执法办案信息公开作为检务公开的重点，制定《案件信息公开实施办法》，开通案件信息公开系统，公开程序性信息、典型案例、终结性法律文书 1315 项。注重新媒体的运用，加强官方网站、官方微博、检察官个人微博建设，采取网络直播、微访谈、微直播等形式，开展对执法办案、检察队伍的正面宣传。

三、司法公开的意义与问题

西方国家的司法公开主要指审判公开（因其司法机关即法院，检察机关一般属于行政机关），审判公开在西方有着悠久的传统，当今西方各国均将审判公开作为一个重要的司法原则。“审判公开原则，就是法院开庭审判时允许诉讼参与人以外的人在场旁听。这一原则是对秘密审判的改革，是司法民主的体现。审判公开，使在场观众亲自了解审判过程，便于发现明显的执法不公，甚至违法现象。这是公众对审判的一种监督形式。现代东西各国均以审判公开作为一条重要的诉讼原则。除对青少年犯罪、涉及隐私的案件秘密审理外,审判都是公开的。"①这段话揭示审判公开是公众监督审判的一种形式,其目的在于监督司法不公、促成司法公正。

学界对司法公开的意义进行了如下评价:"司法公开,可以增强法官的职业责任感,促进法官内心的理性自律、司法良知,更加审慎地判断事实、采信证据、驾驭庭审、适用法律、制作裁判文书,在诉讼活动中全面表现自己的能力,以公正的裁判保证司法的公信力和权威性。"②"完善的司法公开机制(如信息发布、旁听庭审、参与陪审等)可以保障公民的参与权,在司法机关和社会公众之间架起沟通与联络、对话与交流的桥梁,促进民众参与司法过程,亲历法治实践,从而理解司法、认同法律、信仰法律。全方位推进司法公开,将案件审理、执行以及法院的有关信息全面准确地向当事人和社会公开,有利于加强对司法行为的监督,堵塞各种徇私枉法和司法腐败的渠道,也可以从程序和实体上减少权力、人情等法外因素对法官的影响,为法官依法公正裁判提供有利的外部环境。"③上述话语值得参考。

另有学者指出:"没有公开就没有正义,公开是正义的灵魂。司法公开作为解决我国当前司法难题的重要手段,事关民众知情权、表达权、监督权之实现,亦关涉司法公正、司法效率、司法公信等价值目标之达成。"④这段话言简意赅地说明了司法公开与司法正义(公正)之间的关系,并且将其与司法公信、司法效率等联系了起来,颇有见地。

该学者还指出:"阳光是最好的防腐剂,公开是最佳的消毒液。通过司法公开,可以让当事人和社会公众看到、听到、感受到司法的过程和结果,使公正得到公众认可;可以倒逼法官提升司法能力、规范司法行为、优化司法作风。"⑤

应该看到,目前司法公开还存在着许多问题,如理念滞后制约司法公开之推进,社会公众对司法公开活动参与不足,司法公开制度柔性有余、刚性不足,

---

① 王以真主编:《外国刑事诉讼法学》,北京大学出版社 1994 年版,第 29 页。

② 章晨:《中国司法制度》,中国民主法制出版社 2017 年版,第 74 页。

③ 章晨:《中国司法制度》,中国民主法制出版社 2017 年版,第 75 页。

④ 梁平:《司法公开问题重拾》,载《"依法治国与司法公开"研讨会论文集》,打印本,2014 年。

⑤ 梁平:《司法公开问题重拾》,载《"依法治国与司法公开"研讨会论文集》,打印本,2014 年。

司法机关对民众的司法公开需求回应不足,司法公开的保障机制存在严重的形式化倾向,司法公开缺乏有效的评估机制,等等。为此,应当从以下几个方面加以应对:一是要更新理念;二是要抓紧制定有关司法公开的强制性规范;三是要建立司法公开保障机制;四是要建立相应的评估机制;等等。

第十一章　司法改革论

改革是一个国家和社会进步的源泉。放眼人类历史的长河，在政治、经济、军事、文化、法治等领域都曾进行过层出不穷的改革，尽管改革的旗号不一、改革的目标有异、改革的内容不同，但改革动机却有一致性，即致力于将不合理的现实加以“合理化”。除了一些改革决策者出于自私的动机外，大部分改革都是为了国家富强和民生福祉，因而大多取得了不错的成效，在一定程度上推动了历史的进步。

改革也是当代中国最大的红利。正如改革专家所言：“改革为中国带来了巨大的红利。它打破了计划经济的藩篱，使社会主义市场经济从无到有逐步发展，并结出了累累硕果。它使中国从一个贫困落后的国家成长为如今的世界第二大经济体，使人民的生活水平、社会保障水平迈上了一个大台阶，国际地位有了显著的提高，国家的面貌发生了新的历史性变化。改革开放是当代中国发展进步的活力之源。没有改革开放，就没有中国的今天。”①

以上所说主要是指经济改革而言，其实法治领域中的司法改革也不例外。正是通过改革开放以来持续不断的司法改革，我国的司法体制机制才逐渐趋于“良性化”，司法文明建设才得以稳步推进。论者指出：“司法体制改革是推进中国经济发展的关键因素，而司法体制改革的核心是审判制度的改革，只有建立具有权威的法官队伍，才可以实现司法的公平正义，才可以构建社会主义和谐社会。”②这就是说，司法改革也是推动中国经济发展的重要因素。

---

① 成思危等：《改革是中国最大的红利》，人民出版社 2013 年版，第 3 页。

② 肖金泉等：《中国司法体制改革备要》，中国人民公安大学出版社 2009 年版，第 10 页。

多年前,笔者曾提出了创立“司法改革学”的构想:“司法改革学是有关司法制度或司法体制改革的理论学说。司法改革是完善司法制度、改良司法体制、推进司法文明的必要条件和基本途径。司法改革既要重视国外的司法经验,也要借鉴中国传统的司法经验。”①虽然应者寥寥,但我初心不改,因为这一学科对总结司法改革的经验教训、探索司法改革的历史规律、引领司法改革的发展方向都具有十分重要的意义。

笔者认为,司法改革只有高扬人道主义的旗帜,才能助推司法文明建设,才能推进国家治理体系和治理能力的现代化。

一、司法改革的人道之旗

所谓“人道精神”,是中国传统“仁道”理念与西方近代人道主义融合的产物,它主要指尊重人、关心人、爱护人,特别是尊重他人的人格、重视人的生命价值。“仁道”理念出自儒家鼻祖孔子,他提出了“仁者爱人”的命题,并将仁道概括为“忠恕之道”,“忠道”的含义是“己欲立而立人,己欲达而达人”,“恕道”的含义是“己所不欲,勿施于人”;前者的意思是自己有所成就,也应当让别人有所成就,后者的意思是自己不想做的事不要强加于人。显然,洋溢其间的是仁爱精神、关怀意识及以他人为重的情怀,是一种悲天悯人的古道热肠。

几年前出版的拙著《中国传统司法思想史论》一书曾指出:“中国传统司法思想以儒家司法思想为主流,而儒家司法思想的基本价值取向是‘仁道’。根据孔子所谓‘仁者爱人’的命题,仁道则是对人类的爱心之道。”②孔子的仁道学说在后世产生了深刻的影响,一些正直的思想家、政治家对此多有继承发扬。拙著指出:“从古代学者和政治家的议论中,我们看到了如下一些出现频率很高的词汇与成语,如仁道、仁恩、钦恤、慎罚、明刑、祥刑、中庸、中罚、刑中、仁者之刑、仁爱德让、敬让博爱、仁爱忠厚、宽仁之厚、务于宽厚、御众以宽、好

① 崔永东:《司法学原理》,人民出版社 2011 年版,第 162 页。

② 崔永东:《中国传统司法思想史论》,人民出版社 2012 年版,第 190 页。

生之德、以泽恤人、惟刑之恤、重慎刑罚、哀矜折狱、罚弗及嗣、罪疑惟轻、调和均齐，等等。上述词语均与司法问题有关，且反映了一种明显的人道性因素（也体现了'仁道'价值）。可以说，上述词语构成了古代司法仁道思想中的'意义之网'，它使我们体味到了古人基于生命伦理与社会正义而展示的一种人道情怀。正是这样一种人道情怀才为中国古代司法植入了一种温情因素和人性根基，才冲淡并抑制了暴虐司法带来的副作用，并为社会和谐架起了一座'仁道之桥'。"①

那么，什么是人道主义？"人道主义"这一概念源于西方，作为一种系统的理论学说和价值观念，人道主义诞生于文艺复兴运动。《辞海》称："十四到十六世纪欧洲文艺复兴时代的先进思想家，为了摆脱经院哲学和教会思想的束缚，提出了人道主义，作为反对封建、宗教统治的武器，提倡关怀人、尊重人、以人为中心的世界观。十八世纪法国资产阶级革命时期曾把人道主义的原则具体化为自由、平等、博爱的口号。"②根据《北京大学法学百科全书》的解释，人道主义是"将人和人的价值置于首要地位的思想态度。认为人是目的，而不是手段、工具；每一个人，不论其种族、国籍、宗教信仰、职业、性别和社会地位如何，都具有同等的重要性，其人格尊严和人身安全不容贬损和侵犯。……人道主义在法律思想中的突出表现是对人权的重视"③。

如果说人道主义是一种将人和人的价值放在首要位置的思想态度，那么中国传统的仁道思想显然也有此种意识。质言之，人道主义与仁道学说在尊重人、爱护人、重视人的生命价值方面是相通的。近代以来，西学东渐，西方人道主义思潮与中国传统仁道思想汇流，引领了变法运动和法治进步。时至今日，人道精神仍然是我们依法治国与司法改革的思想支撑与理论基础，甚至可以说，中国当代的法治变革是人道精神在法治实践中的展开，司法改革是人道精神在司法实践中的展开。

---

① 崔永东：《中国传统司法思想史论》，人民出版社 2012 年版，第 191 页。

② 《辞海·哲学分册》，上海辞书出版社 1980 年版，第 102 页。

③ 《北京大学法学百科全书》，北京大学出版社 2000 年版，第 652 页。

二、人道精神在我国现代司法改革理论中的展开

“文革”十年浩劫对法制的冲击是灾难性的，党和国家建设事业因之遭受重创，国家政治生活中的人道精神也因之荡然无存。痛定思痛，新一代党的领导集体深刻反思了“文革”破坏法制的教训，决定加强民主法制建设。随着1978年党的十一届三中全会的胜利召开，党对国家的治理方式发生了根本性的改变，即由过去的靠政策治理转变为主要靠法律来治理，因为法律具有稳定性、连续性和极大的权威，对民主有促进和保障作用。因此，加强民主、健全法制成为当时中央的基本工作方针。历史地看，这是当时国家政治生活的一场深刻变革，一种崭新的治国理政方式登上了中共政治的舞台。强化民主法制建设，意味着国家政治生活中的人道精神开始复苏。

与此同时，学界对人道精神及体现该精神的司法制度也开始加以关注，并突破了一些“禁区”，出现了一些学术争鸣。例如，对“无罪推定”原则的研究，一种观点认为，无罪推定是在刑事诉讼过程中，司法人员对被告人有一种无罪的认识，并以此认识为基础来开展追诉活动。另一种观点认为，无罪推定的实质在于以证定罪，司法人员在没有确证被告有罪前，不应当认定被告有罪或无罪。还有一种观点认为，被告人在刑事诉讼过程中未经司法判决，应当首先推定其无罪。在讨论与无罪推定有关的原则时，大家的意见又是一致的，即对被告人有罪无罪、罪轻罪重疑惑不决时，应当从有利于被告人的角度作结论；被告人应当享有沉默权，拒绝陈述不应当作为定罪的依据。应该说，无罪推定原则无论是在当时还是在今日，都体现了一种鲜明的人道精神。后来伴随着司法改革的推进，对该原则的认同逐步成为共识，《刑事诉讼法》也吸收了这一原则。

何谓“无罪推定”？《法学词典》的解释是：“刑事被告人在未经法院判决为有罪的情况下，应推定他是无罪的。”①该原则在西方资产阶级革命时期是

① 《法学词典》，上海辞书出版社1989年版，第80页。

为反对封建司法“有罪推定”的专横擅断原则而提出的，最先提出和论证该原则的是著名刑法学家贝卡利亚，1789 年法国的《人权宣言》开始规定了该原则，后来其他国家的宪法或刑事诉讼法也规定了这一原则。西方的诉讼理论还对该原则加以引申：证明被告有罪的责任，应由控诉一方负担，被告人不负证明自己无罪的责任；被告人也不负必须陈述的义务；对被告人的罪行轻重有怀疑时，应作出有利于被告人的结论。

20 世纪 90 年代，随着司法改革的逐步推进，诉讼法学迅速发展起来。诉讼法制建设理论是司法改革理论的一个重要方面。此时的诉讼法学对诉讼模式、诉讼目的、诉讼法律关系、程序价值及证据制度、免于起诉制度等都展开了探索，提出了精到的见解。对诉讼模式的研究主要在刑事、民事两大领域展开，并体现出职权主义向当事人主义侧重的趋势。在民事诉讼领域，更多的学者主张增强当事人在诉讼中的主导地位，强化庭审辩论，扩大当事人的处分权。有学者主张民事诉讼模式应该综合职权主义与当事人主义的优点，结合中国的具体国情，构建有中国特色的社会主义民事诉讼模式。在刑事诉讼领域，也有学者主张在坚持职权主义模式优点的前提下，充分吸收当事人主义的合理内核。应该指出，当事人主义的诉讼模式更有助于保护人权，因而也在一定程度上体现了人道精神。

在诉讼目的方面，有学者认为民事诉讼目的兼具解决纠纷和保护民事权益的双重目的，以保障社会秩序的正常化。刑事诉讼的目的，过去学界一般认为是证实和惩罚犯罪，同时保障无罪者免受刑事追究。此时的一些学者则指出刑事诉讼应该具有惩罚犯罪和保障人权的双重目的，后来这种观点逐渐占据上风。与此有关的是刑事诉讼价值问题，有学者将其概括为公正、秩序、效益，另有学者概括为安全与自由、犯罪控制与权利保障。应该说，注重人权保障、追求人道精神，改革开放以来的诉讼法学界正是以此理念为指引来开展司法改革的理论研究的。

在行政诉讼法方面，一些学者针对 1989 年颁布的《行政诉讼法》发表了看法，认为该法对维护人民群众的合法权益，维护与监督行政机关依法行政，推进民主政治等均有十分重要的意义。但该法仍存在一些不足，著名学者郭道晖指出：“行政诉讼的一个主要目的在于防止和克服行政的专横，保障和救济公民的权利。但是，我国行政诉讼法只限于对违法的或行政处罚显失公正的具体行政行为进行司法审查，而不涉及对行政法规、规章或行政机关制定和发布的决定、命令提起诉讼，即不审查抽象的行政行为。”①这就是说，我国行政诉讼法只是解决具体的行政侵权行为，而不解决立法侵权行为。因此，实施行政诉讼法还应当克服立法专横问题。行政法或行政诉讼法存在的意义就在于通过限制行政权来保护公民权，因而体现了明显的人道精神。

同样撰成于20世纪90年代末的《中外司法制度》一书对司法改革问题也进行了理论研究，在谈到司法改革的总体目标和任务时指出：“依据宪法和法律规定的基本原则，健全司法机关的组织体系；树立司法机关的真正权威，进一步完善司法独立、公正、公开、高效、廉洁、运行良好的司法工作机制；造就一支高素质的司法队伍，建立保障司法机关充分履行职能的经济管理体制；真正建立起具有中国特色的社会主义司法制度。”②另外，该书还提出了完善错案追究制度的主张：“（1）适用范围。包括对哪些人适用，对哪些案件适用。（2）错案的界定、界定的标准以及认定的机关。就错案认定的机关而言，尽管实践中有些地方将导致错案的原司法机关作为认定机关，但我们认为这种做法欠妥，并缺乏科学性。同时，错案界定的标准不应该仅仅以案件的实体结果即认定的事实错误和适用法律错误为限，还应当包括各种程序违法。（3）归责原则与责任的种类。就归责原则而言，对司法人员追究法律责任应以过错责任为限，只要司法人员在办案过程中，因故意或过失导致错案的发生，都应对其追究法律责任。”③基于上述，可见我国现代司法改革的总体目标和主要任务均体现了明显的人道精神，而错案责任追究制度的构建旨在保护当事人权利，更是彰显了一种人道精神。

进入21世纪以来，随着司法改革由技术性改革向体制性改革的迈进，司法理论的研究也趋于深入化和系统化，提出的一些观点也更有挑战性。著名学者郭道晖对所谓公检法三机关“互相配合，互相制约”的提法表达了要更新表述的设想：“三机关中，检察院与公安有所配合（如侦查、逮捕等），同时也是检察院对公安部门的这些司法行为进行法律监督。至于法院，完全是独立审判，不应与检察、公安‘配合’（协商）办案，倒主要是要通过审判程序，对检察、

---

① 郭道晖：《法的时代精神》，湖南人民出版社1997年版，第559页。

② 陈业宏、唐鸣：《中外司法制度》，商务印书馆2000年版，第435页。

③ 陈业宏、唐鸣：《中外司法制度》，商务印书馆2000年版，第442页。

公安有所制约(判断其所控事实与证据是否真实、合法)。检察机关在中国是法律监督机关,对法院审判是否公正、合法,可通过抗诉等法定程序加以监督制约。”①

长期关注司法改革问题的法学专家周道鸾先生对独立审判与司法公正的关系问题进行了系统研究,指出:“独立审判,是指司法机关在审判各类案件时,根据自己对案件事实的判断和对法律的理解,独立自主地作出裁判,不受任何外来的影响和干涉。在我国,则是指审判机关独立于行政机关,审判权独立于行政权。独立审判原则不仅要求司法机关对外保持独立,避免遭受国家其他权力的侵犯,而且要求在法院内部保持独立,即对案件的审理和判决,应当由审理该案的法官或者合议庭根据事实和法律独立地作出裁判,不受其他法官和法院行政工作人员的干涉。”②

以上两位学者所论,实际上是要求从体制上解决审判独立问题,即审判机关必须依法独立公正地行使审判权,不受任何权力和势力的干预,如此才能真正捍卫司法公正、保障当事人权利。可见,上述有关司法改革的理论体现了明显的人道精神。

学者缪蒂生将司法改革置于司法文明建设的背景中对两者之间的关系进行了系统探讨,其所著《当代中国司法文明与司法改革》一书指出:“司法文明是文明在人类司法活动领域的具体体现,是人类社会司法活动发展中所取得的积极成果和进步状态,和人类围绕司法权的分配、划分、行使在司法理念、司法机构、司法体制、司法制度、司法人员遴选、司法行为等诸领域中所取得的一系列积极成果和进步状态,而且这种积极成果和进步状态,是符合社会实际、促进社会发展、适应法治要求的。”③他认为,司法文明的基本要素包括司法理念文明、司法制度文明、司法行为文明、司法载体文明等。并强调,构建现代司法文明必须坚持正确政治导向原则、全面系统原则、协调发展原则、人性化原则和监督原则。又从司法体制改革、司法管理制度改革、法律职业化建设、司法程式改革和司法监督机制改革等方面揭示了当代中国司法文明的发展趋势。

---

① 郭道晖:《法的时代挑战》,湖南人民出版社 2003 年版,第 470 页。

② 周道鸾:《司法改革与司法实务探究》,人民法院出版社 2006 年版,第 3—4 页。

③ 缪蒂生:《当代中国司法文明与司法改革》,中央编译出版社 2007 年版,第 4 页。

笔者认为,司法文明的核心要素应当是人道要素,核心精神是人道精神。不错,司法改革是通向司法文明的必由之路。但这种改革必须由人道价值观引领并逐步实现人道价值取向,否则,背离人道价值观的司法改革不可能通向真正的司法文明,而可能演变为司法的暴虐和野蛮。

由著名诉讼法学家陈光中先生等著的《中国司法制度的基础理论问题研究》一书首先从宏观上系统阐释了中国司法制度相关的基本理念,对一些争论不已的问题表达了著者的看法;其次又对中国司法制度的四大组成部分——法院制度、检察制度、侦查制度以及律师制度分别进行了论述;再次又讨论了诉讼民主、诉讼公正、诉讼真实、诉讼构造、诉讼和解及诉讼效率等问题。陈光中先生在该书前言中写道,该书"针对目前司法体制改革和三大诉讼法修改中亟待解决的问题,提出一系列具有合理性和可操作性的解决方案,如改革法院审判委员会制度,强化法官职业保障;授予职务犯罪侦查部门采取特殊侦查手段权,加强自侦案件内外权力的制约、监督;多管齐下,解决现实中程序严重不公问题(刑讯逼供、超期羁押、证人不出庭等);扩大被告人国家赔偿范围,创建被害人国家补偿制度;以科学的诉讼真实观为指导,构建三大诉讼层次性的证明标准;增设行政诉讼的调解程序、简易程序;等等"①。该书是一部"体大思精"的中国当代司法理论研究的"扛鼎之作",其中蕴含着丰富的人道精神,可以说,正是这种人道精神才构成了当今司法改革理论的主流。

在刑事司法领域,学者们的研究更是洋溢着一种人道情怀。有的学者认为,社区服务刑可以说就是体现"以人为本"精神的刑罚措施,可以考虑将"社区服务刑罚"作为管制刑的替代,这一新型刑罚措施也在一定程度上体现了刑罚的谦抑精神。"社区服务刑罚是指地方法院以刑事判决的方式,判处罪行较轻的犯罪分子,在一定数量的时间内必须为社会提供一定的无偿劳动。通过此种方式,达到服务社会、矫正犯罪心理、改过自新的目的,完成罪犯改造之任务。社区服务刑罚的出现反映着现代刑罚人性发展的根本趋势,体现了现代刑罚的基本原则。"②应该说,社区服务刑的出现也彰显了刑事司法政策的人道化走向:"社区服务刑体现了刑罚的人道性和教育性。所谓刑罚的人

---

① 陈光中等:《中国司法制度的基础理论问题研究》,经济科学出版社 2010 年版,第 3 页。

② 熊永明、胡祥福:《刑法谦抑性研究》,群众出版社 2007 年版,第 442 页。

道性,是指刑罚的设置与适用都应当与人的本性相符合。在适用刑罚时,尊重罪犯的人格尊严,以宽容的态度实施刑罚是人道性的具体体现。社区服务刑作为独立刑罚或对监禁刑的替代,在不剥夺罪犯人身自由的情况下,通过社区服务,使罪犯在社会上接受改造,从而维护了罪犯的人格尊严,保障了罪犯的人道待遇。"①

20 世纪 90 年代,我国司法改革顺应构建和谐社会的背景,确立了"宽严相济"的刑事司法政策,该政策体现了"以人为本"的理念。学界认为,宽严相济的刑事政策要求刑事司法秉承保障人权、和谐司法的理念,"从中庸理性角度看,宽严相济的刑事政策是:以普遍存在于刑事法(包括刑事立法和刑事司法)领域中的宽严这一组矛盾为指导,在全面了解和权衡正义、人道、人权、报复、预防、效率等各种价值的基础上,实现宽和严的最佳结合,从而最大限度地实现以人为本与和谐社会价值理念的刑事政策"②。

"宽严相济"的刑事司法政策取代了"严打"的刑事司法政策,是刑事司法政策的重要变革,标志着人道主义司法观在刑事政策领域的初步确立,对构建和谐社会、促进民主政治都有重要意义。这一刑事司法政策得到了学界的肯定,认为其平衡了打击犯罪与保障人权之间的关系,彰显了一种新的刑事政策观念。"长期以来,我们一直对刑事司法在犯罪控制上抱有高度期待,而对刑事司法的限度缺乏认识,一味追求犯罪的刑事化处理。这种认识与和谐社会的内在理念有抵牾之处。因为越来越多的研究表明,现代社会秩序的维系并非源于刑事司法的惩罚与制裁功能,而是形成于社会的自主互动。在法治发达国家,这种认识最终转化为了刑事司法中的宽松刑事政策,相应地,各种针对犯罪的非刑事化处理方式应运而生。恢复性司法与起诉犹豫制度便是典型。我们有必要更新原有刑事司法观念,树立非刑事化的观念。我们可以通过刑事和解与不起诉等方式将一些犯罪分流出刑事司法系统。"③

另有学者明确指出:"从'严打'到宽严相济,是当前我国刑事政策的重大变革。为了最大限度地增加社会和谐因素,最大限度地减少社会不和谐因素,

① 熊永明、胡祥福:《刑法谦抑性研究》,群众出版社 2007 年版,第 443 页。

② 汪明亮等:《宽严相济刑事政策研究》,中国人民公安大学出版社 2010 年版,第 17 页。

③ 左卫民:《和谐社会背景下的刑事诉讼制度改革》,载《法治与和谐》,中国政法大学出版社 2007 年版。

最大限度地缓解社会冲突，最大限度地防止社会对立……。宽严相济刑事政策已经取代‘严打’刑事政策成为当前刑事司法的指导性政策。”①

总之，以人道精神引领的司法改革，促进了司法政策的人道化。新的刑事司法政策突出了人道价值观，体现了“以人为本”的精神，彰显了对人的权利及人的生命价值的尊重。这种刑事司法政策实际上是西方近代以来人道主义司法观与中国传统“仁道”司法观交合融汇的产物，它反映了中国当代刑事司法政策的深刻变革，这一变革的突出表现是将过去片面强调打击犯罪的刑事司法政策转变为打击犯罪与保障人权并重，实现当宽则宽、当严则严、宽与严的最佳结合。从保护人权的角度讲，宽严相济的刑事司法政策应当建立在以宽为主的前提之下，这不仅符合我党“以人为本”和“司法为民”的宗旨，也符合和谐社会的价值取向，并且顺应了国际刑事司法的发展趋势。

三、人道精神在现代司法改革实践中的展开

进入 21 世纪以来，随着我国经济的迅速发展，法治建设与司法改革也日益受到党中央与人民群众的重视，人们的法治意识、公民意识和权利意识都有了很大的提升，对司法改革以及通过司法保障人权等有了更高的期待。中央顺应民意，决定在更广、更深层次上开展司法改革。2002 年，中共十六大报告提出“推进司法体制改革”，对司法改革进行部署。2003 年，中央司法改革领导小组成立，指导全国司法体制改革工作。2004 年，中共中央通过司法体制改革领导小组拟定的司法改革征求意见稿。我国司法改革的思路确定为“积极稳妥地推进、分步进行、自上而下、分阶段评估”。

2005 年，最高人民法院出台第二个《人民法院五年改革纲要》。2007 年，最高人民法院出台《关于进一步发挥诉讼调解在构建社会主义和谐社会中积极作用的若干意见》，强调人民调解与司法裁判的良性互动。同年，全国法院司法改革工作会议召开，总结司法改革的成就和经验，提出司法改革的具体任务。2008 年，最高人民法院将优化司法职权配置列为年度工作重点。

---

① 汪明亮等:《宽严相济刑事政策研究》，中国人民公安大学出版社 2010 年版，第 330 页。

2007年，中共十七大报告提出“深化司法体制改革，优化司法职权配置，规范司法行为，建设公正高效权威的社会主义司法制度，保证审判机关、检察机关依法独立公正地行使审判权、检察权”。2008年，中共中央政治局原则同意中央政法委《关于深化司法体制改革和工作机制改革若干问题的意见》，确立了今后司法改革的总纲，标志着新一轮司法改革的正式启动。

2013年11月12日中共十八届三中全会通过的《中共中央关于全面深化改革若干重大问题的决定》提出了“深化司法体制改革”的号召，要求“加快建设公正高效权威的社会主义司法制度，维护人民权益，让人民群众在每一个司法案件中都感受到公平正义”。并提出要“确保依法独立公正行使审判权检察权”“健全司法权力运行机制”等。“改革司法管理体制，推动省以下地方法院、检察院人财物统一管理，探索建立与行政区划适当分离的司法管辖制度，保证国家法律统一正确实施。建立符合职业特点的司法人员管理制度，健全法官、检察官、人民警察统一招录、有序交流、逐级遴选机制，完善司法人员分类管理制度，健全法官、检察官、人民警察职业保障制度。”“优化司法职权配置，健全司法权力分工负责、互相配合、互相制约机制，加强和规范对司法活动的法律监督和社会监督。改革审判委员会制度，完善主审法官、合议庭办案责任制，让审理者裁判、由裁判者负责。明确各级法院职能定位，规范上下级法院审级监督关系。”《决定》又指出：“完善人权司法保障制度。国家尊重和保障人权。进一步规范查封、扣押、冻结、处理涉案财物的司法程序。健全错案防止、纠正、责任追究机制，严禁刑讯逼供、体罚虐待，严格实行非法证据排除规则。逐步减少适用死刑罪名。废止劳动教养制度，完善对违法犯罪行为的惩治和矫正法律，健全社区矫正制度。”①

《关于全面深化改革若干重大问题的决定》是中国现代司法改革史上划时代的文献，其中将司法体制改革与加强人权司法保障同步推进的表述更具有指南针作用，标志着我国新一轮司法改革将以人权保护作为基本目标和理念引领，体现了鲜明的人道精神。“维护人民权益，让人民群众在每一个司法案件中都感受到公平正义”“完善人权司法保障制度。国家尊重和保障人权”

---

① 《中共中央关于全面深化改革若干重大问题的决定》，人民出版社2013年版，第33—35页。

"健全错案防止、纠正、责任追究机制，严禁刑讯逼供、体罚虐待，严格实行非法证据排除规则"等以及相关"去行政化""去地方化"的各种举措，无不昭示了人道精神在司法改革领域的深入拓展和全面展开。

该《决定》的出台，预示着新一轮司法改革即将拉开大幕。新一轮司法改革带有全局性和系统性，特别是将司法改革纳入了"法治中国建设"的整体框架之中，使此次司法改革有着不同于以往改革的深远意义。《决定》指出："建设法治中国，必须坚持依法治国、依法执政、依法行政共同推进，坚持法治国家、法治政府、法治社会一体建设。"可以看出，法治中国建设是一项前无古人的浩大工程，而司法改革在其中起着至关重要的作用，因为司法是法治从"应然"走向"实然"的关键。法治中国建设具有深刻的人文内涵，它与政治文明、社会文明的进步密切关联，与人权保障携手共进，蕴含着深厚的人道因素。

2014 年 10 月 23 日，中共十八届四中全会通过的《中共中央关于全面推进依法治国若干重大问题的决定》指出："公正是法治的生命线。司法公正对社会公正具有重要引领作用，司法不公对社会公正具有致命破坏作用。必须完善司法管理体制和司法权力运行机制，规范司法行为，加强对司法活动的监督，努力让人民群众在每一个司法案件中感受到公平正义。"这就意味着，新一轮司法改革是将司法公正作为其根本追求的，而司法公正正是司法人道主义的核心内容。

21 世纪以来，"以人为本"的人道主义价值观开始主导司法政策的制定，如"宽严相济"取代"严打"的司法政策，标志着人道主义价值观在司法政策领域的初步确立，当宽则宽、当严则严，实现宽与严的最佳结合，并且坚持以宽为主，目的是实现打击犯罪与保护人权的平衡（2011 年《刑法修正案八》取消 13 个非暴力性经济类死刑罪名；75 岁以上老人不适用死刑。2012 年的新《刑事诉讼法》规定不得强迫自证其罪、非法证据排除；妻子、子女和父母享有拒证权）。如此等等，在刑事司法领域，对人道价值观的认同和追求已经成为大势所趋。

回顾自 2014 年以来开始的司法改革过程，可以发现一个不争的事实，其推行的种种改革举措如员额制、责任制、监督制、保障制及公开制等无不以人道价值观为旨归，其核心在于对司法公正的不懈追求。一些学者曾指出，新一轮司法改革的总目标是实现"权、责、利"的统一，而权责利的统一才能有助于实现司法公正,因此可以说司法改革的总目标也体现了明显的人道精神。试想,不搞员额制、责任制、监督制、保障制及公开制等,又谈何"让审理者裁判,由裁判者负责",更何谈去行政化、去地方化。因此也就谈不上司法权独立公正地行使,如此又哪来的司法公正?司法的人道精神又如何彰显?

特别是在对司法权的监督以及司法公开等方面,更与司法公正的实现有密切关系。因此,加强监督制约,完善司法权力运行机制,成为助推司法公正的必然选择。在"还权"或"放权"的同时,当然应该"管权",监督制约就是"管权"的一种形式。上海在司法改革试点过程中,对一线办案人员大胆放权,力推主审法官、主任检察官办案责任制,试点法院直接由独任法官、合议庭裁判的案件占审结案件总数的 99.9%,提交审委会讨论的案件数量已经极低,甚至不足审结案件总数的千分之一。全市检察机关规定检察长或检委会行使权力的事项仅有 7 项,其余均"放权"于主任检察官或检察官行使。与此同时,完善司法公开机制,强化监督制约机制,全面推行办案工作全程录音录像、生效裁判文书上网等工作,大大提高了司法透明度,有效抑制了权力失控现象。上海还出台了《上海法官、检察官从严管理六条规定》,其中最受人关注的是号称"史上最严"的检察官职业回避制度:"各级检察院领导班子成员的配偶、子女和检察官的配偶从事律师、司法审计、司法拍卖业务的,应选择一方退出。"据统计,上海检察系统选择"一方退出"者共有 49 人。由此可见,为了实现司法公正,上海司改试点在制度上强化了监督,有效抑制了权钱交易等司法腐败现象。

推进司法的公开化同样有助于司法公正。"让正义以看得见的方式实现",这句名言在上海司法改革的过程中落到了实处。上海市法院积极落实中共十八届四中全会关于构建"阳光司法机制"的精神,重点打造了审判流程、裁判文书、执行信息、庭审直播等四大信息公开平台,使上海司法的透明度得到了极大提升。上海市高院内部文献《司法体制改革探索与实践》指出:"以建设'阳光司法'、'透明司法'为载体,完善开放、动态、透明、便民的阳光司法机制,构建完善全方位、多层次、互动式的司法公开体系,实现执法办案全程公开、全程留痕、全程可视、全程监督,努力让正义以看得见的方式得以实现,有效保障人民群众的知情权、参与权、表达权和监督权,提升司法公信力。"

今后,还要进一步加强对司法权的监督制约。在“还权”或“放权”之后,主审法官、主任检察官拥有了案件办理决定权,此时要更加重视监督制约问题。因为权力的本性是不经约束便会被滥用,一切有权力的人都容易滥用权力。监督既有内部监督,也有外部监督,而且检察机关作为法律监督机关,对审判权以及公安侦查权都要进行监督,此谓“司法监督”,司法监督要解决手段偏软、范围过窄的问题,方能收到监督实效。

另外,还应将“排非”原则落到实处,进一步强化对人权的司法保护。“排非”即排除非法证据,这是一个非常有益于保护人权的证据学原则。中共十八届四中全会《决定》指出:“加强人权司法保障。强化诉讼过程中当事人和其他诉讼参与人的知情权、陈述权、辩护辩论权、申请权、申诉权的制度保障。健全落实罪刑法定、疑罪从无、非法证据排除等法律原则的法律制度。完善对限制人身自由司法措施和侦查手段的司法监督,加强对刑讯逼供和非法取证的源头预防,健全冤假错案有效防范、及时纠正机制。”①“排非”原则虽然被我国法律早已确立为一个证据原则,但实践中落实不尽如人意,这对人权的司法保障带来了不良影响。

论者的如下话语值得关注:“中国是一个礼仪之邦,有着几千年的传统文明,将这些具有优良传统的理念和行为融入法院司法工作中,就体现了司法的人性化。司法文明说到底是人性的文明,因此在现代司法文明建设中必须坚持以人为本,体现人性关怀。……作为人类文明的重要组成部分,高扬人性精神、尊重人的价值是政治文明和司法文明的应有体现。因此,在谋划司法文明过程中,必须坚持以人为本,这既是时代发展潮流使然,也是社会主义司法的内在属性使然。”②又说:“我国社会主义国家的性质决定了司法的人民属性,司法活动必须充分体现人民的利益,必须充分体现对人民的尊重和关怀。司法的人性化,司法对人的尊重,对人的价值和尊严的认可,应该体现在司法对人真实的公平无歧视的对待上,体现司法机关在司法活动中表现出亲民、爱民、便民、利民等的行为,而不能仅仅停留在一种表面形式上,其中更应该让人

---

① 《中共中央关于全面推进依法治国若干重大问题的决定》,人民出版社 2014 年版,第 24 页。

② 缪蒂生:《当代中国司法文明与司法改革》,中央编译出版社 2007 年版,第 139—140 页。

们从司法活动中真正体验到自己的尊严和价值。”①

诚如其言，高扬人性精神、尊重人的价值是社会主义政治文明和司法文明的题中应有之义，也是社会主义人道精神的反映。它根植于悠久的中国“仁道”传统，也吸收了西方的法律文化。在新时代的司法文明建设中，它应当是一面精神的旗帜；在新时代的司法改革实践中，它应当是一种思想的指针。纵观现代中国的司法改革实践与司法改革理论的演进历程，可以说正是一种人道精神逐步展开的过程。这给我们以深刻启示：只有以人道精神指引的司法改革才是一种有利于保护人权的改革，只有以人道理论支撑的改革才会逐步推进司法文明！

---

① 缪蒂生：《当代中国司法文明与司法改革》，中央编译出版社 2007 年版，第 140 页。

第十二章　司法监督论

廉政，其对立面是腐败，即权力寻租或权力滥用。学者指出："廉政与腐败是一个问题的两个方面。腐败作为一种社会现象，是与私有制和国家的产生联系在一起的，从本质上说，腐败是剥削制度的产物。"①腐败是一种官僚主义现象，它表现为滥用公权、以权谋私、权钱交易等，它侵犯的是公共利益。因此，有的学者将腐败定义为"为特殊利益而侵犯共同利益"②。

西方学者对腐败的定义是：腐败是政府官员违背公约准则以谋取私利的行为；或谓腐败行为大多采取以政治行为换取经济财富的行为；或谓滥用权力的行为。其实，从各种有关腐败的定义看，权力无疑是腐败的核心，只要是存在公权力的地方，就会有腐败的可能性。要解决腐败问题，西方政治家一般主张诉诸制度，这种制度包括监督制度和惩戒制度等。所谓"一切有权力的人都容易滥用权力，要防止滥用权力，就必须以权力制约权力"，强调的就是制约权力的制度机制。我国目前提倡通过教育、监督和制度来反腐倡廉，重在制度建设，因为制度建设带有根本性。

一、监督的制度化与作为"准司法权"的监督权

其实，监督也是由制度加以规定和保障的，没有相关制度，监督也就没有

---

① 郭译仁：《中国廉政法制建设的进程与研究》，国家行政学院出版社 2012 年版，第 1 页。

② 郭译仁：《中国廉政法制建设的进程与研究》，国家行政学院出版社 2012 年版，第 11 页。

依据。强调监督在防范腐败中的作用,在中国有着悠久的历史。早在2000余年前,法家的代表人物韩非子就曾说过“明主治吏不治民”的名言,“明主”指英明的君主,“治吏”指治官,“治民”指管理老百姓。这句话的意思是:英明的君主将治国理政的重点放在治官而不是治民方面。换言之,治官甚于治民,因为官员是民众的带头人,上梁不正下梁歪,官风不正民风也难正。法家的这种强调治官的理念直接催生了御史制度,御史制度就产生于秦代,其存在旨在监控各级官员,为“治吏”提供制度保障。汉代设御史台,为中央监察机关。自魏晋南北朝时期开始,御史台完全独立于行政机关之外,监察活动不受任何行政机关的干预,成为皇帝直接领导的独立监察机关。唐宋时期,御史台仍为中央监察机关,宋代又设谏院,负责规谏皇帝,后来御史也兼负规谏之责,导致“台谏合一”。明清时期,中央监察机关为都察院。

御史是专门负责监察百官的,其权甚大。具体说,御史的监察权包括了如下权力:弹劾权、谏诤权、封驳权、司法权、处置权、检查权、审计权等。御史监察的内容包括决策活动、政务活动、司法活动、人事活动、军事活动、经济活动、礼仪活动、教育和文化活动等。御史监察系统独立建制,独立于行政机关之外,由皇帝直接领导,代表皇权监察与控制百官,但同时又对皇权有所制约,如对皇帝具有规谏权、批评权、封驳权(驳回皇帝的不当诏令)等。可以说,御史监察制度关乎封建政权的长治久安,有作为的皇帝往往很重视御史监察工作。史籍记载:“自贞观初,以法理天下,尤重宪官,故御史复为雄要。”“尤重宪官”说明唐代统治者对监察机关的活动特别关注。元代忽必烈也曾说:“中书朕左手,枢密朕右手,御史台是朕医两手的。此其重台之旨,历世遵其道不变。”

实际上,中国古代的监督本质上是一种行政监督(尽管其独立于行政系统之外,但实质上还是一种行政监督),同时也有司法监督的属性,因为当时的监察机构也是一种司法机构,可以行使司法职权,如参与重大案件的会审等。大体上可以说,中国古代的监察权是一种带有司法权属性的行政监察权。从某种意义上说,这种监督也是一种“古典式”的司法监督。

我国现代监察体制改革继承了中国古代法家“严于治吏”的传统,但有着更加丰富的时代内涵。监察体制改革,不仅是为了防止腐败,贯彻从严治官的方针,更重要的是推进依法行政,建立法治政府。2016年1月,习近平总书记在十八届中央纪委六次全会上指出:“要完善监督制度,做好监督体系顶层设计，既加强党的自我监督，又加强对国家机器的监督”，“形成全面覆盖国家机关及其公务员的国家监察体系”。中共十八届六中全会也发出了推动国家监察体制改革的号召，自此拉开了改革的序幕。应当看到，目前改革监察体制是加强对权力监督制约的迫切需要，是推进全面从严治官的内在要求。

过去，我国监察体制存在如下一些问题：(1)监察机关定位不准，监察对象范围过窄；(2)监察机关的独立性保障不够；(3)监察手段有限；等等。因此，我国从以下几个方面对国家监察体制进行了改革：一是设立国家监察委员会，负责对所有国家机关和公务人员进行监察监督，整合现有监督机构和监督力量，将监察机关的贪污受贿、渎职等职务犯罪侦查机构和审计机关并入国家监察机关。二是扩大监察对象，实现监察全覆盖。三是扩大监察范围。四是赋予监察机关更加有效的监督方式。五是修改和制定配套法律法规。①

上述改革方案突出了对国家监察体制的一种“顶层设计”，这一设计旨在建立党统一领导下的国家反腐败工作机构，将监察权从行政权中剥离，有利于对政府权力的监督，有利于整合反腐败资源，扩大监察范围，丰富监察手段，建立集中统一、权威高效的监察体制，构建不敢腐、不能腐、不想腐的长效机制。应该指出，对监察体制的上述设计，与中国传统的御史监察制度也存在一定的契合性，如监察机构由中央垂直统一领导，监察权独立于行政权之外等，在目标取向上都体现了从严治官、防止腐败的特点。这说明，“严于治吏”的法文化传统对现代中国监察体制的改革仍有一定的借鉴意义。

“监督”一词，是监视督促的意思，即通过监视公权力运行来督促掌握公权力者依法行权，对掌握行政权力的人来说则是督促其依法行政。因此，作为一部专门规定监督制度的法律，《监察法》与依法行政有着密不可分的关系，甚至可以说，没有监督就没有依法行政，也就没有依法治国（依法行政是依法治国的核心内容之一）。可以说，《监察法》在整合反腐资源、铸造反腐利剑、促进依法行政和保卫人民利益方面都将发挥着不可估量的重要作用。同时还应看到，尽管监督权被定义为政治权，但其部分属性实际上是一种“准司法权”，如留置权、调查权就与拘留权、侦查权近似。

监察委员会作为代表国家进行监督百官依法行政的主体，是国家的反腐

① 参见马怀德：《全面从严治党亟待改革国家监察体制》，《光明日报》2016年11月12日。

利剑。它是行使国家监察职能的专责机关,与纪委合署办公,从而实现党对国家监察工作的领导。监察委员会由同级权力机关选举产生,对其负责,受其监督,但又相对独立。学者指出:“从机构性质上看,监察委员会既非行政机关,也非司法机关,准确的法律定位应是监督机关。曾有观点认为,监察委员会属于政治机关,另有学者认为监察委员会属于‘政法机关’,应当说,这是从政治角度出发展开的分析。从法律属性上看,将监察委员会定义为专门的监督机关更为妥当。……根据《宪法》第 129 条规定,检察机关是国家的法律监督机关,但这种监督更侧重于对法律实施情况的监督,也即检察机关的法律监督职能更着重对‘事’进行监督,这在当前正逐步推进的检察机关提起公益诉讼以及传统的抗诉等制度设计中有明确体现;而监察机关的监督职能则更注重对公职人员的监督,也即对‘人’的监督。”①

上述将监察委员会定性为“监督机关”的说法是有见地的,但拙见认为,或许将监察委员会定性为“政治监督机关”更为妥当,以与检察机关作为“法律监督机关”的定位相区别,因为按常识判断,“政治监督”主要是针对“人”的,而“法律监督”主要是针对“事”的。另外还应当看到,今日我国的监察权也具有准司法权的属性,部分权力与检察机关的权力类似。其实,中国古代的监察机关也是一个司法机关,行使部分司法职能,如参与审理案件等。

从《监察法》第一章“总则”部分就可以看出,监察机关与审判机关、检察机关和公安机关之间就存在一种监督制约关系:“监察委员会依照法律规定独立行使监察权,不受行政机关、社会团体和个人的干涉。监察机关办理职务违法和职务犯罪案件,应当与审判机关、检察机关、执法部门互相配合,互相制约。”(第 4 条)“制约”的前提是监督,既然监察机关与审判机关、检察机关和执法部门之间的关系是一种制约关系,当然也是一种互相监督的关系。其中的审判机关和检察机关的监督属于司法监督。需要指出,因为监察机关的部分监察权也带有“准司法权”的性质,故其监督也带有“准司法监督”的性质。

---

① 马怀德:《再论国家监察立法的主要问题》,《行政法学研究》2018 年第 1 期。

二、监督的司法方式

司法权,根据《法学词典》的解释,是“国家行使的审判和监督法律实施的权力”。在我国,法院行使审判权,检察院行使法律监督权,两种权力都属于司法权。有学者指出:“从严格的传统意义上来讲,司法仅指与立法和行政相对应的审判活动;而在现代意义上,司法是指包括基本功能与法院相同的仲裁、调解、行政裁判、司法审查、国际审判等解纷机制在内,以法院为核心并以当事人的合意为基础和国家强制力为最后保证的、以解决纠纷为基本功能的一种法律活动。”①此说对我们更全面地理解司法权有帮助。行政权,《法学词典》解释道:“国家管理行政事务的权力。”在我国,一切权力属于人民,国家行政机关是国家权力机关的执行机关,故可说行政权也是执行权。

多年前,拙著《中西法律文化比较》一书曾在绪论中写下如下一段话:“西方近代的‘法治’有两个要点:一是‘限权’,即限制行政权力;一是‘保权’,即保护人民的权利。当然,限制行政权力的目的也是为了保护人民的权利,故可说西方近代法治的落脚点是在保护人民的权利上。”②今日观之,此言还是符合西方近代以来的法治实际的。

正如有的学者所说“法律保障人权,人权产生法律”③,这揭示了人权与法律的密切关系,可以说现代法律的核心在于保护人权,但保护人权的前提是限制行政权。从法学原理看,限制行政权的目的在于保护公民权利,因为正是不受约束的行政权才有可能构成对公民权利的最大伤害。因此,行政法作为一种“控权法”才在法治发达国家备受重视。

学界通说对行政法作出如下定义:“行政法是关于行政权力的授予、行使,以及对行政权力进行监督和对其后果予以补救的法律规范的总称。”④此处所谓对行政权力进行监督就意味着对行政权的控制。学者指出:“行政法

① 杨一平:《司法正义论》,法律出版社 1999 年版,第 26 页。
② 崔永东:《中西法律文化比较》,北京大学出版社 2004 年版,第 2 页。
③ 徐显明主编:《人权法原理》,中国政法大学出版社 2008 年版,第 48 页。
④ 张树义主编:《行政法学》,法律出版社 2000 年版,第 3 页。

的核心是对行政权力的控制。……行政权力的法律意义在于,它的运用即意味着对公民、企业的合法权益构成影响,这种影响中必然包含着某种损害。为了避免或消除这种损害,需要行政法对行政权力加以约束和控制。”①

另一方面,西方国家的司法审查制度,又体现了司法权对行政权的控制。在西方,司法审查也叫违宪审查,但两者并不是完全等同的。“因为司法审查可以包括违宪审查,但违宪审查并不能包括司法审查。我国的司法审查就只能以具体行政行为为对象,而不能涉及违宪领域。”②目前世界上存在两类违宪审查机构,一是通过普通司法机构如最高法院行使司法审查权实行违宪审查,二是专门为解决宪法纠纷设立的最高法律机构即宪法法院,负责行使司法审查权以实行宪法监督。“在实行普通审查制的国家,如美国,违宪审查的范围比较窄,主要对议会立法和政府的授权立法以及政府的行政行为进行合宪性审查。”③在实行专门审查制的国家,除监督议会、总统选举和监督行政行为外,还“对法律、法规进行违宪审查并保护公民的基本权利”④。可见,西方国家的违宪审查制度旨在实现司法权对行政权的监督和控制,其根本目标是保护公民的基本权利。

另有学者指出:“违宪审查制度,也有人称之为司法审查制度,是指国家通过一定的程序(多为司法程序)来审查或裁决国家的立法(法律)和行政(法令)或者国家机关领导人的行为是否符合(违反)宪法的一种基本制度。”⑤通观世界各国的违宪审查体制,大致上分为以下三种:一是普通法院监督体制,二是特设的专门机关(宪法法院)监督体制,三是立法机关监督体制。

违宪审查制度的一个重要作用在于对行政权的运作进行监督,这种监督既包括对行政机关立法行为(抽象行政行为)的监督,也包括对行政机关执法行为(具体行政行为)的监督。这是西方违宪审查制度的一个特点。另外,还可对国家立法机关的立法活动进行监督,促使国家立法机关制定出符合宪法的规范性文件。在《中外司法制度》一书中,作者对西方的司法审查制度进行

---

① 张树义主编:《行政法学》,法律出版社 2000 年版,第 3 页。
② 杨一平:《司法正义论》,法律出版社 1999 年版,第 46 页。
③ 杨一平:《司法正义论》,法律出版社 1999 年版,第 47 页。
④ 杨一平:《司法正义论》,法律出版社 1999 年版,第 47 页。
⑤ 陈业宏等:《中外司法制度》,商务印书馆 2015 年版,第 632 页。

了价值分析："通过违宪审查保证国家立法机关和行政机关的行政行为合宪、有效和公平，维护国家、社会和公民个人的正当权益。……通过违宪审查机关的违宪审查，特别是通过司法机关的违宪审查，违宪审查机关（法院）不仅可以宣告违宪的法律、法规和规定无效，还可以通过实质性判决，撤销或者终止违宪的具体行为。"①该学者还提出了在我国建立违宪审查制度的主张，要求设立宪法委员会或宪法法院，或授权普通法院行使违宪审查权，通过此种审查来纠正各种不符合宪法的行为，一切与宪法抵触的法律法规都是无效的。

如上所言，我国司法审查的对象仅限于具体行政行为，不包括对抽象行政行为或立法行为的审查。但是，"中国许多行政规章和规范性文件的制定缺乏科学的论证和周密的思考，内容的合法性和科学性缺乏保证，许多规范性文件的制定都只是行政机关内部运作的产物，行政长官的意见对规范性文件的内容常常具有决定性的意义，在规范性文件的制定上缺乏必要的民主和公开程序。为了保证行政机关制定规范性文件的合法性，在法院对具体的行政行为的合法性进行审查时，一旦发现规范性文件与法律或行政法规相冲突，法院就有权排除规范性文件的适用，直接按照法律或行政法规的规定进行裁判"②。

学者还指出："中国法院所享有的司法审查权是有限的司法审查权。法院行使司法审查权的主要功能是它的监督功能，而不是对行政机关行政权力的制衡功能，法院在行使司法审查权时仍然要遵循由国家最高行政机关制定的行政法规，行政法规也是法院审理行政案件的依据。中国的司法审查是法院依法对行政机关行政活动的合法性和合理性进行的法律监督，而不是司法审判权和行政管理权之间的制约关系。"③这就概括了中国法院司法审查权的特点：其主要功能在于监督，而非制衡行政权。此与西方国家的司法审查权有别。

应该看到，将司法审查的范围仅限于具体行政行为，似乎并不符合司法监督行政的根本精神。因此，学界有一种观点展示了理论思考的勇气："应从依法治国、建设社会主义法治国家的角度出发，提高司法机关的地位，扩大司法

---

① 陈业宏等：《中外司法制度》，商务印书馆2015年版，第638页。

② 肖金泉等：《中国司法体制改革备要》，中国人民公安大学出版社2009年版，第15页。

③ 肖金泉等：《中国司法体制改革备要》，中国人民公安大学出版社2009年版，第15页。

权审查的范围，强化司法权制约行政权的强度，并最终建立行政法院。这不仅有利于促进行政机关依法行政，而且有利于维护公民的正当权益。……扩大司法权制约行政权的范围，即行政诉讼的受案范围。我们认为，应当将抽象行政行为、内部行政行为纳入受案范围。这才更有利于行政权的有效行使，更好地保障行政相对人的合法权益。"①上述建议不仅具有前瞻性，也具有现实可行性。

我国也有学者将司法对行政的监督称为"行政监督"，如其所言："行政监督是有关国家机关依法定职权对各级行政机关实施法律、法规和规章的活动的合法性进行的检查、监察、督促活动，就其内容而言，既包括来自行政机关自身的内部监督，又包括来自国家权力机关、司法机关的外部监督。"②可见，司法监督行政属于上述引文中所说的"外部监督"。该学者又说："要自觉接受司法机关的监督，严格遵守行政诉讼法等有关法律，行政行为要经得起司法机关的审查。"③也就是说，司法机关对行政机关之活动的监督，实际上是对行政行为合法性的一种审查。

为了加强司法机关对行政权运作的监督，还有学者提出了建立行政法院的设想："设立专门行政法院系统能够实现行政审判独立性和专业化要求。专门法院的经费保障和人事任免由最高人民法院统一进行，实行垂直管理，不受地方政府节制。同时，行政法院自成体系，人员调动、升迁都在系统内进行，长期的办案经验容易养成专业的行政审判素养。"④

行政法院的建置在西方大陆法系国家较为普遍，如法国、德国等国家，都设有行政法院。法国的最高行政法院是国家参事院，该院具有行政职能和审判职能，其职权主要是对某些行政诉讼案件行使审判权，裁决行政法院系统内部的管辖权争议，指导下级法院工作等。这与英美法系的"司法审查"有别，英国司法审查的主体是普通法院，按照"越权无效"原则来审查行政机关的行为是否合法，即如果行政行为超过了议会授权的范围则归于无效。这种越权表现主要是不合法、目的不正当、滥用权力等。另外，法院还采用"合理性"标

① 陈光中等：《中国司法制度的基础理论问题研究》，经济科学出版社2010年版，第96页。
② 朱力宇：《依法治国论》，中国人民大学出版社2004年版，第559页。
③ 朱力宇：《依法治国论》，中国人民大学出版社2004年版，第563页。
④ 江必新：《行政法论丛》，法律出版社2014年版，第255页。

准对行政机关的行为进行审查。我国可以借鉴上述两种模式构建行政法院体系,以加强司法权对行政权的监督。

1989 年我国《行政诉讼法》在“总则”第一条就规定了该法的立法目的:“为保证人民法院正确、及时审理行政案件,保护公民、法人和其他组织的合法权益,维护和监督行政机关依法行使行政职权,根据宪法制定本法。”这就是说,立法目的有三个方面:一是保证人民法院正确审理行政案件,二是维护公民、法人和其他组织的合法权益,三是监督行政机关依法行使职权。其中第三个方面最为重要,因为只有有效地监督和约束行政行为,才能防止权力的任性而损害公民利益,此亦即上文所言“限权”的目的在于“保权”之义。

正如学者所论述的:“行政诉讼法并不是单纯的公民权利救济法,同时也是司法机关对行政机关实施监督的法。根据我国行政诉讼法的规定,法院通过审理行政案件,有权撤销违法的具体行政行为,有权维持合法的具体行政行为。……行政诉讼法在保护公民、法人或其他组织合法权益与监督和维护行政机关依法行使职权方面并不矛盾。维护和监督行政机关依法行使职权的最终目的是保护公民、法人或者其他组织的合法权益,同样,只有促进行政机关依法行政,公民、法人和其他组织的合法权益才能得到更广泛、更切实的维护。”①

在我国,行政诉讼法的规定强调了行政诉讼是以合法性审查为原则这一特点,而该特点是由司法权与行政权的关系所决定的。司法权与行政权各有活动的范围,司法权对行政权的监督必须由法律明确授权,并且必须在法定范围内进行,故司法权对行政权的监督只能限于行政行为的合法性。

行政诉讼体现了司法机关对行政机关的监督,这一点在我国《行政诉讼法》中得到了明确规定。1989 年全国人民代表大会通过的《行政诉讼法》在我国现代法制史上具有里程碑意义,它“使法院在保障公民、法人和其他社会组织的合法权益方面获得历史性突破,法院的职能和角色开始发生根本性变化。行政诉讼制度的建立,使人民法院获得了对具体行政行为的审查权。法院通过审理行政案件,保护公民、法人和其他组织的合法权益,同时对行政机关依

---

① 马怀德主编:《行政诉讼法学》,法律出版社 2000 年版,第 6 页。

法行政加以最强有力的监督”①。另外,《行政诉讼法》还给法院赋予了对行政规章一定程度的审查权。该法第 53 条规定:“人民法院审理行政案件,参照国务院部、委根据法律和国务院的行政法规、决定、命令制定、发布的规章以及省、自治区、直辖市和省、自治区的人民政府所在地的市和经国务院批准的较大的市的人民政府根据法律和国务院的行政法规制定、发布的规章。”学者对此解读道:“‘参照’则是指人民法院审理行政案件时并不是一味遵守,而是有选择性地适用。这种选择就意味着对不适当的规章将不予适用,实际上对规章形成审查。可见,参照规章实际上赋予了人民法院对规章一定的审查权。”②

行政诉讼的目的是什么?不同的学者对此有不同的认识。我国行政法专家刘善春教授对此有系统探讨。他主要从保障人权、解决行政争议、维护行政秩序、监督和维护行政权等四个方面进行了论述,其中对最后一个方面的分析阐释展示了一种辩证思维,令人印象深刻。他从行政权具有善恶二重性的角度加以论证,分析了司法权对行政权既有支持也有制衡的特点。他指出:“司法权对行政权的制衡是一种善意的制衡而不是恶意的制衡,是为了克服行政权的弱点,发扬行政权的优点的。其本意是使行政权更发展和完善,对行政权是有利的。二者是国家公权力的两种重要权力,是互相配合与制约的,可以说,司法权对行政权的制衡本质上是扬行政权之善、去行政权之恶的。行政诉讼监督行政权与维护行政权是统一的,并不是截然对立的,监督是必要的也是行政诉讼的内在要求,但是监督不是对抗或对立,法院对行政机关的行政行为进行审查,进而对行政行为进行评判,对合法的行政行为予以确认,其实质也是对行政权的支持和维护;对违法的行为予以否定、监督行政机关合法行使行政权。因此可以说,监督和维护行政权是行政诉讼的特有目的。”③上述见解确有独到之处,也不乏辩证性,但应该指出,因为人性的弱点,掌握行政权的人如果未受到有效监督和制约,会有一种天然趋恶的特性,因此强调外力监督是必须的。这几乎成了政治学的一个定理:不受约束的权力必然趋于腐败。

因此,下列说法可能更符合权力制衡的规律:“行政诉讼的根本目的是通

---

① 陈光中等:《中国司法制度的基础理论问题研究》,经济科学出版社 2010 年版,第 58 页。
② 陈光中等:《中国司法制度的基础理论问题研究》,经济科学出版社 2010 年版,第 58 页。
③ 刘善春:《行政审判实用理论与制度建构》,中国法制出版社 2008 年版,第 102 页。

过司法权对行政权的监督，确保行政机关依法行政，保障相对人的合法权益。虽然在表面上，行政诉讼的直接目的是为了解决行政争议，但更深层的意义在于建立权力制约机制，以真正实现依法行政并保护相对人的权益。"①

中共十八届四中全会以来，我党对司法监督问题高度重视。在《中共中央关于全面推进依法治国若干重大问题的决定》中提出了"强化对行政权力的制约和监督"的主张，并将司法监督作为对行政权力监督的重要一环，要求将司法监督与人大监督、民主监督、行政监督、舆论监督以及党内监督等结合起来，"努力形成科学有效的权力运行制约和监督体系"②。同时，该文件还要求："完善行政诉讼体制机制，合理调整行政诉讼案件管辖制度，切实解决行政诉讼立案难、审理难、执行难等突出问题"③。"健全行政机关依法出庭应诉、支持法院受理行政案件、尊重并执行法院生效裁判的制度。"④显然，中央已经认识到，完善行政诉讼体制机制是实现司法权监督行政权、推进依法行政的必由之路。"有权不可任性"，李克强总理在2015年"两会"上这句掷地有声的话语，反映了中央严格约束行政权力的决心。

正如学者所说："如果说中央政府全力推动的'权力清单'还只是政府自我约束的话，那么在党的十八届四中全会所确定的依法治国蓝图中，通过强化行政诉讼作用，目的就是构建一种依托司法的来自外部的强有力的对政府的监督机制。也就是说，如果政府不作为或滥用权力，那么老百姓或者企业就可以到法院打官司，通过行政诉讼维护自身权利。"⑤

司法权监督行政权的理论根据是人民主权理论、权力制约理论以及法治政府理论。我国宪法规定："一切权力属于人民。"人民主权理论不仅要求按照人民意志组建政府，还要求政府行为合法、公正以及有效率，同时保护人民的利益不受行政权的侵害。由于行政权的活动经常、直接、广泛地涉及公民权

---

① 姜明安主编：《行政法学》，法律出版社1998年版，第252页。

② 《中共中央关于全面推进依法治国若干重大问题的决定》，人民出版社2014年版，第18页。

③ 《中共中央关于全面推进依法治国若干重大问题的决定》，人民出版社2014年版，第22页。

④ 《中共中央关于全面推进依法治国若干重大问题的决定》，人民出版社2014年版，第21页。

⑤ 佟丽华：《十八大以来的法治变革》，人民出版社2013年版，第121页。

益,因而极易侵犯公民权益,故监督和制约行政权尤为重要。权力制约理论的基础是任何权力都存在被滥用的可能,鉴于行政权的天然扩张性,对其不加约束必然失控并损害公民权益,而行政诉讼正是通过诉讼程序来实现司法权对行政权的监督和制约。现代法治理论强调建立法治政府,重视依法行政、责任行政,其目的在于防止权力任性,把权力关进制度的笼子里,越权无效,非法行权必被追责,以保护民众利益。行政诉讼正是以监督行政机关依法行政为己任的。

第十三章　司法为民论

所谓“司法为民”，是以人为本价值观在司法领域的集中体现，它以服务民生、便民利民、体察民情、尊重民意、保障人权为宗旨，以“努力让人民群众在每一个司法案件中感受到公平正义”为目标，其核心在于以人民为中心。

最高人民法院编写的《人民法院审判理念读本》指出：“以人为本的科学发展观体现在司法工作中，就是司法为民，就是人民利益至上。司法为民就是要把实现好、维护好、发展好最广大人民的根本利益作为人民司法工作的出发点和落脚点，尊重人民的主体地位，在司法活动中坚持群众路线、发挥人民的力量和智慧，通过严格执法、公正裁判、惩处犯罪、制裁违法、定分止争，尊重和保障人权，促进政治经济社会文化的全面进步，实现社会的公平和正义，为人的全面、自由发展创造安定和谐的社会环境。”①

该书还认为，司法为民的基本内容表现在以下几个方面：第一，一切为了人民是司法为民的根本宗旨；第二，通过公正、高效、严格的司法实现司法为民；第三，保障民生是司法为民的核心内容；第四，尊重、保障人权是司法为民的重要方面；第五，一切依靠人民是司法为民的根本方法；第六，求真务实、文明规范、无私奉献、清正廉洁是司法为民的重要要求。另外如司法民主、诉调对接、司法救助、诉源治理等也属于司法为民的内容。

---

①　最高人民法院编写组：《人民法院审判理念读本》，人民法院出版社 2011 年版，第 83 页。

一、服务民生是司法为民的核心内容

民生,即“人民的生计”(《辞海》释义)。从法学角度看,民生是关系人民生计的包括生存权、发展权等在内的系列权利的总称。论者指出:“民生连着民心,只有关注保障民生,才能赢得民心。”①这就要求人民法院必须把群众诉求和群众满意度作为改进工作的重点,切实维护人民群众的根本利益。特别是涉及农村土地征用、城市房屋拆迁、企业改组改制、资源环境保护、劳动与社会保障、失业救济与再就业等民生问题,是人民群众关注的焦点、热点,也是人民法院面临的难点、痛点。切实解决上述领域的矛盾纠纷,成为司法人员坚持司法为民的着力点和落脚点,也是维护社会和谐稳定、提高社会治理能力的关键点,意义重大。

“不断满足人民群众日益增长的新要求、新期待是新时期司法为民、保障民生的新实践。人民群众日益增长的新要求、新期待也是民生的重要方面。”②人民法院为人民,人民法院服务民生,这是我国司法制度的人民性所决定的。在新的历史时期,致力于满足人民群众对司法的新需求,让人民群众在每一个司法案件中都感受到公平正义,这是司法工作的最高目标所在。

服务民生的司法也被称为“民生司法”,它体现了“人民利益高于一切”的价值取向。“民生司法是对人民司法优良传统的继承和发展,其基本内涵是:坚持以人为本,把维护人民群众的最直接、最现实、最关心的利益问题作为司法工作的出发点和落脚点,在人民群众的监督下用司法手段最大限度地保障民生权益,最大限度地实现人民群众的合法权益,使人民法院真正成为人民群众根本利益的忠实保障者。”③坚持以人为本、关心民生疾苦、保障人民权益、践行群众路线和接受人民监督等,这些就是民生司法的主要内容。

---

① 最高人民法院编写组:《人民法院审判理念读本》,人民法院出版社2011年版,第88页。

② 最高人民法院编写组:《人民法院审判理念读本》,人民法院出版社2011年版,第89页。

③ 游伟等:《民生问题与司法公正》,上海财经大学出版社2009年版,第105页。

二、司法民主是司法为民的重要方面

司法民主是司法领域的“人民当家作主”，是人民司法运行体制及工作机制的特性所在。“司法民主是人民司法的本质规定，是司法为民的本源和归宿。司法民主不仅要求充分发挥司法机关及其工作人员为人民服务的主观能动性，突出人民群众的主体地位和主导作用，防止精英主义脱离群众的危险。”①

司法民主是社会主义民主政治的重要组成部分，其主要内容包括诉讼民主、司法人员选任民主、司法决策民主、司法机关治理民主和司法民主监督等，构建司法民主制度体系的关键在于司法民主决策、司法民主监督、扩大公民有序参与司法、突出法官检察官办案主体地位、保障当事人及律师权利等。社会主义司法民主是坚持民主集中制、尊重司法规律的协商民主，不同于所谓“票决民主”，而是一种强调平等对话、平等协商的协商民主。

论者指出：“司法民主是司法为民的根本依据、目的归宿和验证标准，司法为民是司法民主的内在要求、保障条件和凝结力量。实现司法民主和司法为民的内在统一，既要打牢司法机关及其工作人员的群众观点，坚持群众路线，又要建立和完善科学有效的协调专群关系的司法民主运行机制。”②这就揭示了司法民主与司法为民的内在联系。

司法民主要求尊重当事人在诉讼程序中的知情权、表达权、参与权和监督权，这是法律规定的程序正义和实体正义的体现，因而也是实现司法公正的前提条件之一。司法民主还是司法权威的坚强后盾，司法权威不是来源于司法官员的“八面威风”和“狐假虎威”，而是来源于法律的权威、民主的权威。

司法民主又是司法公信力的有力保障。司法公信包括司法制度公信、司法职业公信、裁判效力公信等。“公信源自民主，民主保障公信。人民法院实行司法民主，目标是提升司法公信；提升司法公信，需要依靠司法民主作最终

---

① 黄永维主编：《司法热点问题读本》，人民法院出版社 2016 年版，第 185 页。

② 黄永维主编：《司法热点问题读本》，人民法院出版社 2016 年版，第 195 页。

保障。司法民主能够真实反映人民意愿，遏制司法腐败，取信于民，避免司法信任危机；司法民主能够排除一切干扰，忠于反映人民意志的法律，保证法律得到正确实施，给人民生活以可靠的确定性。”①提高司法公信力是国家司法活动的终极追求，也是司法文明的核心要素。有公信力的司法才是优良的司法，才能让人民群众在每一个司法案件中都感受到公平正义。司法民主正是司法公信力赖以提升的保障。

三、群众路线是司法为民的根本方法

半个世纪前，作为基层社会治理样本的“枫桥经验”在获得领袖的批示后引起了举国上下的关注，这一经验至今仍焕发出勃勃生机。“枫桥经验”的精神实质在于“小事不出村，大事不出镇，矛盾不上交”，在于“依靠群众”进行“说理斗争”，而说理斗争的方式又是“摆事实，讲道理，不打不骂”，心平气和地化解矛盾。可见，“枫桥经验”的本质特征在于依靠群众就地化解矛盾，其方式是和平而非暴力的。

根据今天的标准，基层社会治理中的“善治”是法治、德治与自治的协调统一，但关键在于“自治”，即社会力量在法治、德治框架下实现自我管理、自我完善。从此意义上说，“枫桥经验”带有善治属性。

“枫桥经验”契合了中国文化传统，它注重依靠群众、以理服人以及坚持“矛盾不上交”的纠纷解决方式，是对儒家“和为贵”理念的继承光大，并且与道家所谓“我好静而民自正”（统治者清净无为，老百姓会自己端正自己的行为）以及“我无事而民自富”（统治者不生事则老百姓自己会致富）的理念也有深度契合。受上述理念影响，中国历代基层社会治理都很发达，基层社会组织如宗族组织、村落组织、行会组织乃至宗教组织等在维系基层社会秩序方面均发挥了重要作用，以至于在古代中国出现了如此独特的“风景”——无论上层社会如何变动甚或改朝换代，而基层社会却静稳如常、不受影响。在古代中国，体制性力量（皇权）并不轻易涉足基层社会治理，除非重大刑事案件，国家

① 黄永维主编：《司法热点问题读本》，人民法院出版社2016年版，第197页。

司法权并不介入一般的社会纠纷，所有的民事纠纷和轻微的刑事案件都是由社会组织特别是宗族组织加以处理的，国家对宗族组织等民间社会组织赋予了众多的权力，如调解权、惩戒权、训诫权、政治权及经济权等，使其有足够的力量来化解纠纷、定分止争。

"枫桥经验"也呼应了重视社会治理的国际潮流。自 20 世纪初以来，伴随着法律社会学的兴起，重视社会治理成为一种潮流。社会治理中有一个重要概念叫"社会司法"，它与"国家司法"相对应。国家司法是指国家司法机关适用国家制定法来化解纠纷的活动，而社会司法则是社会组织根据社会规则（活法）来化解纠纷的活动。法律社会学派认为，在调整社会秩序方面，社会司法发挥的作用应当远远超过国家司法。20 世纪 70 年代以来在西方兴起的多元化纠纷解决机制实际上就是社会司法理念的制度化。

与上述国际化潮流相适应，近些年来我国政府也高度重视社会治理及多元化纠纷解决机制问题。2014 年，中共十八届四中全会通过的《中共中央关于全面推进依法治国若干重大问题的决定》就指出："健全社会矛盾纠纷预防化解机制，完善调解、仲裁、行政裁决、行政复议、诉讼等有机衔接、相互协调的多元化纠纷解决机制。加强行业性、专业性人民调解组织建设，完善人民调解、行政调解、司法调解联动工作体系。"①这也可以说是对新时代"枫桥经验"的注脚之一。

由上述可见，体现"善治"属性的"枫桥经验"既契合了中国文化传统，又呼应了重视社会治理的国家潮流，因而具有超越时空的意义。特别是其中强调依靠群众、发动群众、劝诫说服、调解服人的经验，更是体现了我党坚持的群众路线方针，是在国家司法与"社会司法"（多元化解机制）中实现司法为民的重要方法。

正如论者所言："司法工作虽然具有自身的特点和规律，有专业性的一面，但任何时候都离不开群众路线这个根本。人民司法工作不仅为了人民，便利人民，而且要联系人民，依靠人民，实行专门机关与群众相结合的原则。"②

其实，早在抗日战争时期的陕甘宁边区，就诞生了以坚持群众路线而闻

---

① 《中共中央关于全面推进依法治国若干重大问题的决定》，人民出版社 2014 年版，第 29 页。

② 最高人民法院编写组：《人民法院审判理念读本》，人民法院出版社 2011 年版，第 91 页。

名的“马锡五审判方式”,为后来的人民司法制度注入了“红色基因”。该审判方式的主要特点是:(1)深入群众,调查研究,实事求是;(2)手续简单,不拘形式,便民利民;(3)审判与调解相结合;(4)采用座谈式而非坐堂式审判;(5)依靠群众,教育群众,尊重群众意见;(6)巡回审判,就地审判。可见,这是一种贯彻群众路线、实行审判与调解相结合的办案方式,依靠群众,“送法下乡”,就地解决纠纷,既坚持原则,又方便群众,维护了群众的根本利益,实现了司法公正,真正做到了司法为民。这种理念与后来新中国的“枫桥经验”一脉相承。

当下,坚持群众路线还要正确处理好司法专业化与司法大众化之间的关系,实现尊重司法规律与坚持群众路线的有机统一。司法机关要尊重人民的主体地位,发挥人民的主体作用,密切联系群众,紧紧依靠群众,“要体察民情,了解民意,正确对待群众意见,虚心接受群众批评,自觉接受群众监督;要学会做群众工作,特别是要学会做群体性事件等特殊状态下的群众工作,充分发挥人民调解、司法调解、行政调解的作用,依靠人民的力量解决人民的矛盾”①。其实,目前我国在司法领域开展的诉调对接、诉源治理、多元化解、判前民意征询及人民陪审员制度等都是坚持群众路线的体现,反映了人民司法为人民的价值观念。这一做法不仅助推我国现代司法文明建设,而且也助推国家与社会治理体系、治理能力的现代化。

四、保障人权是司法为民的基本宗旨

“国家尊重和保护人权”已经被写入我国宪法。人权的司法保障水平是衡量一个国家法治水平和国家治理水平的重要标尺。宪法和法律规定了人民群众的生存权、发展权、财产权、选举权、劳动权、受教育权以及其他权利,上述权利如果受到侵犯,司法机关应当予以保护和恢复。同时,还要为违法行为人、犯罪嫌疑人、被告人、服刑人员的诉讼权利和其他合法权益提供有效的司法保护。

---

① 最高人民法院编写组:《人民法院审判理念读本》,人民法院出版社 2011 年版,第 93 页。

论者指出："'无救济则无权利'，司法作为法律实施、救济公民权利的重要手段之一，作为社会正义的最后一道防线，只有充分发挥职能，为蒙受损害的权利提供全面、及时和有效的救济，才能使立法赋予人民的权利落到实处。"①

司法为民要以人民的利益和权利作为司法保护的落脚点，当公民的权利难以实现或遭受侵害时，司法将成为其最终的救济手段。切实维护好公民的各项基本人权，是摆在各级司法机关面前的重大任务，而这正是司法为民的题中应有之义。

① 游伟等：《民生问题与司法公正》，上海财经大学出版社2009年版，第2页。

第十四章　司法风格论

本书所指的“司法风格”，是指“司法能动”与“司法克制”两种风格。前者指法官摆脱对已有判例或成文法的遵从，后者指法官严格遵循已有的判例或成文法。在西方司法传统中，“司法能动”是判例法系（也称普通法法系或英美法系）的特色；“司法克制”是成文法系（也称民法法系或大陆法系）的特色。而在中国古代司法传统中，儒家思想倾向于“司法能动”（或者说是寻求司法能动与司法克制的平衡），法家思想倾向于“司法克制”。对中西司法传统中上述风格进行分析，对我们或许会有所启示。

一、儒家思想与判例法系的“司法能动”

“司法能动”为司法能动主义所倡导。司法能动主义在19世纪的美国就已萌芽，但到20世纪该理论才在美国产生了普遍影响，成为当时支配美国司法实践的司法哲学。司法能动主义是：“一种司法理论，它鼓励法官摆脱对司法判例的严格遵从，允许法官在进行判决时考虑其个人对于公共政策的观点以及以其他因素作为指导，通过判决来保护或扩展与先例或立法意图不符的个人权利。遵循该理论会造成某些判决侵犯立法权和行政权的结果。”①《布莱克法律词典》对司法能动主义的解释是：“司法能动是指司法机构在审理案件的具体过程中，不因循先例和遵循成文法的字面含义进行司法解释的一种

① 薛波主编：《元照英美法词典》，法律出版社2003年版，第748页。

司法理念以及基于此理念的行动。当司法机构发挥其司法能动性时,它对法律进行解释的结果更倾向于回应当下的社会现实和社会演变的新趋势,而不是拘泥于旧有成文法或先例以防止产生不合理的社会后果。因此,司法能动性即意味着法院通过法律解释对法律的创造和补充。”

根据以上所述,可知诞生于判例法系国家的司法能动主义存在如下的特点:(1)它是一种司法哲学;(2)它鼓励法官摆脱对已有判例和成文法的遵从;(3)法官判决是对社会现实的回应;(4)它是法官通过法律解释而对法律进行的创造和补充。

与司法能动主义相对的是司法克制主义,后者强调严格遵循成文法或已有判例。按照美国学者沃尔夫的说法,如果法官在司法审查时主张执行宪法的意志而不掺入自己的政治信仰,那么他就是奉行司法克制主义,反之则是奉行司法能动主义;如果法官倾向于否定立法或忽视先例,那么该法官就是奉行司法能动主义;如果法官在司法审查中能够创制新的判例,即行使一种准立法权,那么该法官就是奉行司法能动主义,“司法能动主义就是在宪法案件中由法院行使‘立法’权”①。

21世纪以来,特别是金融危机后,美国司法能动主义对中国的影响演变为一种“司法能动论”思潮。在此之所以用“司法能动论”而不是“司法能动主义”,是因为二者虽有联系但也有区别。一些中国学者也将“司法能动”表述为“能动司法”,并将其与“司法为民”“履行政治责任”“化解社会矛盾”及“提升办案能力”等联系起来,赋予了这一概念以新的内涵。有的学者将我国学界对“司法能动主义”的阐释概括为如下几种:(1)政治意义上的司法能动观;(2)全能的司法能动观;(3)司法方法意义上的司法能动观;(4)化解社会纠纷意义上的司法能动观;(5)选择性的司法能动观;(6)立法性的司法能动观;(7)实质正义的司法能动观;(8)亲民意义上的司法能动观;(9)被附会、曲解的司法能动观。②

从我国的“司法能动论”来看,其对“司法能动”或“能动司法”之特色的揭示大概可以归纳为以下几点:(1)司法能动旨在追求法律效果与社会效果、

---

①　[美]克里斯托弗·沃尔夫:《司法能动主义——自由的保障还是安全的威胁?》,黄金荣译,中国政法大学出版社2004年版,第51页。

②　参见杨建军:《“司法能动”在中国的展开》,《法律科学》2010年第1期。

政治效果的统一；(2)司法能动追求实质正义，坚持原则性与灵活性的统一；(3)司法能动强化法官在诉讼中的地位和作用，赋予其以调查取证权、释明法律权、自由裁量权、司法建议权等；(4)司法能动重视司法调解工作；(5)司法能动要求在坚持依法裁判的同时还要兼顾道德观念、民间习俗、文化传统、社会舆论、刑事政策等。可以看出，与美国的司法能动主义相比，中国的“司法能动论”在内涵上大大丰富了。

基于以上对美国司法能动主义与中国司法能动论之特点的把握，我们不由得回眸中国古代的司法传统，并启发了我们在“司法能动”问题上的古今联想。在此似乎有理由认为，我国古老的司法传统中同样存在着类似于今日“司法能动”的现象。

儒家鼻祖孔子曾说：“道之以政，齐之以刑，民免而无耻；道之以德，齐之以礼，有耻且格。”这是从治国方略的角度讲的，德礼政刑应综合为治，但其也有司法方面的含义，即德礼政刑都是司法的根据，孔子本人以及后来儒家官员的司法实践就证明了这一点。在中国司法传统中，“司法能动”与“司法克制”并存，而儒家力图寻觅两者之间的平衡点。

秦汉以后，因受儒家思想的影响，司法审判中存在着“以情断案”的风气，这可以说体现了“司法能动”的精神，其实质也是要法官摆脱对不符合情理的成文法的遵从，从而达到回应当下的社会现实并实现实质正义的目标。“以情断案的例子在古代司法实践中不胜枚举。除具引圣人语录、道德故事之外，古人断案大量地使用义、礼、天理、人情一类的字眼，这些都是判案的依据，其效力并不低于正典的法律条文，甚至有时比它们更高。”①

《明公书判清明集》所载判词中多有“情法两尽”的用语，体现了古代法官判案中坚持原则性与灵活性统一的风格，其目的在于达到实质正义。胡石壁云：“法意、人情实同一体，循人情而违法意，不可也；守法意而拂人情，亦不可也。权衡于二者之间，使上不违于法意，下不拂于人情，则通行而无弊矣。”清人汪辉祖在《佐治药言》中说：“幕之为学，读律而已，其运用之妙，尤在善体人情。盖各处风俗往往不同，必须虚心体问，就其俗尚所宜随时调剂，然后傅以

---

① 胡旭晟主编：《狱与讼：中国传统诉讼文化研究》，中国人民大学出版社2012年版，第97页。

律令，则上下相协，官声得著，幕望自隆。若一味我行我法，或且怨集谤生。"①在一般的民事案件中，当"情"与"法"相冲突时，法官往往倾向于选择"情"作为断案的根据，这就摆脱了"法"即成文法的束缚，体现了司法审判的灵活性及对社会效果的关注，并因此达到实质正义的目标。这是古代中国民事案件审判的一大特色（重大刑事案件法律严格要求根据法律条文论罪）。

其实，在中国古代的司法实践中，凡涉及比较严重的刑事犯罪，法官审断须依法条。如《唐律疏义・名例》规定："刑名事重，止可依据籍书。"《唐律疏义・断狱》也规定："断狱之法，须凭正文。"但《唐律》也规定了"不应得为罪"，为法官酌情据理以断狱提供了法律依据。所谓"不应得为"，也称"不当得为"或"不应为"，"中国古代法律谓律无罪名，令无禁制而于理不符的行为。'不应得为'具有很大的概括性和灵活性，可作为司法官处罚律令无明确规定行为的依据"②。汉代法律中就已有"不当得为"的规定了。《尚书大传》："非事而事之，出入不以道义，而诵不祥之辞者，其刑墨。"汉代经学家郑玄注曰："非事而事之，今所不当得为也。"《唐律疏义・杂律》规定："诸不应得为而为之者，笞四十。"疏义曰："杂犯轻罪，触类弘多，金科玉条，包罗难尽。其有在律在令无有正条，若不轻重相明，无文可以比附。临时处断，量情为罪，庶补遗阙，故立此条。"可见，"不应得为"就是指那些法无明文规定但不符合情理的行为，需要法官"临时处断，量情为罪"，这就为法官根据情理断狱开启了空间。这又何尝不是一种"司法能动"呢？

古代法官审断刑狱往往"须凭正文"即援引法条，但在民事案件的审判中，法官裁判则更多地是依据"情"（人情）、"理"（礼义）等，情、理相当于我们今天所说的道德观念、民间习俗、文化传统和社会舆论等。根据西方社会法学的理论，情、理实质上是一种"活法"，对调整社会秩序起着至关重要的作用。当情理被法庭适用之时，自然也就具有了"法律"的地位和效力。

从《明公书判清明集》一书可以看出，当时的判词中充斥着大量的"天理""人情""理""义"之类的用语，许多判决正是基于这样一些抽象的原则作出，

① 胡旭晟主编：《狱与讼：中国传统诉讼文化研究》，中国人民大学出版社 2012 年版，第 97 页。

② 《北京大学法学百科全书》，北京大学出版社 2000 年版，第 53 页。

从而使其获得了一种“法律效力”。当时法官热衷此道的原因是追求所谓“天理人情,各得其当”(《明公书判清明集》卷七),用今天的话语言之即追求实质正义,就是“回应当下的社会现实”。

古代法官在审理民事案件时虽然也常引用法条(如书判中的“准法”“在法”等字眼),但其援引法条往往只有原则,引用细则的情形很少,而且引用法律通常不是判词的核心部分,“判词中明确引为断案依据的,除法条之外,还有天理、人情、礼义等内涵极不确定的概念。有时判词中还会出现大段的说教、感慨,道德上的愤怒和申斥,先贤圣哲语录以及具有道德教训意味的古代故事的引述,这些东西即使不是直接的判决依据,至少也是对判决发生重大影响的比较间接的因素”①。

宋代皇帝曾下诏:“自今宜遵旧法取旨,使情、法轻重各适其中,否则以违制论。”②这是以“立法”的形式要求司法审判必须情法兼顾。《明公书判清明集》曾明确提出“酌情据法,以平其事”的审判方针,明清时期统治者也提倡“情法允当”的审判原则,这一切不都说明中国古代司法是在致力于“法律效果与社会效果的统一”“原则性与灵活性的统一”吗？它摆脱了对成文法的全面依赖,强化了法官在诉讼中的地位与作用,兼顾了道德观念、民间习俗、文化传统和社会舆论,回应了当时的社会现实。而这些,正是“司法能动”的特色所在。

在近代判例法系国家,法官是法律的主人,允许“法官造法”,法官在法律发展中起着至关重要的作用:“在无先例可循时,法官可以创造先例;在有先例的场合,法官可以通过区别的技术,对其进行扩大或限制性解释,从而发展先例中的规则。这一过程,实质上就是创制和发展法律的过程。此外,制定法的适用也要受到法官解释的限制。因此,在普通法系国家,其法律主要是法官司法活动的产物。在英国和美国,普通法、衡平法的形成和发展主要是法官们通过司法实践实现的;而诸如美国宪法那样的制定法,其发展也与司法机关的活动密切相关。因此,普通法往往被称为‘法官法’(judge law)。”③

法官造法无疑体现了司法能动的精神,而判例法系国家基于“公平正义”

① 梁治平:《寻求自然秩序的和谐》,中国政法大学出版社 1997 年版,第 290 页。

② 马端临:《文献通考》卷一百七十《刑考》。

③ 由嵘主编:《外国法制史》,北京大学出版社 1992 年版,第 487—488 页。

这类道德原则而确立的衡平法成为司法依据这一事实,不也与儒家“情法允当”的司法传统相似吗?换言之,在判例法系国家,司法的能动性不但在于法官可以造法,还在于法官可以适用道德原则、文化传统等作为审判的依据,这正与儒家情理法三结合的司法观念存在着形式上的近似性,并且,儒家实质上是致力于“司法能动”与“司法克制”之间的平衡。

二、法家思想与成文法系的“司法克制”

法家所谓“法”就是指国家制定法:“法者,编著之图籍,设之于官府,而布之于百姓者也。”(《韩非子·难三》)“法者,宪令著于官府,刑罚必于民心,赏存乎慎法,而罚加乎奸令者也。”(《韩非子·定法》)作为法家理论的集大成者,韩非的上述见解具有代表性,即代表了法家对法的一种狭义理解:法律只能是国家的制定法(即成文法),司法只能以国家制定法为依据。在法家心目中,国家的制定法就是刑法,而且是重刑主义指导下的刑法,其存在的价值不是要人们行善,而是要人们不敢为非:“夫圣人之治国不恃人之为吾善也,而用其不得为非也。恃人之为吾善也,境内不什数,用人不得为非,一国可使齐。为治者用众而舍寡,故不务德而务法。”(《韩非子·显学》)从司法的角度看,韩非的“不务德而务法”就是要求在司法中排除道德因素,不能将道德习俗、道德观念作为司法的根据,司法的唯一根据只能是国家制定法。可以想见,在此观念主导下的法官只能奉行“司法克制”的原则,而不敢越雷池一步。应该指出,中国封建时代历代法典中所谓“断狱之法,须凭正文”之类的规定主要是法家思想影响的产物。

近代西方的成文法系(也称民法法系或大陆法系)具有如下特点:(1)在法律渊源中制定法具有最高效力;(2)法官解释法律的任务只限于阐明法律的“真意”;(3)不承认判例的正式效力。① 可见,成文法系国家主要是将国家制定法作为司法的根据,正如西谚所谓“法官是制定法的奴仆”,不允许“法官造法”。换言之,成文法系国家的法官具有“司法克制”的风格,这与中国古代

① 参见由嵘主编:《外国法制史》,北京大学出版社1992年版,第359—360页。

法家的司法风格何其相似！

应该指出，在成文法系国家，强调法官必须依据成文法进行裁判，不像普通法系国家那样强调法官造法，因而成文法系国家的法官相比普通法系国家的法官更缺少能动性，但这并不意味着在成文法系国家司法能动就不应有立足之地。因为“成文法也会有落后于社会发展变化的时候，成文法在日益多变的社会历史面前也会有立法时无法预见而产生的真空。如果修法立法者不及时，依法裁判将制造背离法律公平正义宗旨的现象。所以，我们认为司法能动主义在成文法国家也应当有一席之地”。“司法能动主义的价值不可否认，在司法克制与司法能动间把握好平衡很重要，这项工作应当由具有最高司法水平和最丰富司法经验的法院及法官进行，以保障创新规范的准确性、合理性和普适性。如果所有的法官都可以在司法能动主义下创新司法，很难保障司法裁判的准确、公平。”①

“司法能动主义”是舶来品，而“司法能动论”则是司法能动主义结合中国国情的产物，尽管后者被赋予了不少“新意”和“引申义”，但客观地说，这也是文化接受与传播过程中一种不可避免的现象。有司法权运行的地方就有司法自由裁量权的影子，司法能动的实质在于法官自由裁量权的扩张，而这种扩张不能没有边界，这种边界就是“司法克制”的理念、制度、方法及措施。

在中国古代法律文化中，存在着两种司法传统，一种是儒家的司法传统，倾向于司法能动（或说寻求司法能动与司法克制之间的平衡），法官审判追求“情法允当”；一种是法家的司法传统，倾向于司法克制，法官严格依法审判。这两种司法风格在中国古代司法传统中并存。大致说来，在比较严重的刑事案件中，以司法克制为主，法官须“准法断狱”；而在一般民事案件中，则以司法能动为主，法官须“以情断案”。当然，儒家并不反对刑案中的“准法断狱”，它只是强调在民事案件中要注意情理法兼顾。从整体上看，可以说儒家试图寻求司法能动与司法克制之间的某种平衡，尽管在当时该目标似乎很难实现。

在一种合理的司法模式中，“司法克制”与“司法能动”如影随形，有司法

① 杨荣馨、邱兴美：《司法能动主义与我国司法审判的规范与创新》，载《司法行为科学化》，中国法制出版社 2011 年版，第 30—31 页。

克制的地方就有司法能动,有司法能动的地方就有司法克制。两者可以并行不悖,就如同中国古代司法传统中的“情理法兼顾”“情法允当”一样。司法能动是司法克制前提下的能动,不是盲动妄动;司法克制又包容了司法能动的合理空间,不是对法律条文的僵化固守。两者追求的目标是相同的,即正义的实现、社会的安宁。

第十五章　司法保障营商环境论

近几年来,“营商环境”迅速成为一个媒体热词,备受关注。实际上,该词源于世界银行评估各国发展环境的一个指标体系。2001 年,世界银行提出了加快各国私营经济发展的新战略,亟须设计一套评估各国私营经济的指标体系,亦即私营企业营商环境指标体系。这些指标包括登记物权、税制环境、投资保护、知识产权保护、跨国贸易、治安环境等。该指标体系引起了全球政界、学界和经济界的关注,并影响到了经济政策和法律制度的制定。2019 年 3 月,李克强总理在《政府工作报告》中提出了激发市场主体活力、着力优化市场营商环境的要求。

习近平总书记说:“法治是最好的营商环境。”可谓卓见。营商环境的优化离不开法治的有力支撑,通过对 155 个国家营商环境指标排名的比较分析,可以发现排名靠前的国家大部分是法治发达国家。学者指出:“企业的营商环境是影响国家经济社会发展的重要因素,没有优良的营商环境,也就没有企业的未来,社会经济的发展将举步维艰。打造优良的营商环境,不但是政府的责任,也是立法和司法机构的重要任务,后者主要为企业的经营发展提供优良的法治环境。”①此言非虚。

企业的营商环境是影响国家经济社会发展的重要因素,没有优良的营商环境,也就没有企业的未来,社会经济的发展也将举步维艰。打造优良的营商环境,不但是政府的责任,也是立法和司法机构的重要任务,后者主要为企业

---

① 曹文泽、崔永东等主编:《司法学研究·2017》,人民出版社 2017 年版,第 6—7 页。

的经营发展提供优良的法治环境。有了优良的法治环境,才会有企业特别是民营企业的正常发展,才会有社会秩序的和谐稳定。

一、平等保护与社会治理

平等保护与社会治理之间有一种潜在的关系,没有平等保护,民营企业及其负责人始终面临较高的风险,企业负责人一旦被抓,企业很可能随之垮掉,职工就会失去生活来源,因生活所迫就会铤而走险,以身试法,或者爆发群体性事件,从而影响社会和谐稳定,社会治理工作受到破坏。

关于平等保护问题。首先,要改变过去"重公轻私"的理念,做到公私兼顾,要认识到,大家通过合法途径追求私人利益,同样可以增进社会公共利益;其次,在立法上,对公有财产和私有财产要平等对待;再次,对企业管理层来说,在做到合规化管理(合规管理既是诉源治理,也是一种社会治理)是获得平等保护的前提。

关于社会治理问题。中共十九届六中全会提出了"社会治理社会化"的命题,我认为这里的社会化是指遵循社会规则,发挥社会自治主体的作用,增强社会组织的活力,为社会组织赋权赋能,从而助推社会自治格局的形成。在一种治理体系中,国家治理是上层结构,社会治理是基础性结构。基础不牢,地动山摇,历史与现实中的经验教训早已证明此点。中国古代"皇权不下县"的社会治理经验表明,成功的社会治理大大节约了国家资源,并有力支撑了国家治理;而现代中国一些地方不重视社会治理,引发群众对社会治理失灵状态的愤怒情绪的集中爆发,直接影响局部社会秩序的动荡失和。这说明,没有成功的社会治理,就没有成功的国家治理;没有成功的社会司法(多元化解纠纷机制),就没有成功的社会治理。

总之,平等保护与社会治理之间,存在着深度关联。司法机关的平等保护,实际上就是一种优良的营商环境,为民营企业的健康成长与企业内部的社会治理提供了条件和空间。缺乏这样的条件和空间,民营企业不仅会风雨飘摇,而且有可能分崩离析,所谓合规管理、社会治理也就无从谈起了。

二、营商环境的司法保障

政府部门和司法机关的管理层应当树立一种理念：优良的司法环境就是一种优良的营商环境；优良的司法环境就是一种对国营企业和民营企业、内资企业和外资企业真正实现平等保护的环境。

2018年3月，在第十三届全国人民代表大会第一次会议上，最高人民法院和最高人民检察院工作报告均提到了为经济发展营造良好的法治环境问题，并且将其视为未来一段时期内司法机关重点开展的工作之一。这说明，为经济发展、企业经营提供良好的法治环境，已经成为司法高层的共识。

周强所做的《最高人民法院工作报告》在“2018年工作建议”一节中指出：“依法审理经济领域各类案件，为经济高质量发展营造良好法治环境。围绕服务供给侧结构性改革和防范化解重大风险、精准脱贫、污染防治三大攻坚战，完善司法政策，依法审理破产重整、金融纠纷、股权纠纷等案件，服务现代化经济体系建设。加大产权司法保护力度，依法保护诚实守信、公平竞争，坚决防止将经济纠纷当作犯罪处理，坚决防止将民事责任变为刑事责任，让企业家专心创业、放心投资、安心经营，让财产更加安全，让权利更有保障。认真落实中央深改组通过的《关于加强知识产权审判领域改革创新若干问题的意见》，完善知识产权诉讼制度，优化科技创新及科技成果转化法治环境。”

这里强调了几点：一是为经济发展营造良好的法治环境；二是加大产权保护的力度；三是坚决防止将经济纠纷当作犯罪处理；四是优化科技创新和科技成果转化的法治环境。其中的第二点，报告中强调，“加强产权司法保护。产权是社会主义市场经济的基石。出台加强产权司法保护17条意见，依法审理各类涉产权案件，从严惩治损害企业家、创业者合法权益和强买强卖、敲诈勒索等违法犯罪行为，坚决纠正涉产权冤错案件”。这就看到了问题的实质，企业、经营者的产权得不到有效保护，会极大地挫伤人们从事经营活动、投身经济发展的热情，其结果必然是严重迟滞经济的发展，甚至会摧毁市场经济的基础。

在中国的主流话语中，流行重公轻私的理念，这体现在产权领域就变成了重视国有企业而轻视民营企业，司法保障是也会向前者倾斜。这种对不同市场主体缺乏平等保护的司法政策，不利于民营企业的发展，最终会影响整个国民经济的健康发展。最高司法机关对此也有清醒的认识，故提出了“平等保护各类市场主体合法权益”的要求，并采取了一些具体措施。如周强报告所言：“出台改善营商环境、平等保护非公有制经济等意见，制定保障企业家创新创业10条具体措施，发布10个平等保护非公有制经济典型案例，依法保护企业家人身自由和财产权利，着力营造保护企业家干事创业的法治环境。”

周强报告还提到了保护知识产权的问题，应该说此举亦旨在为企业营造良好的法治环境。该报告指出：“发布中国知识产权司法保护纲要，充分发挥司法保护知识产权作用，各级法院审结一审知识产权案件68.3万件，促进大众创业、万众创新。探索在知识产权审判中适用惩罚性赔偿措施，着力解决侵权成本低、维权成本高等问题。”

值得注意的是，曹建明所作的《最高人民检察院报告》也提到了平等保护各种所有制经济产权、防止将经济纠纷当作犯罪处理等观点，说明中国两大最高司法机关对此认识是一致的。报告指出，平等保护各种所有制经济产权，保护科技创新和成果转化。依法甄别纠正产权纠纷申诉案件，坚决防止将经济纠纷当作犯罪处理，坚决防止将民事责任变为刑事责任。我国检察系统围绕上述问题也采取了一些具体措施，出台了一些规定。这从报告中得到了印证：“加强企业平等保护和产权司法保护。在司法办案中重视完善公有制与非公有制经济平等保护的司法政策，坚持严格规范公正文明司法，坚持‘三个慎重’、区分‘五个界限’，最大限度减少对企业正常生产经营的影响。2016年制定保障和促进非公有制经济健康发展意见，……严惩侵犯非公有制企业和非公有制经济人士合法权益犯罪，推动构建亲清新型政商关系。2017年先后发布加强产权司法保护、依法保护企业家合法权益等政策文件，明确要求对企业因经营不规范引发的问题，严格遵循法不溯既往、罪刑法定、从旧兼从轻等原则，已过追诉时效的不再追究，罪与非罪不清的按无罪处理。”

报告中还谈到了优化科技创新法治环境、强化知识产权司法保护的问题，“坚持保护知识产权就是保护创新的理念，强化知识产权司法保护”，“深入研究科技创新领域新情况，严格区分合法兼职获利、股权分红、科技成果转化收益与利用职权索贿受贿、挪用公款，一般违纪违法与犯罪等界限，尊重和保护社会创造力及发展活力”。

由此可见,两高报告对上述问题形成了共识,即通过司法手段加强对财产权的保护,特别是注重对不同市场主体合法权益的平等保护,坚决防止将经济纠纷当作刑事犯罪来处理,不断优化科技创新和科技成果转化的法治环境,促进大众创业、万众创新,为经济社会的发展提供优良的司法保障。

2018 年 1 月 1 日起,由最高人民检察院、公安部联合发布的《公安机关办理经济犯罪案件的若干规定》正式实施。这一规定具有很强的针对性,因为很长一段时间以来,公安机关在处理经济纠纷时存在一些不规范现象,其中突出的问题在于将经济纠纷当作刑事犯罪来处理,给一些企业甚至区域经济的发展造成了不良影响。这一现象必须予以纠正,最高检、公安部出台的上述规定是非常及时的,它将对企业的营商环境提供一种法治上的优化。

该规定第 1 条阐明了其宗旨:“为了规范公安机关办理经济犯罪案件程序,加强人民检察院的法律监督,保证严格、规范、公正、文明执法,依法惩治经济犯罪,维护社会主义市场经济秩序,保护公民、法人和其他组织的合法权益,……制定本规定。”此条的重点在于:一是规范公安机关办理经济案件的程序;二是加强检察院的法律监督,即对公安机关办理经济案件过程的监督。因为少数公安人员的滥用职权,任性插手经济纠纷,将经济纠纷作刑事化处理,带来严重副作用,故检察院加强监督对遏制公安人员的滥权冲动是十分必要的。

正如第 2 条所规定的:“公安机关办理经济犯罪案件,应当坚持惩罚犯罪与保障人权并重、实体公正与程序公正并重、查证犯罪与挽回损失并重,严格区分经济犯罪与经济纠纷的界限,不得滥用职权、玩忽职守。”近几年来,公安机关插手一桩经济纠纷案件搞垮一个企业的事情频发,原因就在于未能严格区分经济犯罪与经济纠纷的界限,甚至是为某利益集团的巧取豪夺而不惜滥用职权、玩忽职守,因此本条才特别强调了保护人权、程序公正、挽回损失的重要性。

第 3 条规定:“公安机关办理经济犯罪案件,应当坚持平等保护公有制经济与非公有制经济,坚持各类市场主体的诉讼地位平等、法律适用平等、法律责任平等,加强对各种所有制经济产权与合法利益的保护。”这与两高报告中提到的要平等保护不同市场主体的说法一致,公安机关不能在执法办案中厚此薄彼，优先保护公有制经济，打压非公有制经济。

第 4 条规定："公安机关办理经济犯罪案件，应当严格依照法定程序进行，规范使用调查性侦查措施，准确适用限制人身、财产权利的强制性措施。"如果公安机关任性用权，违反法定程序适用限制企业管理者的人身、财产权，会严重影响该企业的正常运转，甚至使企业遭受毁灭性打击。因此，上述两部门的规定第 5 条又对公安机关提出了注意办案方法的要求："慎重选择办案时机和方式，注重保障正常的生产经营活动顺利进行。"

鉴于公安机关违法办案有可能给企业带来的毁灭性影响，上述规定第 6 条又提出了加强监督制约的要求："公安机关办理经济犯罪案件，应当坚持以事实为根据，以法律为准绳，同人民检察院、人民法院分工负责、互相配合、互相制约，以保障准确有效地执行法律。"

应该指出，我国法律明确规定了公检法三机关互相配合、互相制约的关系，但实际操作过程中，往往是配合有余而制约不足，使其正常的监督功能并未充分发挥出来。特别是检察院，在监督公安机关依法用权方面发挥着重要的作用，但检察院的监督一直存在着"软"（手段偏软）、"盲"（有盲区，监督不到位）的老毛病，因此，今后检察院在监督公安机关办理经济案件的过程中，应当监督手段上更加有力、监督范围上实现全覆盖，促使公安机关规范办案，做到对不同市场主体的权益进行平等保护，防止其将经济纠纷作刑事犯罪来处理。

另外，公安机关和检察机关在办理经济案件时，必须树立保护人权的意识，坚持非法证据排除，坚决反对刑讯逼供和自证其罪。该规定第 7 条规定："公安机关、人民检察院应当按照法律规定的证据裁判要求和标准收集、固定、审查、运用证据，没有确实、充分的证据不得认定犯罪事实，严禁刑讯逼供和以威胁、引诱、欺骗以及其他非法方法收集证据，不得强迫任何人证实自己有罪。"第 18 条还要求公安机关"严禁在没有证据的情况下，查封、扣押、冻结涉案财物或者拘留、逮捕犯罪嫌疑人"。第 31 条规定对涉嫌经济犯罪者要"依法慎用羁押性强制措施""采取取保候审、监视居住措施足以防止发生社会危险性的，不得适用羁押性强制措施"。上述规定如果真能落到实处，将极大改善经济纠纷面临的法治环境，使那些身陷经济纠纷或经济犯罪追诉的企业经营人员免受恐惧之苦，并敢于挺直腰杆，为自己和企业的利益据理力争。

为了逐步优化对国营企业和民营企业、内资企业和外资企业平等保护的营商环境，还需要着重从以下几个方面开展工作：

（一）构建涉外涉侨企业纠纷多元化解体系。外企侨企是我国经济发展的重要动力，涉外涉侨纠纷多元化解机制的建立有利于提升纠纷化解的有效性，扫除外企侨企后顾之忧，更加安心地进行投资建设。

涉外涉侨纠纷具有种类繁多、专业性强、化解难度大等特点。如经济类纠纷就包括国际货物买卖合同纠纷、国际货物运输合同纠纷、国际技术转让许可协议纠纷、国际融资租赁合同纠纷、国际代理合同纠纷、中外合作经营合同纠纷，等等。同时，也存在着非合同之债的纠纷，如侵权行为损害赔偿纠纷、环境污染损害赔偿纠纷等。在行政纠纷方面，情况也比较复杂，解决难度较大，如境外投资者与我国政府之间的投资纠纷、涉外税收纠纷、海关监管纠纷、外汇管理纠纷等。

随着社会治理模式的不断完善，仅依靠诉讼解决纠纷难以实现纠纷解决的效能，不利于营商环境的优化，而多元化解纠纷已成为国际社会治理新规则。2018 年 3 月 19 日，最高人民法院和中国侨联联合印发了《关于在部分地区开展涉侨纠纷多元化解试点工作的意见》，在上海等 11 省市区开展试点工作。

协商和调解是涉外涉侨纠纷多元化解机制的重要内容。协商解决是双方在平等友好的前提下，由当事人双方自愿和解达成协议并自愿履行，有利于保持今后的合作关系。协商解决方式灵活，高效便捷，有利于降低纠纷解决成本，防止经济损失的扩大。相比于诉讼，调解也更加灵活高效，甚至在有些情况下比协商更利于纠纷的解决。例如，外商因航班、签证、清关、汇率等问题无法长时间投入纠纷解决的情况下，调解这一解纷方式的灵活性更显突出。

（二）进一步改进涉商司法工作①。首先，推动构建维护公平公正的法治化营商大环境。1. 推动法检机关严查涉商犯罪，维护市场稳定。进一步严查黑恶势力犯罪、严重暴力犯罪、多发性侵财犯罪、涉众型金融犯罪、危害环境资源犯罪、重大安全生产事故、重大食品安全事故等。维护投资者、企业管理者

① 本部分内容参考吸收了崔永东主持的上海市委托课题“地方法治与营商环境研究”结项成果中的部分内容。课题组成员包括崔永东、孙煜华、李光春、黄娟、党东升等人。

和从业人员人身安全、财产安全。平等保护各种所有制经济产权，重点查办侵犯企业知识产权、利用职务便利侵占、挪用企业财产等犯罪。及时维护民营企业和外国投资者的合法权益，加大对非公有制经济市场主体、诚信经营市场主体的司法保护力度，营造安全、稳定的营商环境。2. 推动严惩职务犯罪，促进市场公平。加强与监察委、纪委的合作，保持惩治腐败的高压态势，以新刑事诉讼法实施为契机，全面推行职务犯罪侦查和预防一体化工作。依法查办教育、就业、金融、医疗卫生、社会保障、征地拆迁、抢险救灾、移民补偿等领域发生的职务犯罪，重点查办违规招投标、商业贿赂等严重影响营商公平的职务犯罪，迅速突破企业关切、政府关心、社会关注的重大职务犯罪案件。健全和强化检察机关提前介入机制，依法监督妥善处置涉案财物，保障涉案企业家在调查期间正常行使合法的民事权利。坚持惩防并举，坚决贯彻中央反腐败的总方针，标本兼治、综合治理、惩防并举、注重预防，探索创新预防工作方式方法，充分发挥好检察机关的职能作用。注重运用预防调查和检察建议等方法做好风险排查和预测预警。进一步采取有力措施，创新服务思路，拓宽工作领域。3. 推动规范司法行为，确保自身公正。法检机关需严格规范自身司法行为，着力提高执法公信力。着力解决执法不严、不公、不廉和滥用强制措施、违法查封扣押冻结处理涉案财物，以及办关系案、人情案、金钱案等突出问题，提高司法规范化水平。严禁越权办案、插手经济纠纷，严禁以服务为名到涉案企业和单位"吃拿卡要报"，严禁干预涉案企业和单位的正常生产经营活动，严禁法检人员以权谋私损害企业和投资者的合法权益，倾力打造公平营商环境的"高地"。严格落实办案质量终身负责制和错案责任倒查问责制，确保案件处理经得起法律和历史检验。坚持实体公正与程序公正并重。坚持以事实为依据，以法律为准绳，健全事实认定符合客观真相、办案结果符合实体公正、办案过程符合程序公正的法律制度。端正服务态度，热情文明服务，使法检机关和全体干警真正成为地方经济社会发展的保护者、服务者和促进者。4. 推动谨慎适用强制措施，审慎处理新问题新情况。涉及项目建设、企业发展、招商引资等案件，慎重选择办案时机和方式，加强与涉案企业的主管部门、涉案单位的沟通协调，慎重使用搜查、扣押、冻结、拘留、逮捕等措施；不轻易查封企业、项目建设账册，不轻易扣押企业、项目建设的财物；不轻易传唤企业、项目负责人。对必须查封、冻结、扣押的企业、项目建设财物、账目和银行账户的，要快查快结,按规定及时解冻或返还。坚持理性平和文明规范司法,既要依法惩治犯罪者,又要支持创业创新者。在准确把握法律政策界限、严格执行宽严相济刑事政策的基础上,审慎处理服务营商环境中出现的新情况新问题。认真钻研新类型案件、沉着应对新情况。准确区分改革探索中的失误与利用制度漏洞实施犯罪的界限;准确界定合法劳动收入与违法所得的界限;准确区分政策执行事务与违法犯罪的界限;准确区分资金合理流动与徇私舞弊造成国有资产流失的界限;准确区分企业不规范融资与非法吸收公众存款的界限。依法查办犯罪者,支持改革者,保护创业者,教育失误者。对法律政策界限不明、罪与非罪界限不清的案件,谨慎立案,避免将一般违规、工作失误甚至改革创新简单视同为犯罪。要强化法检机关对商业新领域、新技术、新发展的法律问题研究,注重实务问题研究,实现为企业提供精准的法律服务。5. 公平对待非公有制企业。实践中,有的法检人员在对待非公有制(包括外资企业)经济和公有制经济的态度上截然不同,甚至将服务经济大局定位为服务国有企业,而把非公有制企业排除在外。新形势下,法检机关应当坚持平等保护的原则,对非公有制经济与公有制经济一视同仁,坚持诉讼地位和诉讼权利平等、法律适用和法律责任平等、法律保护和法律服务平等,依法平等保护非公有制企业产权和合法权益。

其次,建立预防金融犯罪的风险控制机制。1. 搭建交流沟通平台。一方面,法检机关要与企业建立座谈交流制度,做好企业界人大代表、政协委员、民主党派、无党派人士和工商联的联络服务工作。详细了解当前制约非公有制经济发展的突出问题,及时掌握非公有制企业发展的司法需求,通过到企业、个体工商户、社区和律师事务所等单位登门走访,真心诚意地征求法检机关为非公企业发展服务的意见和建议,结合法检职能共同研讨新形势下企业发展的对策措施,力所能及地帮助企业排忧解难。另一方面,基层法检机关要积极推动当地工商、税务、发改委、国土、环保等职能部门建立联席会议制度,加强信息互通和协调配合,为非公有制企业在办理立项、行政审批等方面提供快捷、便利服务,形成工作合力。推动完善法治化营商环境制度体系,进一步完善行政执法与刑事司法衔接工作机制,健全与行政执法部门、公安、法院信息共享、案情通报、案件移送制度,积极参与优化营商环境的地方性立法研究工作,深入推进行政规范性文件审查衔接工作。2. 搭建法律服务平台。法检机关应当主动靠前服务、送法上门答疑解惑。在经济开发区设立接待室，采取普法讲座、以案释法等方式，扎实开展法治教育、法律咨询等工作，帮助和促进非公有制企业、非公有制经济从业人员强化依法经营和自我保护意识。及时收集企业发展中遇到的问题，并向有关部门反映；积极为经济发展兼并重组、转型升级、自主创新等提供法律服务，促进企业掌握依法解决各类民事经济纠纷的方法措施，增强自身维权能力。配合推进社会征信体系建设，探索对有招投标需求的非公制企业提供行贿犯罪档案查询服务，促进完善廉洁准入制度。帮助非公有制企业建章立制，堵塞漏洞，完善内部监督制约和管理机制，提高依法经营、科学管理水平。对案件反映出的政策性、制度性的问题，及时建议工商联和行业主管、监管部门研究改进，促进问题得到有效解决。打造“互联网+法院”“互联网+检察院”绿色通道，积极构建开放透明、亲民便民的“阳光司法”机制，采用信息化手段深化司法公开，建立“一站式”“全网通”的互联网服务平台，探索运用大数据、人工智能等现代科技手段，实现更智能、更精准、更贴心的法检公共服务，做到“让数据多跑路，企业少跑腿”。法律服务平台应当与工商联建立案件信息通报制度，对企业犯罪、侵害企业利益犯罪情况进行通报、分析，通过“点对面”的服务，提升企业防范犯罪的法律意识。还可以通过检察机关深入企业“点对点”服务，帮助企业及时梳理存在的制度漏洞和法律隐患，提出法律对策，增强企业自我保护力和市场竞争力。对企业的申诉，一律纳入“首办责任制”，实行专人负责，限期办结。当好企业法定代表人的“法律智囊”，切实增强广大企业厂长经理学法守法意识，为涉企相关规范性文件、决定深度把关，促进其运用法治思维和法治方式开展工作；密切检企关系，帮助企业解决生产经营中遇到的实际问题。3. 搭建舆论宣传平台。法检机关应当增强主动宣传的意识和能力，充分利用报刊、广播电视和门户网站、微博、微信等宣传阵地，及时宣传报道法检机关在服务和保障非公有制经济发展工作中的新思路、新举措和新成效，传播法检“好声音”和法治“正能量”，形成保障和促进非公有制经济发展的良好舆论氛围。对于查办非公有制企业及从业人员案件引发的舆情，要树立积极回应理念，加强舆情收集、分析、研判，及时快速应对，正面引导疏解。4. 加强部门协同，有效防范犯罪风险。有效减少金融犯罪的发生，营造良好营商环境，需行政机关、金融机构、司法部门等形成合力，构建全方位、立体化的司法模式。实践中出现的销售伪劣产品、非法吸收公众存款、信用卡诈骗等涉商犯罪都需要政府、银行、司法、工商等监管部门联合进行监督。建议建立以政法委为主导的联席会议制度，促进各方共同探讨重大案件，分析热点问题，达成解决共识，加强执法活动的开展。法检机关应积极推进行政执法与刑事执法衔接，与行政监督机关形成案件信息共享和良性互动，针对部分行政执法部门有案不移、有案难移、以罚代刑等情况时时监督，并畅通违法、犯罪线索移送渠道，形成监管的合力。以此引导企业在法治范围内生产、经营，及时消除可能引发的犯罪隐患，使经济发展走上良性循环的轨道。完善监督举报机制，调动全社会力量，推进营商环境类犯罪预防控制体系建设。法检机关应着眼于中央深化改革、优化营商环境各项决策部署，针对区域性、多发型和典型性危害营商环境犯罪活动，充分发挥人民群众在治理营商环境类犯罪活动中的重要作用和积极性，构建法检机关法律主导、社会各界广泛参与、各类市场主体及时反馈、人民群众满意放心的犯罪预防与治理工作机制。

再次，完善营商环境的司法保护。1. 将危害营商环境行为纳入公益诉讼管辖范围。从保护的利益类型来看，营商环境如同生态环境一样，也是社会成员共享的公共资源，其承载了许多具体的国家利益和社会公共利益。在国家利益层面，营商环境包含着整体政府公信力这一重要无形资产的国家利益。有学者提出，政府公信力=政府行政能力×公众满意度。具体而言，“是政府的影响力与号召力，它是政府行政能力的客观结果，体现了政府工作的权威性、民主程度、服务程度和法治建设程度；同时，它也是人民群众对政府的评价，反映了人民群众对政府的满意度和信任度”。在社会公共利益层面，营商环境则包含着区域性社会信用声誉和市场主体交易安全利益等。区域性社会信用声誉是某一特定区域全体成员长期共建和共同享有的一种人格名誉，我国法律目前尚未对这种具有集体性的名誉权作出规定，但其作为一种特定区域全体成员的共同人格利益却是一种客观存在。行政公益诉讼制度确立的根本目的是对行政机关侵害国家利益和社会公共利益的违法行政行为进行监督。营商环境保护符合行政公益诉讼的根本目的和诸项要件，可以形成为一种新的案件类型。政府自身的积极治理当然具有根本性的作用，但仍需要检察机关的异体监督来配合和保障。当前可建议考虑将以下几类案件纳入公益诉讼范围：行政机关未依法公开涉营商环境的政府信息行为；行政机关的失信行为；

行政机关的地方保护主义行为；有监督管理职责的行政机关在维护营商环境中懈怠失职的行为。此外，还需设定相应的监督措施。例如，一是限期行政机关依法公开政府信息、撤销或更正已公示的虚假信息等；二是改正政府的失信行为，促使依法切实履行行政协议或及时兑现行政允诺等；三是要求撤销、废止、停止适用违法的规范性文件，或者修订规范性文件中不合法的条款等。2.行政诉讼判决执行纳入检察机关的法律监督。增加检察机关对行政判决执行的监督。建议修改行政诉讼法，建立对拒绝或拖延履行行政判决的行政机关设定处罚制度，对迟延执行行政判决支付钱款设定迟延履行期间的债务利息。具体可参照《中华人民共和国民事诉讼法》第260条与《最高人民法院关于执行程序中计算迟延履行期间的债务利息适用法律若干问题的解释》的相关规定，进一步完善法治、诚信政府的建设。

第十六章　司法助推企业合规论

一、合规的内涵和意义

合规,目前在学界和实务界已经成为一个"热词",成为企业管理中的一个"关键词"。合规一词是舶来品,最早起源于美国,是指对企业的一种规范化管理,这种管理的依据包括行政监管法规、刑事法规、行业准则、商业惯例及商业道德规范等。因此,我国学者将合规问题又细分为刑事合规、行政合规、伦理合规等。合规的意思是指符合规范要求,这里的"规"是包括标准、法规、法则、原则、道德等在内的各种规范。2018 年我国出台的《合规管理体系指南》指出:"合规意味着组织遵守了适用的法律法规及监管规定,也遵守了相关标准、合同、有效治理原则或道德准则。"可见,合规是建立在一套规范体系上的企业管理模式或治理模式,诚信之类的商业道德规范也被包含在这套规范体系之中。

简言之,刑法方面的企业合规是刑事合规,行政法方面的企业合规是行政合规,伦理道德方面的企业合规是伦理合规;或者说,企业合规是一个上位概念,刑事合规、行政合规、伦理合规等是下位概念。从广义上说,合规计划是对商业伦理或商业道德的一种弘扬,但其核心却在于刑事合规——以法律视角判断。

企业合规的理论与制度起源于 20 世纪中期的美国(也有源于英国的说法),目前已经成为全球企业治理的重要方式。根据学界通说,企业合规是指企业在经营过程中遵守法律和规则,为规避或减轻因违法违规经营而承担的行政责任、刑事责任和经济损失等而必须采取的一种公司治理的方式。另外，国家为鼓励企业构建或完善合规计划，需要在法律上采用激励机制，将合规作为对违规企业在行政处罚和刑事惩罚上进行减免的依据。企业合规与企业从业者特别是高管的法律责任有着密切关系，“合规”的对立面是“逾规”或“无规”，无规是没有规矩，逾规是超越规矩，这都要承担法律责任，对企业经营将构成重大风险。因此可以说，企业合规就是企业对其法律风险的防控和规避，这种法律风险主要是指行政处罚风险及刑事法律风险。

合规的意义在于推动企业进行治理结构的变革，建立起一套从商业伦理到民事、行政、刑事规范的合规体系，也是企业进行自我管理、自我约束、自我完善的机制和措施。时至今日，企业合规有了更加深刻的内涵，即构建一种全面合规的企业文化。值得一提的是，2004 年，美国联邦量刑委员会对《组织量刑指南》进行了修订，其中的一大亮点就是引入了“组织文化”这一概念，强调企业文化的构建不仅要促进企业及其从业人员守法，还要着力促进“道德行为”。这是将组织文化正式当成企业合规的重要内容，把有效合规计划定义为“预防和发现犯罪行为”以及“鼓励符合道德的行为和承诺遵守法律”的组织文化。2010 年，美国《组织量刑指南》再次修订，将原来的首席合规官改为首席道德与合规官，提高了道德或文化在合规管理中的地位和作用。正如《汤普森备忘录》中指出的，未被企业人员有效内化并成为公司文化一部分的合规计划是无效的。

随着企业合规计划在全球企业界的普及，国际标准化组织在 2014 年制定了《合规管理体系指南》，其最大特点在于融入企业文化，将合规嵌入企业文化与员工行为模式的塑造之中，使其成为企业的核心价值观和公司治理的基本结构和方式。由此可见，一部企业合规的发展史，昭示了从合规到合乎道德、从合规管理到企业文化建设的演进逻辑。简言之，合规的历史就是从法规管控到“文化自觉”的历史，就是从“外部强制”到“道德自律”的历史。

二、企业合规体系的历史演进

企业合规制度最早确立于美国。20 世纪 60 年代之前，一些美国企业针对当时社会上出现的不信任企业的氛围,开始主动进行合规管理,主要是通过规范企业从业人员的行为来加强自我监管,督促从业人员依规行事。同时,美国的一些行业协会也通过制定合规指南来督促企业依法依规开展经营和管理。这种企业与行业协会在合规管理方面的"主动作为",实际上也有阻止政府部门对企业强加监管企图的意思在内。因此,本阶段的企业合规被称为企业的"自我监管阶段"。

20 世纪 60 年代之后,随着一系列企业垄断丑闻的出现,一些企业受到美国刑事反垄断部门的调查,先后有 30 多家企业和 40 余人与检察机关达成认罪协议,并被科以重罚。这不但震惊了美国社会各界,而且导致政府监管部门介入企业的合规管理,积极推动企业建立合规计划。监管部门认为,只要企业制定了合规计划,并且得到了严格的执行和监督,那么即使企业及其从业者违规也可以不必追责。这一阶段持续了约 30 年。通过政府部门的监管和督促,各企业都建立了自己的合规体系,被称为"企业合规的政府监管时代"。

到了 20 世纪 90 年代,美国司法部加大了对海外贿赂行为的查处力度,一批跨国公司因其商业贿赂行为被定罪判刑,导致公司信誉受损并因此失去很多商业机会。为避免出现此种后果,很多企业开始重视内部的法律风险防范。这就迎来了企业合规管理的新阶段,即第三阶段。本阶段的特征在于,企业合规从特定行业的管理机制变为所有企业的治理方式,并形成了刑事合规与行政监管合规并存的局面。

美国企业合规在 2000 年后进入第四个阶段即所谓"普遍监管阶段"。为了应对美国爆发的大规模的企业欺诈丑闻,2002 年通过了《萨班斯—奥克斯法案》,对联邦证券法进行了大幅度修改。该法案的实施代表了美国治理上市公司基本理念的转型,即从信息披露转变为实质性监管,其中最重要的是督促公司建立内部控制体系,并确立了内控体系的基本标准。2010 年通过的《多德—弗兰克法案》,是为了防范金融危机而对企业提出不断改进和完善合规计划的要求,"更加重视公司内部的举报与合规程序"。

随着美国企业合规制度的普遍实施,一些国际组织也接受了"通过合规进行公司治理"的理念,在相关领域制定发布有关企业合规的基本标准。2005 年,巴塞尔银行监管委员会发布了《合规与银行内部合规部门》,为金融企业建立合规部门确立了一般原则。2010 年,经济合作与发展组织发布了

《内部控制、企业道德及合规最佳实践指南》，对跨国企业提出了预防腐败行为的要求，并确立了合规的 12 项准则。2014 年，国际标准化组织发布了《合规管理体系指南》，确立了有效合规的基本标准。这份国际法律文件的发布，标志着国际组织建立有效合规计划已经进入成熟阶段。

一些国际组织在发布合规计划的同时，还以“国际执法者”的身份对参与该组织招、投标项目的企业进行了合规治理。例如，世界银行作为一个国际金融组织，对于参加投标、竞标的企业存在腐败、欺诈等不当行为的，进行联合制裁。该行还发布了《世界银行集团诚信合规指引》，被制裁的企业只有按照这一“指引”的要求建立或完善自己的合规体系，才有可能被解除制裁。据悉，我国曾有 44 家企业因为欺诈行为受到了世界银行的制裁，其中大多数为国企。有一些涉案企业因为根据上述“指引”重新建立了合规体系，满足了世界银行的要求，而被移除出“被制裁企业名单”。这说明，世界银行也是将有效的企业合规体系作为一种“国际执法激励机制”来看待的。

三、刑事合规

所谓刑事合规，本质上是一种企业内部的刑事风险防控机制，其目的在于防范企业的刑事法律风险，以避免企业及其员工的行为给企业带来刑事责任。换言之，企业通过完善和实施管理制度，督促从业人员的行为必须符合国家的刑事法律规范，以免因违反刑法规定而承担相应的刑事责任。

刑事合规的基本特点：一是把要求企业经营必须受到刑事规范的约束作为其目的，强调以刑事法律的标准来识别、评估、防控企业的法律风险；二是赋予企业及其从业人员以防控刑事风险的义务，从此点言之，合规计划实际上是一种广泛的犯罪预防措施，可以预测、检查和遏制那些在企业运行过程中潜在的犯罪活动；三是刑事合规乃是国家刑事政策的组成部分，企业合规文化建设成为确立刑事责任的依据，成为犯罪评价和刑罚实施时必须考量的基本因素。

刑事合规制度为企业提供了免于刑事处罚或从宽处理的依据。构建企业的合规制度，具有如下意义：一是预防企业及其从业人员犯罪；二是在企业犯罪后，通过合规计划与实践来得到司法机关与行政监管机关的谅解，并得到从宽处理,以减轻企业的刑事责任。从此意义上说,刑事合规是一种将企业经营活动是否合规与企业刑事责任的有无或轻重相联系的刑事风险内控机制。有的学者甚至认为,刑事合规就是依据企业合规计划来支持企业“出罪”的制度性安排。目前,刑事诉讼制度中有一项“合规不起诉制度”,就为企业的合规免诉提供了方便。这也可以说是对合规企业的一种刑事司法上的激励措施。

刑事合规可以分为诉前刑事合规与诉中刑事合规。诉前刑事合规是指企业及其从业者在其从业活动涉及刑事诉讼之前,企业就已经实施合规计划,或者说是按照合规计划进行企业运营了。诉中刑事合规是指企业原来并无合规计划,导致企业及其从业者出现犯罪行为,司法机关要求企业制定并实施合规计划,然后给予企业从宽处罚的情况。这就涉及我国“宽严相济”的刑事政策了,涉企刑事政策是解读刑事合规的又一视角。

刑事合规制度旨在以刑事司法为后盾,督促企业构建并完善合规制度,防范经营风险、刑事风险及其他法律风险,帮助企业预防各种矛盾纠纷,助推企业内部的社会治理,从而保障企业的健康成长。从预防企业出现法律纠纷或刑事风险的角度看,企业的合规化管理实际上也是一种“诉源治理”。“诉源”是指纠纷产生的根源,诉源治理的重心在于预防矛盾纠纷的产生,需要采取防患于未然的各种措施,这叫“不治已病治未病”。诉源治理也是一种社会治理,通过社会力量(包括企事业单位)的介入,通过合规化管理将各种矛盾和纠纷的萌芽消弭于无形,实现局部社会秩序的和谐稳定。这就在相当程度上降低了国家司法的成本,节约了国家司法资源,有效缓解了“案多人少”的矛盾。长期以来,我们受法律浪漫主义思潮的影响,相信司法万能,鼓励诉讼,导致我国各种预防和化解矛盾的机制“停摆”或“遇冷”,而诉讼中存在的各种弊端也日益凸显,诉讼的过程和结果也很难完全符合人民群众化解纠纷的美好愿景,因此人民群众对司法的不信任感有所增强。对于一个企业来说,通过合规化管理,将企业及其从业人员的行为纳入合规化系统,自然会大大减少越轨行为的发生,从而也就大大减少了矛盾纠纷,使企业在一种和谐稳定的状态中健康成长。所以说,合规化管理不仅是诉源治理,还是企业内部社会治理的重要手段之一。

近几年来,加强对民营企业的司法保护已经成为我国司法改革战略的一个重要组成部分,最高司法机关正在着手对相关制度进行改革探索,先后出台了一些文件,并开展了相关试点工作。2020年,最高人民检察院在上海浦东区、金山区,江苏张家港市,广东深圳南山区、宝安区,山东郯城县等六个基层检察机关开展企业合规改革试点工作,旨在对民营企业负责人涉及经营类犯罪的,依法能不捕的不捕、能不诉的不诉、能不判实刑的则适用缓刑。另外探索督促涉案企业合规管理,促进"严管"制度化,防范"厚爱"被滥用。2021年,最高人民检察院发布《关于开展企业合规改革试点工作的方案》,全面启动企业合规改革试点工作,试点范围扩及十个省市的多家地方检察机关。该方案要求在依法做出不批捕、不起诉决定或者根据认罪认罚从宽制度提出轻缓量刑建议的同时,针对企业涉嫌具体犯罪,结合办案实际,督促涉案企业作出合规承诺并积极整改落实,促进企业合规守法经营,减少和预防企业犯罪,实现司法办案政治效果、法律效果、社会效果的有机统一。并要求推动建立国家层面企业合规第三方监管机构。

从目前我国检察机关推行的企业合规试点工作方案看,企业合规是"事中合规",即在企业涉嫌刑事犯罪后,检察机关通过督促企业建立合规机制来减轻或免除企业的刑事责任。西方国家的企业合规制度强调事前预防,要求企业通过建立合规计划来进行治理,当企业遇到法律风险时,完善的合规计划成为企业减免法律责任的根据。这与我国目前的企业合规计划有着显著的不同。如此看来,我国目前的企业合规尚未成为企业的一种治理方式,尚未体现出预防比辩护更加重要的合规理念,而仅仅是企业降低或免除刑事责任的一种手段。

企业合规包括方方面面,不合规会面临各种法律风险,刑事风险只不过是其中的终极形态而已。从最高检察机关的改革方案看,其目的是站在刑事立法的角度审视企业合规,在对"逾规"企业从宽处罚的同时,采用第三方监管方式,督促企业进行合规治理。刑事合规机制应当建立在诉讼发生之前,企业为了防范因为违规、违法而受到刑事追究的风险,建立起较为完善的合规治理机制,从而有效预防企业因为受到司法机关的刑事追究而遭受重大经济损失和声誉损失。总之,刑事合规计划既包括事前的预防,也包括事中的整改,但重在事前预防。

在我国构建较为完善的企业合规计划,首先要树立重视合规的理念,特别是要有刑事法律风险的防范意识,早做准备,未雨绸缪,防患于未然;其次要完善刑事法律激励机制,如建立企业合规不起诉制度,鼓励企业事前构建合规体系,并将此作为涉案企业出罪或免刑的依据,另外还可以将事后整改作为从宽处罚的根据。企业合规只有与法律激励机制相结合,才能促使企业积极主动地建设自己的合规治理体系,推动企业不断提升自身的治理能力。从此意义上讲,企业合规治理体系的打造,也是企业社会治理能力的一种体现,合规治理是社会治理在企业领域的一种表现形式。

四、行政合规

行政合规是指企业在对外经营和内部管理方面都符合国家行政法律、法规的相关规定。这些规定包括四类:一是国家法律、行政法规、行政规章、地方性法规、司法解释等;二是行业惯例,如行业行为准则、商业习惯、伦理道德等;三是企业内部的规章制度,如公司章程等;四是国际组织条约。

企业合规是一种崭新的公司治理模式。首先,在公司内部成立一个独立的管理部门,建立一套管理体系来阻止违反法律和政策的行为。其次,它颠覆了传统的公司管理结构,传统的公司管理主要是经营管理和财务管理,现在增加了一个首席合规官,企业治理结构从“两驾马车”变为“三驾马车”。再次,传统的公司管理结构是以股东为中心的,将所有权与经营权分离,公司管理人员、经理和董事长是股东的代理人。但是合规的权力并非来自股东,而是来自政府。

行政和解是解决行政纠纷的重要途径之一。企业行政和解主要分为三个阶段,一是行政执法和解,二是行政复议和解,三是行政诉讼和解。行政合规制度的引入,使企业行政和解具有了很大的可行性和可操作性。行政合规要求企业预先通过公司章程、行为准则等规范性文件来引导、约束公司的对外经营和内部治理行为,并以此防控法律风险。

行政合规也可以称为行政监管合规,它与刑事合规之间存在着一种递进关系,这种递进关系是根据违法行为的社会危害程度来划分的:如果违法行为仅仅违反了行政法规,虽然有一定危害后果但尚未达到刑事立案标准的,则属于行政合规的制裁范围;如果违法行为不仅违反了行政法规,还违反了刑事法规,则属于刑事合规的制裁范围。

同刑事合规一样,行政合规的目的在于促进企业的健康运行和良性治理,使企业避免出现行政监管风险与刑事风险,即使出现了相关风险也能通过补救措施使企业的损失降到最低。

企业行政合规和解与企业行政合规指南有着密切关系,企业行政合规指南一般由国家行政监管部门起草,企业参考指南建立行政合规计划,这是企业能够在行政执法和解中达成和解协议的前提条件。与企业行政合规指南的配套的是企业行政合规审查标准,后者使前者能够行之有效。在企业合规制度较为完善的美国,其合规机制以刑法激励与刑事豁免为主要特色,我国与此有异,企业合规机制的建构应该以行政合规为主导,在行政执法中以和解为主要途径,并建立企业行政合规标准,规范企业的对外经营和对内治理活动。

在企业行政合规和解协议达成后,还应当设立一定期限的审核期,美国的合规审核期一般为三年。该制度旨在监督企业履行行政和解协议上规定的各项义务,尤其是有关行政合规各项要求的改进与完善。审核的方式包括向企业派驻工作组、定期验收和企业定期汇报等。我国可以借鉴美国的做法,根据企业违法行为及其经营属性来设立三年到五年的审核期,如果企业在规定的期限内不能完成合规审核要求,则可以对该企业继续进行行政处罚。

实际上,行政合规的目的在于避免合规风险。合规风险是指企业及其员工因实施违法行为而导致行政监管调查,进而受到行政监管处罚,严重的还会受到刑事制裁。合规工作的目标是减少企业因违规违法行为而遭受的损失,对违法违规行为防患于未然。合规风险的要素主要是三种:一是因企业违规遭受行政处罚;二是因企业犯罪行为受到刑事制裁;三是因企业行政违规、刑事违规受到行政、刑事处罚而导致营业资格的丧失(如吊销营业执照)。从司法的角度看,这是一种"递进式"的风险,行政处罚虽然不属于司法制裁,但离司法制裁仅有"一步之遥",行政违规行为的严重化必遭刑事追究。而对企业来说,最大的风险在于其因遭受刑事司法的处罚而导致营业资格的丧失,因为那意味着企业生命的终结。因此可以说,无论是企业的行政合规还是刑事合规,都是企业的一种治理方式和治理体系,是企业的"生命线"和"发展线"。

第十七章　司法学范畴体系论

司法学是一门新兴学科，是一门具有无限发展前景的学科。司法学是一门研究司法理念、司法制度和司法实践的学科，也是一门研究司法传统和司法现实、民间司法与国际司法的学科。它既有交叉性的学科特点，又有独立的学科属性。前者指其与哲学交叉形成司法哲学，与历史学交叉形成司法史学，与伦理学交叉形成司法伦理学，与管理学交叉形成司法管理学，与行政学交叉形成司法行政学，等等。后者指其具有独立存在的价值和地位，表现在如下子学科上，如司法程序学、司法制度学、司法传统学、民间司法学、国际司法学、司法理念学，等等。

司法学研究不仅有重大的理论意义，还有重大的现实意义，因为司法是“法治中国”由顶层设计走向具体实践的关键环节。司法学对当前与今后的司法改革具有引领和支撑意义。理论是实践的先导，缺乏理论引领的实践活动是盲目的，也很难达到预期目的。司法学对司法改革具有理论引领作用，司法学对司法改革战略和司法规律等的研究，将对司法改革的顶层设计和前进方向发挥指引作用，使改革之轮沿着正确的轨道前行，并臻于理想之境。

一、司法学范畴体系构建的理论意义和学科意义

一门学科的成熟有赖于其理论体系的成熟，而理论体系的成熟取决于范畴体系的成熟。因此，构建司法学范畴体系就成了促进其理论体系和学科体

系完善化的关键。司法学范畴可以分为基础范畴、核心范畴和基本范畴三类。基础范畴在司法学范畴体系中带有根本性，是“基础性工程”，核心范畴是支撑性范畴，基本范畴是辅助性范畴。如果说司法学是一座大厦，那么基础范畴是地基，核心范畴是支柱，基本范畴是砖瓦。它们共同构筑完成了一座理论大厦。

司法学的基础范畴是“人道司法”，这是因为，人道主义是当今法治领域的最强音，也是司法领域的核心价值观。体现人道价值的“人道司法”当然应当成为司法学的基础范畴，它是司法学赖以建立和发展的逻辑起点。司法学的核心范畴包括司法本体、司法价值、司法目的、司法主体、司法客体等，基本范畴包括司法理论类范畴、司法制度类范畴和司法实践类范畴三大类。司法理论类范畴包括司法理念、司法原则、司法正义、司法独立、司法民主、司法平等，等等。司法制度类范畴包括司法体制、司法行政、司法主权、司法标准、司法监督、伦理司法、宗教司法、民间司法，等等。司法实践类范畴包括司法程序、司法方法、司法管理、司法建议、刑事诉讼、民事诉讼、行政诉讼，等等。

从理论维度审视，司法学的核心理念是人道司法，理论基础是司法二元主义理论，理论支撑包括司法立法的理论、行政司法的理论、司法监督的理论、司法管理的理论、司法程序的理论、伦理司法的理论、国际司法的理论、司法改革的理论，等等。其中，司法二元主义是一种强调国家司法与社会司法相互支撑的理论，司法立法的理论是一种强调通过司法解释来填补漏洞、确立规则的理论，行政司法的理论是指一种行政机关通过“准司法”手段来解决行政纠纷的理论，伦理司法的理论是一种强调伦理观念影响或主导司法实践的理论，司法管理的理论是一种强调通过考核、评价、奖惩等手段对司法流程和司法人员进行管理的理论，司法监督的理论是一种强调检察机关对审判机关进行监督制约的理论，司法程序的理论是指一种司法机关遵循法定程序从事司法活动的理论，司法改革的理论是一种对司法体制、机制和制度进行革新的理论，国际司法的理论是指一种国际司法机构或国际组织根据国际条约或国际惯例，以司法或准司法手段解决国际纠纷的理论。

司法学范畴体系的形成标志着司法学理论体系的成熟和学科体系的形成。这是因为，学科体系的核心在于理论体系，而理论体系的核心在于范畴体系。司法学的基础范畴、核心范畴和基本范畴，构成了司法学理论体系的骨骼；司法学的核心理念、基础理论和支撑理论构成了司法学理论体系的血肉；而其交合融会便形成了司法学学科体系的主体部分，从而支配和整合着司法学各个下属子学科，形成一个熔范畴体系、理论体系和学科体系于一炉的成熟的“学科群”，这就是司法学的成熟化。这是理论界和实务界同仁共同期待的目标，望其早日实现。

二、对司法学范畴体系的分析研究

司法学范畴体系是司法学这一新学科构建的基础，厘清、探索这一范畴体系对构建司法学理论体系和学科体系具有极为重要的意义。司法学范畴分为基础范畴、核心范畴和基本范畴三大类。基本范畴是对司法现象的基本环节、基本过程以及初级本质的抽象，是司法学领域的基本概念；核心范畴是对司法现象的普遍联系、普遍本质和一般规律的高度抽象，在司法学体系中居于核心地位；基础范畴是核心范畴中的主导范畴，它构成了司法学范畴体系的逻辑起点或逻辑基础。析言之，“人道司法”是司法学范畴体系中的基础范畴，司法主体、司法客体、司法价值、司法目的、司法行为、司法本体、司法规律等是司法学范畴体系的核心范畴，其他范畴是司法学范畴体系的基本范畴。

（一）司法学基础范畴、核心范畴和基本范畴

范畴是一种概念，是一种更抽象的概念，或者说是更大的概念。习惯上，概念与范畴往往被同等看待，许多学者都是不加区分地使用它们，因其在本质上并无不同，只是范畴更为抽象而已。不过，似乎用概念的多，用范畴的少。

范畴往往存在于范畴体系之中，范畴体系是一种序列化、体系化的概念。范畴体系展示了人类理性思维的过程，也是某一学科理论水平的“显示器”。一门学科的理论体系实际上就是一个概念系统，而这一概念系统也就是一个范畴体系。有的学者将法学范畴分为基本范畴、中心范畴、基石范畴和普通范畴。笔者将司法学范畴分为基础范畴、核心范畴和基本范畴三大类。基本范畴是对司法现象的基本环节、基本过程以及初级本质的抽象，是司法学领域的基本概念；核心范畴是对司法现象的普遍联系、普遍本质和一般规律的高度抽象

象,在司法学体系中居于核心地位;基础范畴是核心范畴中的主导范畴,它构成了司法学范畴体系的逻辑起点或逻辑基础。析言之,“人道司法”是司法学范畴体系中的基础范畴,司法主体、司法客体、司法价值、司法目的、司法行为、司法本体等是司法学范畴体系的核心范畴,其他范畴是司法学范畴体系的基本范畴。

司法本体,属于本体论范畴。从哲学上看,本体论主要探讨事物的本质及其与现象的关系问题,其思想源头可追溯至古希腊时期的哲学家亚里士多德。他认为哲学所研究的主要对象是实体,而实体或本体的问题是关于本质、共相和个体事物的问题。本质是事物的根本性质,是事物自身组成要素之间相对稳定的内在联系。本质和必然性、规律是同等程度的概念。本质和现象是统一的,它们互为事物的表里,互相依存。本质决定现象,是现象的根据;现象是由本质产生的,总是从不同侧面体现着事物的本质。世界上没有离开现象单独存在的本质,也没有脱离本质的纯粹现象。本质与规律是同等程度的概念,规律是客观事物发展过程中的本质联系,具有普遍性的形式。鉴于此,我们可以说司法本体与司法现象也是统一的,司法本体决定司法现象,司法现象决定司法本质。司法本体是司法的性质,也是司法的规律,司法现象是体现司法本质的。

关于主体与客体,《辞海·哲学分册》是如此界定的:“主体指认识者,客体指同主体相对立的客观世界,是主体的认识和活动的对象。”那么,什么是司法主体呢?学界的解释是:司法主体是指在诉讼活动中具有一定的诉讼职能,具有一定的诉讼地位,享有一定的诉讼上的权利和承担义务的国家司法机关和诉讼当事人。司法主体的种类,一般认为包括当事人、司法机关和诉讼参与人三类,其中作为司法主体的诉讼参与人是指那些具有独立的诉讼地位,依法享有诉讼权利和承担诉讼义务,并且能够影响诉讼活动发展和结局的人。司法客体相对于司法主体而言,是指司法主体行为指向的对象,即社会矛盾纠纷,也就是各种诉讼案件。

价值产生并存在于人与客观事物的关系之中,是客观事物的存在及其属性对人的需要的满足。司法价值与法的价值有着密切关系,司法价值主要体现在四个方面:人道、自由、正义和效益,其中人道价值带有根本性,它可以统领各种司法价值。

关于司法目的,有的学者认为司法目的在于司法控制。另有学者认为司法目的具有三个层次,即确认解决纠纷规则、完全解决纠纷事实、形成法律秩序。并强调以人为本是司法的终极目的。笔者认为,司法目的在于惩治违法、维护秩序、保障人权,其最终目的在于实现人道价值。任何反人道的有关司法目的的理论都是与司法文明的发展趋势背道而驰的。

关于司法行为,笔者认为,“司法”是一个广义概念,它不但指国家司法(审判活动等)而言,还包括社会司法(调解、仲裁之类)。国家司法是国家司法机关解决纠纷的活动,而“社会司法”是与“国家司法”相对的概念,它最初来源于西方法律社会学派的相关著作中,如奥地利法学家埃里希的著作《法律社会学基本原理》就提到了这一概念。他认为,社会组织根据“活法”(社会规则)所进行的解决纠纷的活动就属于社会司法。他指出:“司法并不起源于国家,它在国家存在之前就已产生。”这就强调了司法的社会性,司法权并不仅仅是一种国家权力,更是一种社会权力。根据埃里希的观点,活法是“支配社会生活本身的法律”,在调整社会秩序方面的作用远远超过了国家制定法。

以上所述乃是关于司法学核心范畴的。那么,司法学的基本范畴有哪些呢?笔者认为,司法学的基本范畴可以分为司法理论类范畴、司法制度类范畴和司法实践类范畴。司法理论类范畴包括司法理念、司法原则、司法正义、司法公信、司法功能、司法独立、司法民主、司法平等、司法效率、司法平衡、司法和谐、司法认识等。司法制度类范畴包括司法体制、司法监督、司法行政、司法证据、陪审制度、巡回审判制度、多元司法、伦理司法、宗教司法、民间司法、民族司法、国际司法、科技司法、司法合作、司法主权、司法标准等。司法实践类范畴包括司法推理、司法方法、司法管理、司法改革、司法建议、司法程序、司法证明、司法能动、司法责任、社区矫正、诉讼和解、刑事诉讼、民事诉讼、行政诉讼等。

以下重点探讨一下司法学的基础范畴,该范畴在整个司法学范畴体系中起指导性、统领性作用,对整个司法学“大厦”起着支撑作用。“人道司法”,就是这种基础性范畴,它是中国传统“仁道”理念与西方近代人道主义融合的产物,它主要指尊重人、关心人、爱护人,特别是尊重他人的人格、重视人的生命价值。“仁道”理念出自儒家鼻祖孔子,他提出了“仁者爱人”的命题,并将仁道概括为“忠恕之道”。“忠道”的含义是“己欲立而立人,己欲达而达人”,

“恕道”的含义是“己所不欲,勿施于人”。前者的意思是自己有所成就,也应当让别人有所成就,后者的意思是自己不想做的事不要强加于人。显然,洋溢其间的是仁爱精神、关怀意识及以他人为重的情怀,是一种悲天悯人的古道热肠。

那么,什么是人道主义?“人道主义”这一概念源于西方,作为一种系统的理论学说和价值观念,人道主义诞生于文艺复兴运动。根据《北京大学法学百科全书》的解释,人道主义是“将人和人的价值置于首要地位的思想态度。认为人是目的,而不是手段、工具;每一个人,不论其种族、国籍、宗教信仰、职业、性别和社会地位如何,都具有同等的重要性,其人格尊严和人身安全不容贬损和侵犯”。

如果说人道主义是一种将人和人的价值放在首要位置的思想态度,那么中国传统的仁道思想显然也有此种意识。质言之,人道主义与仁道学说在尊重人、爱护人、重视人的生命价值方面是相通的。近代以来,西学东渐,西方人道主义思潮与中国传统仁道思想汇流,引领了变法运动和司法进步。时至今日,人道司法的理念仍然是我们依法治国与司法改革的思想支撑与理论基础。甚至可以说,中国当代的法治变革是人道理念在法治实践中的展开,司法改革是人道司法理念在司法实践中的展开。

人道主义思潮在法治领域的影响是“人本法律观”的确立,这一法律观已经在官方和学界形成共识。所谓人本法律观,是以人为本思想在法律领域的具体应用。学着强调“人本法律观是以中国国情特别是中国社会主义法治建设为基础,以人的全面发展和人民根本利益为出发点与落脚点,以保障人权和全面建设小康社会为根本目的的科学体系”。人本法律观的基本要求是:合乎人性、保障人权、弘扬人道、体恤人伦、尊重人格。

从司法学理论上看,“人道司法”是一种基础范畴,但在司法实践领域用“人权司法”这一范畴加以表述可能更为准确,因为人道司法的实践化必然是人权司法,即把人道理念落实到整个司法实践的过程中。还有学者提出了“诉讼人权”的概念,可以视为“人权司法”的重要方面。“诉讼人权是人权的特殊表现形式。它是人们参与诉讼和在诉讼过程中所享有的权利。它主要体现为参与诉讼的自然人与诉讼的其他诉讼参与人之间的权利义务关系。”

综上所述,可知司法学范畴体系的构建应当以“人道司法”作为基础范畴来展开，延伸出核心范畴、基本范畴以至于普通范畴。它以人道、人权为主线，以国家司法与社会司法为两翼，以司法本体、司法主体、司法客体、司法行为、司法价值、司法目的为着力点，形成了一个包括理论类范畴、制度类范畴和实践类范畴在内的庞大的司法学范畴体系。它的构建成型，标志着司法学理论体系的形成，为司法学的学科发展打下了扎实的基础。

（二）司法学范畴辨析

1. 司法行政与行政司法。司法行政是既包括司法机关对人财物的管理活动，也指司法行政机关对监狱、律师、公证、司法鉴定、司法协助等业务的管理活动。而行政司法则是指行政机关依据法定程序所进行的处理争端、化解纠纷的活动，此种活动与司法机关处理案件的活动有别但又近似，故也被称为“准司法”。我国的行政司法主要包括行政复议、行政裁决和行政处罚三类。

行政司法属于“准司法”，是指行政机关根据行政法规、依照法定程序所进行的化解纠纷、处理违法的活动，但与国家司法机关的司法活动有别。一般认为，目前我国的行政司法主要包括行政复议、行政裁决和行政处罚三种类型。

2. 伦理司法与司法伦理。伦理司法是指伦理对司法的主导性影响，或者说是依据伦理原则进行司法裁判活动，使司法带有鲜明的“伦理性”。司法伦理是指司法道德而言，特别是指司法职业道德。

《伦理司法》一书考察了中国的司法传统，认为古代中国的司法属于“伦理司法”。确实，自汉代以来，儒家思想成为中国主流意识形态，儒家伦理思想对中国历代立法、司法都有深刻的影响，故称中国封建社会的法律为“伦理法”。那么，依据这种伦理法而进行的司法活动，自然亦可称为“伦理司法”。即使在今天，伦理道德对司法的影响仍然相当显著。正如学界通说强调的：“司法过程中法律与道德的结合，是不可避免的。”

那么，何为“司法伦理”？笔者认为，司法伦理是与司法职业活动相结合的道德原则和道德规范。虽然司法伦理与司法职业道德也有一定的区别，但从约定俗成的意义上看，两者可以通用。司法伦理具有道德性、司法性和规范性特点。司法伦理与司法道德也是两个近似的概念，事实上学界一般也是将两者混同使用的。

3. 民间司法与社会司法。民间司法是指民间组织所进行的化解纠纷的活动，在此点上，社会司法虽与民间司法类似，但社会司法的范围要宽于民间司法，如国家行政机关所进行的化解纠纷的活动就属于社会司法的范围，但其并不属于民间司法。

可以说，民间司法是社会司法的一个重要的组成部分，它所依赖的规则是情理、习惯、道德等，其运行的方式主要是调解、劝诫，也包括一定的处罚手段。国家司法是国家司法机关解决纠纷的活动，而“社会司法”是与“国家司法”相对的概念，它最初来源于西方法律社会学派的相关著作中，如奥地利法学家埃里希的著作《法律社会学基本原理》就提到了这一概念。他认为，社会组织根据“活法”（社会规则）所进行的解决纠纷的活动就属于社会司法。

4. 科技司法与司法科技。科技司法是指利用司法或准司法手段来处理科技领域中各种争端或纠纷的活动；司法科技是指依托先进科学技术（互联网、大数据和人工智能等技术）而进行的办案活动或生成的相关产品。

科技司法是一个广义概念，既包括“国家司法”——国家司法机关依据国家制定法所进行的化解纠纷的活动；也包括“准司法”——社会组织、行政机构、仲裁机构或个人依据国家法律、科技政策、社会规则或行业规则所进行的化解纠纷的活动，包括协商、调解、仲裁等等；同时，科技司法还指利用先进的科技手段如大数据、互联网和人工智能技术等所进行的司法活动。

目前，科技与司法正呈现出深度融合的趋势，“司法科技”已经初步成型。各地司法机关注重运用大数据办案，不断在“精准又公正”的方向上用力。这种做法表现出如下三个特点：一是标准化。通过大数据来制定证据的标准指引，将其编程转化、嵌入系统。二是精细化。通过大数据使司法管理逐步精细化，把精准的法律要求转化为编程语言，且全程留痕。三是智能化。人工智能技术的发展亦促进了适用法律工作的技术化。固定事实、认定事实、适用法律等工作均达到一定程度的信息化、自动化、智能化，这是现代司法科技发展的一大趋势。今后，司法与科技的融合将不断深化，从而不断助推司法文明的深度发展。

第十八章　司法学学科体系论

近十年来，一门逐渐兴起的法学学科备受学界关注，它就是“司法学”。司法学在中国的兴起，反映了在社会主义法律体系形成后，人们关注的焦点已经从立法转向了司法问题。因为司法是使法律得以实施、法治得以实现的前提条件之一，优良司法的缺席必然使所谓法治国家成为空中楼阁。可以说，“法治中国”从“应然”到“实然”的转化，司法是最为关键的环节。

一、司法学的概念、范围及方法

（一）司法学的概念

司法学既是一门探讨司法理念、司法制度、司法实践的学问，也是一门探索司法传统与司法现实之关系的学问，同时也是一门总结司法管理规律、研析司法运作程序、论证司法改革问题的学问。它不仅研究司法权的行使问题，还研究辅助司法权行使的体制、机制问题。从学科建设的角度看，司法学应当是法学下面的二级学科。

有的学者指出：“司法学是指对司法现象与事实进行系统的组织的研究所获致的原理、法则和方法等系统知识。所谓原理是指司法理念，它对司法具有普遍指导意义。所谓规则是指司法规范。所谓方法是指具体的司法方式方法。所谓系统知识就是科学。”①该学者又说：“司法学是专门研究司法现象与

① 熊先觉：《司法学》，法律出版社 2008 年版，第 1 页。

司法事实的一门重要学科。司法现象是司法本质和司法规律的反映。司法事实指司法法规和司法实践。所以，司法学的研究对象应包括司法现象、司法法规和司法实践三个方面。"①

这是将司法学的研究对象界定为司法现象、司法法规、司法实践三个方面，既不包括司法思想、司法传统，也不包括仲裁、民间调解、行政调解之类的"准司法"，更不包括辅助司法权行使的体制机制（如司法行政权运行机制等）问题等。显然这是不够全面的，这是因为：(1)司法学不仅仅研究所谓"司法事实"，还要研究司法事实背后的司法理念、司法思想及司法观念，后者往往对前者发挥着决定性影响；(2)司法学也不仅仅研究司法现实，还要研究司法传统，因为司法传统总是对司法现实产生潜移默化的影响；(3)"司法"是一个广义概念，司法权也不仅仅是一种国家权力，同时还是一种社会权力；不仅有"国家司法"，还有"社会司法"或"准司法"；(4)司法学不仅要研究国家司法权的运行机制体制问题，还要研究辅助司法权的运行机制体制问题。

关于"司法权"，《法学词典》的权威解释是："国家行使的审判和监督法律实施的权力。"②应该说这是对司法权的一种狭义理解，因为它并不包括那些可称为"准司法"的社会权力，如行政调解权、人民调解权及仲裁权等。正如上文所言，对"司法"的理解也有广义、狭义之分，传统的理解是狭义的，如称司法即"国家司法机关根据法定职权和法定程序，具体应用法律处理案件的专门活动"③。另外又称"司法是国家的一种职能活动，是国家行使司法权的活动。国家通过司法机关及相关机关处理案件，解决争讼，惩治犯罪，实施法律。在国家权力分立或者职权分工的视野下，司法是与立法、行政等并列的国家基本职能，司法活动体现国家的意志并以国家强制力为后盾，而司法权也是国家权力的重要组成部分，虽然其行使方法、具体内容等方面和行政权、立法权等国家权力有所不同，但在国家权力属性上并无二致"④。

应该说，上述对"司法"或"司法权"的理解过于强调了国家对司法或司法权的垄断性，突出了司法的国家强制性与司法权行使中的程序性及国家意志

---

① 熊先觉：《司法学》，法律出版社 2008 年版，第 2 页。

② 《法学词典》，上海辞书出版社 1989 年版，第 260 页。

③ 沈宗灵主编：《法学基础理论》，北京大学出版社 1988 年版，第 373 页。

④ 陈光中：《中国司法制度的基础理论问题研究》，经济科学出版社 2010 年版，第 5 页。

的主宰性，在内涵上略显单一和闭塞，因而展示了一种相当的局限性，它并未穷尽“司法”或“司法权”的全部应有之义。因此，全面理解和把握上述两个概念的含义很有必要，这需要拥有一种宏观和开放的视野，即超越国家意志、国家权力之外，具备一种社会视野，体味司法或司法权的社会属性。

正如学者所言：“司法权是一种特殊的权力，它是介于国家权力和社会权力之间的权力。”①另有学者说：“司法是法治社会中一个极富实践性的基本环节，是连接国家与社会之间的主要桥梁，是法律制度是否完备的检测站，是实现公平正义的殿堂。它既是一个以审判为核心的、结构明晰、内容确定、层次分明的开放性体系，又是一个处于不断发展中的概念……司法的核心部分是比较确定的，它是指以法院、法官为主体的对各种案件的审判活动。司法的外围则不那么确定，甚至是不确定的。这部分内容可以划分为两个基本类型：其一是基本功能、运行机制和构成要素与法院相类似的‘准司法’活动，主要包括行政裁判、仲裁和调解；其二是围绕审判和准司法而开展的或者以此为最终目的而出现的参与、执行、管理、服务、教育和宣传等‘涉讼’性活动。此外，国际司法和国内违宪审查在司法的概念体系中占有重要地位。所有这些综合起来就构成了以法院审判为核心向外呈放射状的具有复合性、开放性的‘多元一体化’司法概念体系。”②

该学者又说：“在现代意义上，司法是指包括基本功能与法院相同的仲裁、调解、行政裁判、司法审查、国际审判等解纷机制在内，以法院为核心并以当事人的合意为基础和国家强制力为最后保证的、以解决纠纷为基本功能的一种法律活动；在不太严格、比较宽泛和更普通的意义上，司法还包括与上述法律性活动具有密切联系的其他各种活动。”③这一对“司法”的广义理解使“司法”变成了一个富有弹性和张力的概念，应该说它更符合当代世界的司法潮流与中国当前的司法实践。

（二）司法学的范围

1. 司法学不等于诉讼法学。司法学与诉讼法学有一定的关系，但也存在

---

① 黄竹生：《司法权新探》，广西师范大学出版社 2003 年版，第 4 页。

② 杨一平：《司法正义论》，法律出版社 1999 年版，第 25—26 页。

③ 杨一平：《司法正义论》，法律出版社 1999 年版，第 26 页。

很大的区别。诉讼法学是以诉讼法为研究对象的部门法学。诉讼法是程序法，在我国，诉讼法主要包括刑事诉讼法、民事诉讼法和行政诉讼法三大类。司法学研究的领域虽然涉及诉讼法，但却远远超越诉讼法的领域。如诉讼法学只是研究国家司法权在处理纠纷中所发挥的作用，但却忽视了“准司法”权力在化解纠纷中的作用；诉讼法学关注的纠纷只是进入国家司法系统的纠纷（案件），但更多的社会纠纷因其未能进入司法程序而被弃之不顾，而化解这些纠纷的方式、机制和机构等自然不在诉讼法学的研究范围内。特别是诉讼法制背后的理念基础及其与文化传统、道德观念及社会生活之间的关系，诉讼法学一般也不作探讨。简言之，诉讼法学只是一种“形而下”的、具有很强的现实针对性的部门法学，缺乏一种宏观的理论视野、超越的文化审视。而司法学则有高远的文化视野、深厚的理论基础，并将“形而上”（理论）与“形而下”（现实）结合起来，它不仅研究国家司法权在处理纠纷中的运行机制，还研究“准司法”权力（社会权力）在处理纠纷中的运行机制；它不仅关注国家司法层面的“诉讼”，还关注社会层面的“争讼”，而后者的化解对社会的和谐稳定可能具有更加重要的作用。

2. 司法学不等于“司法制度”。司法学与“司法制度”也有一定的关系，但司法学的研究领域却不仅仅限于司法制度，“司法制度学”只是司法学下面众多的子学科之一。目前被一些高校当成一个学科的“司法制度”，只是将静态的、由国家制定的司法制度作为研究的对象，而对该司法制度背后的思想基础、文化基础等不作研究，对国家司法制度之外的、与“准司法”密切关联的社会规则也不予探讨，因此该学科体现了封闭性、狭隘性的特点，甚至还在一定程度上表现出了脱离活生生的社会现实的落后性。司法学对司法制度的研究不仅停留在静态的国家立法的层面，还要研究这种制度背后的思想基础和文化脉搏；不仅要研究体现“国家意志”的司法制度，还要研究体现“社会意志”的“准司法”规则；不仅要研究现实的司法制度，还要研究其与司法传统的关联；不仅要研究“死法”（僵化的法律），还要研究“活法”（支配社会生活的法律），特别注意研究后者与司法活动的关系。

3. 司法学不等于“司法文明”。司法学与所谓“司法文明”有别，前者是一个学科，而后者则是一个概念。“司法文明”是一个很大的概念，它比“司法文化”的含义更加宽泛。就如同“文明”是指人类创造的物质成果、精神成果及制度成果一样,司法文明也包括了与人类司法活动有关的物质成果、精神成果和制度成果。因此可以说,司法文明这一概念展示了一种“宏大叙事”的特色。换言之,如果将“司法文明”当成一种学问来做(或可称为“司法文明学”?),那么这种学问只应该从宏观上研究人类司法文明的不同类型、解释司法文明演进的基本规律等,总之这是一种“高大上”的学问,与具体的司法实践较少关涉。司法学虽然也研究司法文明,但它只是将司法文明当成其研究的众多对象之一,或许也可以考虑将“司法文明学”当成司法学下面的一个子学科。司法学的研究特色在于:既有“宏大叙事”,也有“微观考察”;既有“高大上”,也有“低小下”;既能“顶天”(超越现实),又能“立地”(立足现实);既关注理论思辨,也指导具体实践。总之,司法学对一切司法现象的研究都置于其学科体系之内,它不是项目研究而是学科研究。

从学科性质上看,司法学既有交叉性的特点,也有独立性的品格。交叉性是指用其他学科的视角和方法来研究司法问题,比如用哲学、文化学、伦理学、社会学、行政学等学科的视角与方法来研究司法问题,因而可以派生出如下的子学科:司法哲学、司法文化学、司法伦理学、司法社会学、司法行政学等。司法学的独立性是指司法学具有独立存在的价值和地位,或者说具有独立的品格和属性,这主要表现在如下子学科:司法体制学、司法理念学、司法制度学、司法管理学、司法监督学、司法方法学、司法行为学、司法传统学、司法心理学、民间司法学、国际司法学等。

(三)司法学的研究方法

1. 语义分析研究法。“语言成为传统国家意志和指令的载体,立法过程、执法过程和司法过程本身都伴随着一个语言的操作过程。”①语义分析研究法是法学领域的一种基础性研究方法,司法学也不例外,无论是对司法思想还是司法法规,都需要正确理解和分析其含义,然后才能发挥其应有的功能。

2. 古今结合研究法。鉴古可以知今,从历史中借鉴智慧是人类文明进步的前提之一。司法学的研究也离不开对司法历史的回顾及对司法传统的借鉴。历史是源头活水,任何新学科的构建都需要从历史中吸收营养。

---

① 张文显主编:《法理学》,高等教育出版社2004年版,第41页。

3. 比较研究法。比较研究法是一种通过对不同现象的比较来发现其异同点的研究方法。"没有比较就没有鉴别,在一定程度上说,没有比较就没有研究。思想火花和思维灵感时常闪现在各类比较研究过程中。比较可以催生新的学科。"①作为新学科的司法学同样离不开比较研究,如在司法思想、司法制度等方面进行中外比较、古今比较、法学流派之间的比较、法典之间的比较等。

4. 实证研究法。实证方法被认为是一种"科学"的方法,它源于实证主义思潮。实证主义是法国哲学家孔德创立的一种哲学理论,孔德认为实证精神的要素包括"现实的""确实的""精确的""有用的"等,主张一切知识来源于对实际事物的观察实验,反对脱离实际的空想和模棱两可的争论。实证研究法包括统计方法、调查方法及实验观察方法等。司法学的研究也离不开实证研究,如对司法实践进行观察、调查以及对相关数据进行分析等。

5. 理论与实践结合研究法。司法学既有很强的理论性,也有很强的实践性。司法学中的理论来源于司法实践,经总结升华后又能指导司法实践。因此,司法学的研究需要理论与实践的结合。

6. 制度与思想结合研究法。美国法学家弗里德曼有一句名言:"任何法典背后都有强大的思想运动。"这提示我们任何法律制度背后都蕴藏着深厚的思想基础。司法制度也不例外,从司法学视角研究司法制度,需要注意考察其背后的思想观念。

7. 宏观与微观结合研究法。司法学对司法现象的研究,既是一种宏观的理论研究,也是一种微观的实证研究,而且只有两者的结合才能"顶天立地"(立足现实又超越现实)。

8. 哲学研究法。该方法要求从哲学视角来研究司法现象。哲学是关于世界观的学说,是关于自然、社会、思维知识的概括与总结,它与法学有密切关系。价值观是哲学的重要组成部分,也是法学的重要组成部分。司法学研究也同样离不开价值观的指引,而人道主义是现代司法价值观的核心内容。人道主义的根本宗旨是"以人为本",其核心内容是承认并尊重人们对自由、平等和幸福的追求。

9. 文化学研究法。文化学研究法就是要用文化学的方法来研究司法现

---

① 董开军主编:《司法行政学》,中国民主法制出版社 2007 年版,第 6 页。

象。文化是指与自然现象不同的人类社会活动的全部成果,包括物质成果、精神成果和制度成果。司法学研究中采用文化学研究法就是要求从文化的视角来解释司法现象,并强调考察司法背后的文化基础。

10. 社会学研究法。从社会学的视角看,法律是一种社会现象,司法也是一种社会现象。司法学采用社会学研究法,就是要运用社会学的观点和方法研究司法制度、司法实践和司法观念,特别是要注意研究社会因素(道德观念与文化传统等等)对司法审判与法官个性的影响,以及社会因素与司法制度的互动(如通过社会力量来解决纠纷、司法的社会化等),并且将司法的社会化(如刑事司法中的非监禁化)和人道化作为基本的价值目标。

二、司法学学科的构建意义与发展历程

(一)司法学学科的构建意义

我国司法改革之所以尚未进入“深水区”,原因即在于缺乏“顶层设计”,也就是说理论准备不足。之所以出现这种现象,主要原因之一就是中国目前还没有建设好专门研究司法问题的司法学这一学科,司法学的缺席才导致当今中国司法改革的理论支撑不够,理论基础薄弱。这说明,现在中央已经认识到了司法理论研究的重要性了,改革要深入,理论须先行,没有理论引导的改革是走不远的。应该说,这为我们的司法学学科发展带来了空前的机遇。

著名刑事诉讼法学家陈光中先生在为《司法学原理》一书作的序中指出:“司法学是一门正在探索中的学科”,“该学科的建立无疑具有重要的学术价值和现实意义,它不仅会进一步完善法学的学科体系,也会对司法文明的进步起到重要的作用。……学界对司法学的研究将会对司法改革提供强大的理论支撑。”“探索建立司法学学科体系,不仅有重要的学术价值,还有重要的现实意义;它不仅是一个新的学科生长点,还是司法改革实践的理论立足点。”①

《司法学学科构建的意义与价值》一文指出:“司法学是法学中的一门新兴学科。它是研究司法理念、司法实践、司法制度、诉讼制度、司法体制和司法

① 崔永东:《司法学原理》,人民出版社 2011 年版,“序”。

行政体制等的学问。司法学学科的建立，有利于司法问题研究的深化和细化，对司法权配置和运用的科学化，对司法制度和司法体制的完善化都有重要的意义。”“在国家权力体系中，有立法权、司法权和行政权三大部分，研究立法权的学科有立法学，研究行政权的学科有行政学（或行政管理学），而唯独没有研究司法权的学科——司法学。这种现象亟待改变。司法学科的建立，有利于整合学界相关的人力资源，集中研究司法学问题，从而推动司法学研究的深化与细化，使该学科日臻成熟。司法学科的建立和发展，将为我国的司法改革提供强大的理论支撑，从而促进中国当代司法文明的建设，并进而助推中国法治文明的进程。”①

构建司法学学科，既有重要的学科价值和理论意义，也有重大的现实意义。其学科价值在于使法学的学科体系得以完善，缺少司法学的法学学科体系是很不完整的，也影响到法学学科的整体发展；另外，司法学的缺位也不利于法学人才的培养，影响到法学人才知识结构的健全与综合素质的提升；再者也不利于法学教育的全面与均衡。目前教育部确定的高等学校法学教育的核心课程体系中并未给司法学留下一席之地，可见如此法学教育是跛足或残缺的，这与司法在法治国家建设中举足轻重的地位是极不相称的。

构建司法学学科的理论意义在于，通过对司法学及其子学科的研究，弄清其理论体系及其各部分之间的关系，对司法现象的各个侧面进行深度的理论思考，并将这种理论思考变成指导司法实践的精神资源，同时为司法改革与司法文化建设提供必要的理论支撑。另外，通过对司法问题进行宏观与微观、制度与思想、历史与现实的综合研究，借鉴传统资源、总结历史规律，提出前瞻性、创新性的学说，为司法学的学术发展贡献一份心力。

构建司法学学科的现实意义可谓巨大，尤其是在中共十八届三中全会提出“深化司法体制改革”“建设法治中国”的号召这一新的背景下。其实，所谓“司法是实现法治的关键”这一看法早已成为学界共识。“司法的构成要素、职能和特征，决定了司法是实现法治的关键。司法即司法机关适用法律，将抽象的书面上的法律规范转化为现实中的法。”②“司法改革必须要以司法独立

① 余寅同：《司法学学科构建的意义与价值》，《中国司法》2011年第12期。

② 朱力宇：《依法治国论》，中国人民大学出版社2004年版，第507—508页。

为基础,以实现司法公正、提高司法效率为目标,以司法程序改革为突破口,建立高效、公正的司法制度。”①“司法体制改革是健全社会主义法制、建设社会主义法治国家的关键环节,不进行司法体制改革,法律就无法正确实施,也就无法实现调整社会各阶层利益的功能。”②

2013 年 11 月 12 日通过的《中共中央关于全面深化改革若干重大问题的决定》提出了“深化司法体制改革”的号召,要求:“加快建设公正高效权威的社会主义司法制度,维护人民权益,让人民群众在每一个司法案件中都感受到公平正义。”“完善人权司法保障制度。国家尊重和保障人权。进一步规范查封、扣押、冻结、处理涉案财物的司法程序。健全错案防止、纠正、责任追究机制,严禁刑讯逼供、体罚虐待,严格实行非法证据排除规则。逐步减少适用死刑罪名。废止劳动教养制度,完善对违法犯罪行为的惩治和矫正法律,健全社区矫正制度。”“确保依法独立公正行使审判权检察权。改革司法管理体制,推动省以下地方法院、检察院人财物统一管理,探索建立与行政区划适当分离的司法管理制度,保证国家法律统一正确实施。”“改革审判委员会制度,完善主审法官、合议庭办案责任制,让审理者裁判、由裁判者负责。明确各级法院职能定位,规范上下级法院审级监督关系。”

以上从“健全司法权力运行机制”“完善人权司法保障制度”“确保依法独立公正行使审判权检察权”三个方面进行了司法改革的部署。学界对此高度评价,称“这是深化司法体制改革的重要指针和根本依据,为解决影响司法公正公信、制约司法能力的体制性障碍、机制性束缚、保障性困扰,不断完善和发展中国特色社会主义司法制度,全面推进‘法治中国’建设提供了正确方向、精神动力、智力支持和行动指南”③。

改革方案已经出台,这就需要理论界对相关问题的研究进一步深化、细化,并拿出切实可行的操作方案,使之成为司法改革的参考和借鉴。“好风凭借力,送我上青天。”“深化司法体制改革”的号角也将司法学的学科建设推上了奔向“法治中国”的征程。毫无疑问,司法学学科的创立有助于“法治国家、法治政府、法治社会一体建设”,有助于司法体制改革的推进。因为司法是使

① 朱力宇:《依法治国论》,中国人民大学出版社 2004 年版,第 520 页。
② 肖金泉等:《中国司法体制改革备要》,中国人民公安大学出版社 2009 年版,第 18 页。
③ 《法治中国与司法改革学术研讨会论文集》,打印本,2014 年,第 122 页。

法治从“应然”到“实然”的必由之路，只有深化司法改革，才能使国家的法律得以实施，才能保障各种利益冲突协调平衡，才能实现公平正义，才能树立法律权威，才能推进国家治理体系和治理能力的现代化。

就目前来说，司法学的研究要配合中央司法改革的部署，对司法体制机制中的一些难点进行深入的理论研究，如司法权地方化、司法权行政化、司法权配置异化、司法队伍的低素质化及司法腐败等问题要深入研究，提出具体的改革建议。要在理念引领、制度规范、方法优化等方面为法治中国与司法改革的携手共进建言献策，为中央决策提供智力支持，为改革方案的实施提供精神动力。

（二）司法学学科的发展历程

自21世纪以来，随着国家司法改革的推进，对司法问题的理论研究也受到了学界的重视，并且将这种理论研究上升到了学科建设的层面——“司法学”呼之欲出了。

2008年，我国刑事诉讼法学专家谭世贵教授在《建构法治国家的司法学体系》一文中提出了建构“司法学体系”的设想，称“司法学或司法制度学作为一门独立的学科，首先应当对一些基础性问题（如司法原理、研究对象、研究方法与研究范围等）进行研究并发现其规律性。在此基础上，构建司法学或司法制度学的学科体系，形成一支专门的研究队伍，才有可能使这一学科的研究取得大的突破”。并提出从以下九个方面进行司法学学科体系的建构：

1. 司法原理学。原理即带有普遍性的、最基本的、可以作为其他规律的基础的规律或具有普遍意义的道理。司法原理学即是以司法领域内最为基本的规律为研究对象的学科，其主要包含司法权的来源、性质，司法的价值，特别是司法运行所应遵循的基本原理和规律，如司法民主原理、司法统一原理、司法公正原理、司法效率原理、司法独立原理、司法开放原理、司法权威原理等。

2. 司法体制学。司法体制学是以司法体制为研究对象的学科。司法体制是有关国家司法机关的设置、组织方式、内部结构，各司法机关之间的权力配置、职责分担和相互关系，以及司法机关与其他国家机关、社会团体的关系的体系、制度和活动原则的总称。由于司法体制涉及司法机关在国家权力体系中的地位、构成方式，集中体现为司法权与立法权、行政权及其他权力之间的关系，亦涉及审判权与侦查权、公诉权、执行权和司法行政权之间的关系等，可以说在司法学的学科体系中，司法体制学占有核心的地位。同时由于司法体制涉及一国司法的重大原则，要求相对稳定，不宜频繁变动，因而往往成为司法改革的瓶颈。如当下国内司法无法实现实质独立就对整个司法改革产生了重大影响。当然，反之也可以说，司法体制改革的问题一旦解决，其他领域的许多问题将迎刃而解。

3. 司法管理学。通过研究司法管理，以改进司法管理，创新司法管理，进而促进司法公正和提高司法效率，就成为摆在我们面前的重大而紧迫的课题。

4. 司法程序学。司法程序学是以司法程序为研究对象的一门学科。司法程序是指司法活动中必须遵循的法定形式、步骤和方法，主要是指司法诉讼程序。司法程序概念可以做广义和狭义的理解。广义的司法程序，除诉讼程序外，可以涵盖司法机关的组织规范、行为准则、司法行政程序和部分非司法程序（如仲裁程序）等。狭义的司法程序，则特指诉讼程序。我们所熟知的以三大诉讼法为研究对象的诉讼法学，实际上便是司法程序学最为核心的部分，目前已经发展到比较成熟的地步。但由于一直未能将其置于司法学的大视野下进行研究，因而在一些重大问题上缺乏司法基础理论的宏观指引。司法程序学的另外一个较为重要的组成部分便是证据法学，是针对证据的名称、分类、性质、特征、收集、质证、使用等进行研究的法学学科，这一领域有诸多问题值得深入研究，近年来几成独立之法学学科。但从本质上讲，它应当属于司法程序学的范畴。司法活动主要表现为一种程序性活动，现代司法程序是以程序公正为基础和标准的，主要体现为合法性原则、平等对待原则、辩论原则、中立原则、公开审判原则、审级保证和程序监督原则等，这些原则也是世界各国司法机关共同遵循的基本原则。司法程序的设计是否符合程序公正的要求，是否科学合理，直接关系着结果的公正与否、司法过程的高效与否等重大问题。所以，司法程序学在司法学体系中也占有十分重要的地位，是司法学的重要组成部分。

5. 司法辅助制度学。在司法学体系中处于配角地位但又不可缺少的是司法辅助制度学。司法辅助制度学是一种笼统的称呼，它的研究对象主要是那些与司法活动的进行有紧密关系，但不是规范司法本身的辅助性制度，主要包括律师制度、公证制度、司法鉴定制度、法律援助制度等。这些制度的一个共同的特点是,它们本身不是直接规范司法权、司法活动的制度,与司法的关系也不如前几种学科那样紧密,但它们的存在为司法活动的顺利进行提供了十分必要的支持和有益的帮助。正是有了这些制度,司法活动的顺利进行才成为可能,司法学的体系才显得完整。因此,应当将它们纳入司法学的研究范围。

6. 民间司法学。在国家机器产生后,司法权一直为国家所垄断,但也无法完全排除民间司法活动的存在,如古代的乡规民约、宗族司法活动等,而在现代文明社会中,被国家法律所承认的民间司法权力和活动主要有两种,即仲裁与人民调解,这是司法权社会化的两种重要表现形式。民间司法学是以仲裁制度和人民调解制度为主要研究对象的学科。

7. 比较司法学。比较司法学即对不同国家(或特定地区)的司法理论、司法机构、司法制度、司法传统等进行比较研究的一门学科。进行比较司法学研究有利于借鉴世界各国司法制度的有益经验,改革和完善本国的司法制度。

8. 国际司法学。国际司法是指海牙国际法院、国际刑事法院、常设仲裁法院、国际海洋法法庭、WTO 争端解决机构等国际司法主体依据国际条约、国际惯例、WTO 规则等国际法渊源,运用仲裁、调解、审判等手段对国际争端或贸易纠纷进行和平解决的活动。国际司法学即以此为研究对象。随着世界迈向"地球村"的脚步的加快,国际交流与合作日益频繁,从而国际争端或纠纷势必大量增加,进而国际司法学必将应运而生。可以预见,国际司法学的研究有着非常大的发展空间,前景不可限量。

9. 司法文化学。司法文化学应当是对司法领域的文化现象与文化成果进行研究的一门学科,它从文化角度对司法理念、司法制度、司法传统等进行研究,对完善司法学体系具有十分重要的意义。①

谭世贵教授还满怀信心地指出:"可以预见,司法学研究具有广阔的发展和应用前景。"并认为随着司法学学科的建立,一些重大的司法难题将在理论上获得突破,如司法独立、司法公正与司法效率、司法腐败的防止等问题将在理论上逐步获得突破,并对司法实践发挥有力的指导作用。另外司法学学科

---

① 参见谭世贵:《建构法治国家的司法学体系——中国司法制度研究的反思与展望》,载徐昕编:《司法》第 3 辑,厦门大学出版社 2008 年版。

的建立将对司法改革提供更加有力的理论支持。理论研究是以社会实践为主要对象并以之为落脚点的,司法学研究的升温是随着司法改革的推进而开始的。反之,司法学研究的不断发展和深化,也将为社会主义司法制度的改革和完善提供更加有力的理论支持。①

据笔者所知,谭世贵教授的这篇论文是国内法学界第一篇对司法学的概念、内涵、范围、内容、学科定位和发展前景进行系统论述的文章,对该学科的发展起了引导作用。令人稍感遗憾的是,作者未能在该论文的基础上进一步撰写一部从理论与学科意义上专门研究司法学的专著。

2008 年 6 月,熊先觉所著的《司法学》由法律出版社出版,此书可以说是国内第一本以“司法学”命名的著作。该书从司法原理论、司法主体论、司法客体论、司法行为论、司法技能论、社会司法论六个方面研究了司法学问题。该书的特点在于对司法学的内容进行了概括性论述,但它尚未自觉地从学科体系构建的角度系统论证司法学及其子学科体系。《司法学》对“司法学”的概念进行了界定:“司法学是指对司法现象与事实进行系统的组织的研究所获致的原理、法则和方法等系统知识。所谓司法原理是指司法理念,它对司法具有普遍指导意义。所谓法则是指司法规范。所谓方法是指具体的司法方式方法。所谓系统知识就是科学。”“司法学是专门研究司法现象与司法事实的一门重要学科。司法现象是司法本质和司法规律的反映。司法事实指司法法规和司法实践。所以,司法学的研究对象应包括司法现象、司法法规和司法实践三个方面。”②

2011 年 7 月,崔永东所著的《司法学原理》由人民出版社出版,该书被认为是国内学界第一部从学科建设意义上系统论述司法问题的专著。此书最大的特点在于对司法学及其“子学科群”(三级学科)进行了分析和阐述,这些子学科包括司法史学、司法证据学、司法行政学、司法伦理学、司法行为学、司法社会学、司法改革学、比较司法学等,从而对完善司法学的学科体系打下了坚实的基础。

法学泰斗、著名刑事诉讼法学家陈光中先生在为《司法学原理》一书作的

---

① 参见谭世贵:《建构法治国家的司法学体系——中国司法制度研究的反思与展望》,载徐昕编:《司法》第 3 辑,厦门大学出版社 2008 年版。

② 熊先觉:《司法学》,法律出版社 2008 年版,第 1—2 页。

序中指出："司法学是一门正在探索中的学科"。"该学科的建立无疑具有重要的学术价值和现实意义，它不仅会进一步完善法学的学科体系，也会对司法文明的进步起到重要的作用。……学界对司法学的研究将会对司法改革提供强大的理论支撑。""探索建立司法学学科体系，不仅有重要的学术价值，还有重要的现实意义；它不仅是一个新的学科生长点，还是司法改革实践的理论立足点。"①

《司法学学科构建的意义与价值》一文指出："司法学是法学中的一门新兴学科。它是研究司法理念、司法实践、司法制度、诉讼制度、司法体制和司法行政体制等的学问。司法学学科的建立，有利于司法问题研究的深化和细化，对司法权配置和运用的科学化，对司法制度和司法体制的完善化都有重要的意义。"②

虽然迄今为止以"司法学"命名的著作只有《司法学原理》《司法学》《中国司法学》几种，但是近些年来却涌现了不少研究司法制度的书籍，这些书籍并不是从理论和学科意义上自觉研究司法学问题的，但却可以为司法学研究提供知识和材料的借鉴。上述著作中较有代表性者如谭世贵主编：《中国司法改革研究》，法律出版社 2002 年版；张文、陈瑞华、苗生明主编：《中国刑事司法制度与改革研究》，人民法院出版社 2000 年版；陈光中等著：《中国司法制度的基础理论问题研究》，经济科学出版社 2010 年版；廖奕著：《司法均衡论》，武汉大学出版社 2008 年版；张建伟著：《刑事司法体制原理》，中国人民公安大学出版社 2002 年版；王盼等著：《审判独立与司法公正》，中国人民公安大学出版社 2002 年版；徐美君著：《司法制度比较》，中国人民公安大学出版社 2010 年版；熊先觉著：《司法制度与司法改革》，中国法制出版社 2003 年版；李建明著：《刑事司法改革研究》，中国检察出版社 2003 年版；陈业宏等著：《中外司法制度比较》，商务印书馆 2000 年版；齐树洁主编：《民事司法改革研究》，厦门大学出版社 2004 年版；孙万胜著：《司法权的法理之维》，法律出版社 2002 年版；刘作翔著：《法理学视野中的司法问题》，上海人民出版社 2003 年版；胡玉鸿著：《司法公正的理论根基》，社会科学文献出版社 2006 年

① 崔永东：《司法学原理》，人民出版社 2011 年版，"序"。

② 余寅同：《司法学学科构建的意义与价值》，《中国司法》2011 年第 12 期。

版;董茂云等著:《宪政视野下的司法公正》,吉林人民出版社 2003 年版;王磊著:《宪法的司法化》,中国政法大学出版社 2000 年版;贺卫方著:《司法的理念与制度》,中国政法大学出版社 1998 年版;张彩凤主编:《比较司法制度》,中国人民公安大学出版社 2007 年版;王利明著:《司法改革研究》,法律出版社 2000 年版;顾培东著:《从经济改革到司法改革》,法律出版社 2003 年版;孙谦著:《平和:司法理念与境界》,中国检察出版社 2010 年版;康钧心著:《法院改革研究》,中国政法大学出版社 2004 年版;徐昕著:《英国民事诉讼与民事司法改革》,中国政法大学出版社 2002 年版;陈金钊主编:《司法方法与和谐社会的建构》,北京大学出版社 2009 年版;齐树洁主编:《英国民事司法改革》,北京大学出版社 2004 年版;程春明著:《司法权及其配置》,中国法制出版社 2009 年版;汤维建著:《美国民事司法制度与民事诉讼程序》,中国法制出版社 2001 年版;周振雄编著:《美国司法制度概览》,上海三联书店 2000 年版;郑成良等著:《司法推理与法官思维》,法律出版社 2010 年版;何勤华主编:《20 世纪外国司法制度的变革》,法律出版社 2003 年版;李方民著:《司法理念与方法》,法律出版社 2010 年版;李建波主编:《司法和谐与社会主义司法制度革新》,中国民主法制出版社 2008 年版;王启福等主编:《中国人权的司法保障》,厦门大学出版社 2003 年版;崔永东著:《中国传统司法思想史论》,人民出版社 2012 年版;等等。

在此还需要特别一提的是崔永东著的《中国传统司法思想史论》,该书虽然不是从整体上研究司法学,但却是从司法文化的角度研究司法学中的一个重要方面,因为司法思想是司法文化的核心内容。而且,该书也是有意为现代司法学构建寻觅历史上的“源头活水”,让传统司法思想为现代司法学提供有益的素材和营养。正如著名法律史学家张晋藩先生在为该书所作的序中所说:“我也知道崔永东教授近几年来一直从事司法学研究,并且由人民出版社出版了专著《司法学原理》,司法学是一门正在兴起的学科,有良好的发展前景,但任何一门新学科的构建都离不开对传统资源的利用,也离不开从历史上追根溯源的工作,因为历史与传统是学科构建的材料和‘源头活水’。作者对此有深刻的认识,故对司法传统进行了深入挖掘,这就为司法学学科的构建植入了深厚的文化底蕴,也为该学科打下了扎实的基础。”

《司法思想史研究之开始:意蕴与方法》一文评价了《中国传统司法思想

史论》一书,说道:

> 崔永东教授的新著乃是系统研究、阐述中国传统司法思想的补白之作,亦是开山之作。既然是为补白之作,该书的写作自然有着凝结作者数载思索、明发价值意蕴的重要维度。此维度有两个方面,一则是对构建今日的"司法学"学科体系提供有益的理论启示,并为今天的司法改革和司法文明建设提供借鉴,可以这样说《中国传统司法思想史论》可谓"司法学"这一学科的"寻根之作",崔永东教授期望这本书能够对"司法学"研究的推进起到"辨章学术,考镜源流"的功效;另一则是对中国传统司法思想价值意蕴的发掘,自 1840 年以来中国的传统文化在"近代的尺度"之标准的丈量下失却了信心,失掉了本应有的气度,传统文化(包括传统法律文化)不断地遭到否定与批判,诚然传统文化中固然有许多所谓的"糟粕"存在,但是批判在达至其应有的高度后便阻遏了发展而陷入批判的循环之中。崔永东教授在新著写作中并非批判而是阐发,也就是说崔永东教授在写作中自觉地并努力去寻求中国传统司法文化的闪光之处,加以逻辑化、系统化的总结生发。于史料中抽绎出中国传统司法文化与现代司法文化可通约部分的精神意蕴或普世价值,以期发掘并阐释借鉴有益的传统司法精神对今日法治建设的完善提供助益。

另外,一些大学还成立了专门研究司法制度的科研机构或学科点。如北京大学司法研究中心、中国人民大学诉讼制度与司法改革研究中心、西南政法大学司法研究中心、中国政法大学司法理念与司法制度研究中心。海南大学法学院诉讼法学科于 2002 年设置司法制度研究方向,开始招收和培养该方向的硕士研究生。西南政法大学于 2006 年在诉讼法学科增设司法制度研究方向,2007 年初经国务院学位办备案,在法学一级学科中自主设置司法制度二级学科,独立招收硕士和博士研究生,这是全国第一个独立的司法制度二级学科。

但遗憾的是,迄今为止,"司法学"尚未成为官方认可的二级学科,这对司法学的学科发展产生了不良影响。因此,法学界同仁有义务积极推动司法学二级学科的设立。据说,在美国,不但有"司法学"学科,而且还有以"司法学"

命名的高校和科研机构,其司法学研究成果丰富,水平颇高。这理应引起我们的高度重视与深入思考。

在20世纪90年代,中国政法大学司法理念与司法制度研究中心与“司法学网”两大平台一起构成了司法学研究的重镇。前者属于机构平台,后者属于网络平台。这一重镇不但汇聚了目前国内的顶尖法学专家一百余人,而且还产出了司法学的标志性成果——《司法学原理》及《中国传统司法思想史论》,还承担了最高人民检察院的重大项目“法律监督立法研究”(2011年度)、最高人民法院的重大项目“中国传统司法文化研究”(2011年度)及一系列研究司法学的省部级项目和横向项目。应该说,这一重镇目前已占领了司法学研究(包括其子学科研究)的理论制高点,并且正在引领国内的司法学研究。

2009年7月11日,中国政法大学成立了司法理念与司法制度研究中心,该中心自成立之初即以司法学作为其主攻方向,这是国内迄今为止唯一明确以司法学作为研究方向的科研机构。中心主任为法学院博士生导师崔永东教授,副主任为冯永华研究员。该中心下设办公室、学术部、外联部、信息部、培训部、咨询部、文化产业法治保障研究所(室)等,又设立了顾问委员会、学术委员会及研究员团队等。其中,顾问委员会聘请了学界与政界德高望重的专家和领导担任中心顾问,如陈光中、高铭暄、张晋藩、刘家琛、应松年、江平、李重庵、索丽生等;学术委员会聘请了江必新、王利明、陈兴良、黄进、张文显、胡建淼、徐显明、樊崇义、何勤华、朱苏力、卓泽渊、王公义、王洪祥、付子堂、贺荣、张保生、胡云腾等专家担任学术委员;该中心还本着“机构开放,内外联合”的方针汇聚同道,建立了一个包括法学教授与法律实务部门专家及专家型领导在内的多达一百余人的研究团队,为推动中国的司法学研究贡献力量和智慧。

另外,该中心还于2011年创办了国内第一个以司法学命名的网站——“司法学网”,对学界的司法学研究起到推动和引领作用。该网站创设了如下栏目:“司法理念”——介绍国内外最新的司法理念;“司法制度”——介绍国内外司法制度及其改革和创新;“科研成果”——介绍中心的主要科研成果,包括专著、论文、研究报告等;“学术活动”——介绍中心成员的主要学术活动,如主办会议、出席会议等;“社会服务”——介绍中心为社会提供的法律服务活动,如法律咨询、法律培训等;“专家论证”——介绍中心组织的对重大疑难案件的论证等;“科研项目”——介绍中心承担的各类项目,包括纵向项目和横向项目;“中心动态”——介绍中心最新的各种活动,如举办或参加会议、组织专家论证等;“学术前沿”——介绍司法学研究的前沿进展与前沿问题;“法治焦点”——介绍当前学界与社会高度关注的法治问题;“国际视野”——介绍国际上关于司法理念与司法制度的最新进展;“司法改革动态”——介绍国内当前的司法改革情况。

2011 年 12 月 30 日,由中国政法大学司法理念与司法制度研究中心主办的“法律监督立法与司法学研讨会”在北京翠宫饭店隆重举行,会议将“司法学”学科构建作为一个专门议题进行了热烈讨论。这是国内学界第一次以司法学为名召开的学术会议。我国著名刑事诉讼法学家陈光中先生到会并做了长达一小时的主题发言。他指出,司法学顾名思义是以司法作为研究对象,究其实质学界对此的认知存在较大分歧,定义的明晰不仅是理论上的问题,同时亦困扰实践。司法的狭义定义是审判,美国宪法规定司法权归属各级法院,此为一种定义,这种定义有其好处,宪法的规定排除了争议,司法即是审判,但这是一种最为狭义的定义。此种狭义的提法于中国并非十分契合,党的十六大、十七大报告均提及的建设公正、高效、权威的司法制度,原属法院提出,现在由党的官方文件提出,不再仅指法院,显然要扩大一些,不是完全局限于司法制度就是审判制度。司法就是诉讼制度,解决纠纷,解决矛盾,但必须具有诉讼性质才可以称为司法。我国有三大诉讼法——刑事、民事、行政诉讼,诉讼的特点必然要求审判,刑事诉讼、民事诉讼就是审判制度,是一致的。刑事诉讼以刑事审判为中心,其序列中的侦查、起诉亦属于诉讼,也具有司法性质,侦查起诉是为后续审判制度的准备。以刑事诉讼来说,司法就是审判,又显狭隘,但如果说诉讼包括侦查制度等都是司法制度就较为切合实际。司法鉴定就是在诉讼中由专家对某方面的问题进行鉴定的活动。将司法鉴定限定为诉讼中,诉讼外需要的鉴定不再称为司法鉴定,因为民间也可以组织鉴定。司法还可有另一种解释,凡是解决纠纷的活动都是司法活动,双方发生纠纷,由一个主体解决,这样的活动都是司法活动,属广义解释。部分学者持广义解释的观点。陈光中先生不赞同泛化的解释,界定司法为一种国家活动,是国家机关的活动,是国家的职能,而不是一般的社会活动。我国的司法活动是国家活动中的一种,但是纯粹的解决纠纷并不是司法活动。限定司法为诉讼活动,诉讼必然是国家活动,国家为主导,同时有律师等各方面的当事人参加构成了诉讼活动,必然是国家的专门机关来进行的。民间活动、人民调解或社会上其他活动,典型的如仲裁活动不属于国家活动。人民调解、行政调解及社会调解都不是司法活动,司法调解必须是进入诉讼活动中的调解,民事诉讼的调解由法院出面,刑事诉讼的调解由法院来进行,和解同样如此。陈光中先生讲到他也不赞同,只要是调解,只要是解决纠纷的活动就是司法活动。并界定司法为国家的职能活动,用以解决纠纷、矛盾的一种诉讼活动,无论是解决民事纠纷抑或刑事纠纷,其必然是国家活动,建设公正、高效、权威的司法同样是在这个意义上讲起的。

陈光中先生特别强调,除司法活动本身以外还有配套活动,配套活动要与本身进行区别,配套乃是为了诉讼的需要。例如监狱,监狱是诉讼结束后,将被判刑人员送往服刑之场所。监狱法是行政法,从性质上来说不属于诉讼法范畴,广义上可以把监狱法变成司法中的一个范畴,但严格说来,陈光中先生认为不纳入为好。进行一定司法活动的机关并不等于就是司法机关,行使司法活动的机关理所当然应当是司法机关,但细致严格推敲后,发现并非如是简单。以侦查为例,除检察院外,公安机关行使大部分的侦查权,国家安全机关对涉及国家安全的案件进行侦查,海关对案件的侦查,部队保卫部门的侦查,监狱中犯罪的侦查,上述均为侦查活动。侦查活动在某种意义上为最后的审判活动服务,具有司法性质。如果将行使一定侦查权的机关都视为司法机关是不适当的。他认为在中国,司法机关只是检察院与法院,其他行使一定司法权、侦查权的都不是司法机关。①

在该会上另有学者指出:“司法学是一门研究司法理念、司法制度和司法实践的学问,也是一门研究司法传统与司法现实的学问。应当从广义上来把握司法学,一切与化解纠纷有关的制度、措施和观念均可成为司法学研究的对象。从学科体系来看,司法学应当有一系列子学科,司法哲学、司法史学、司法证据学、司法伦理学、司法行政学、司法社会学、司法行为学以及比较司法学等,另外亦应当包括刑事政策学、法律监督学。法律监督自身可以独立成学,为司法学下的子学科。诉讼法学也应当是司法学下的子学科,司法学是法学

① 参见刘家楠、张文静:《法律监督立法与司法学研讨会综述》,《中国司法》2012 年第 2 期。

的二级学科,包含上述子学科。在国家权力体系中有三大权力——立法权、行政权、司法权,立法学与立法权对应,行政学与行政权对应,那么与司法权相对应的学问应当是司法学,但是现在司法学缺位。司法学的学科建立有重大的现实意义和理论意义,有利于法学学科的完善,有利于司法权配置和运行的科学化,有利于司法制度和司法体制的完善化,有利于司法文明和法治文明的进步。"①

一篇题为"走访法学大家,畅谈司法学学科构建"的通讯刊于2012年9月的"司法学"网站上。兹移录全文,以便读者了解我国法学前辈对司法学学科建设的希望:

> 2012年9月9日,中国政法大学司法理念与司法制度研究中心主任崔永东教授、副主任冯永华研究员先后拜访了著名刑法学家高铭暄先生、著名法律史学家张晋藩先生、著名民商法学家江平先生。9月11日,崔永东、冯永华又先后拜访了著名刑事诉讼法学家陈光中先生和樊崇义先生。在拜访过程中,上述各位著名法学家与崔永东、冯永华一起畅谈了司法学学科构建的意义、价值、思路、措施和方法等问题,各位先生高屋建瓴的言论对今后司法学学科的发展具有重要的指导意义。
>
> 法学专家认为,司法学是目前国内一门很有发展前景的新兴学科,它既具有交叉学科的性质,也是当前经济社会发展的需要,更是建设法治国家的需要。司法学在中国的兴起,反映了中国特色在社会主义法律体系形成后,人们关注的焦点已经从立法转向了司法问题。因为司法是使法律得以实施的前提条件之一。
>
> 专家指出,司法学既是一门探讨司法理念、司法制度及其实践化的学科,也是一门探索司法文化、司法伦理以及司法传统和司法现实的学科,同时也是一门总结司法管理规律、研究司法运作程序、论证司法改革问题的学科。它不仅研究司法权的行使问题,还研究辅助司法权行使的机制和制度问题。司法学是法学下的二级学科,它应当包括一个子学科群——众多三级学科,如司法文化学、司法管理学、司法社会学、司法伦理

① 刘家楠、张文静:《法律监督立法与司法学研讨会综述》,《中国司法》2012年第2期。

学、司法改革学、司法理念学、司法制度学、司法哲学等。各三级学科共同构成了司法学的学科体系。

法学专家对中国政法大学司法理念与司法制度研究中心在司法学研究方面所取得的成绩进行了肯定，认为该中心自成立以来，在学术研究上主攻司法学方向，出版了标志性成果——《司法学原理》与《中国传统司法思想史论》，并且还创办了“司法学网站”，主办了专门的司法学研讨会，开展了“司法管理学”评奖征文活动，影响力逐渐扩大，对全国的司法学研究起了引领的作用。可以说，该中心目前已经成了全国司法学研究的重镇。因此，希望中国政法大学能以此中心为基础打造一个高层次的实体科研机构，也希望国家相关部门尽快将司法学批准为法学一级学科之下的二级学科，这不仅会推进司法学的研究，而且也有利于培养该方面的人才。

在访谈中，有的专家还特别强调了中国传统司法文化与司法学学科建设之间的关系问题，指出中国传统司法文化中的许多有价值的观念和制度都可与现代司法学相衔接，可以成为现代司法文化建设的“源头活水”；也有专家主张构建司法学学科可借鉴国外尤其是美国的经验，在美国，不但有司法学学科，还有司法学科研机构甚至高校，还有一个“国际司法学学会”；另有专家指出，要构建司法学学科，需注意其与其他相近学科之间的关系，它与其他学科既有联系也有区别，既有交叉性也有自己的特色，这需要进一步论证；也有专家认为还需要作进一步的宣传，还应该推出更多的科研成果，使官方和学界都充分认识到该学科在现代司法文明建设中的价值和意义；还有专家从“大司法”与“小司法”的角度探讨了司法学的内涵问题，认为“大司法”是一种广义的司法概念，将民间司法、社会司法等内容也纳入其中，并不单纯研究国家司法问题，而“小司法”则主要研究国家司法权的行使及其规制等问题；等等。

总之，各位法学大家都表达了如下的共同愿望：一是希望司法学能尽快成为国家的法定学科；二是希望中国政法大学能以目前的司法理念与司法制度研究中心为基础尽快打造一个高端的实体科研平台；三是希望该中心能产出更多的专门从理论与学科意义上研究司法学的高层次科研成果，因为衡量学科水平的唯一标准就是学术成果，如果没有专门的学术成果，即使有再多的人、再高的行政级别、再多的科研经费也没有意义。

2014年6月，在我国著名的法学重镇——华东政法大学成立了司法学研究院，该院组织学术团队专门研究司法学，并招收司法学专业的博士后、博士生和硕士生，使其成为中国司法学研究的思想库和人才库，并占领该领域的学术制高点。该机构是一个高端的实体科研平台，有独立的研究人员编制、独立的办公场所及办公经费。据笔者所知，这是国内首家专门研究司法学的实体科研机构，相信其会有一个壮大发展的未来，并将对中国司法学研究起到持续的引领作用。一石激起千层浪，以此为契机，学界或许会掀起一股司法学研究的热潮，它必将为司法学学科的构建和发展提供强劲的动力和活力。

三、司法学的学科体系与基本内容

从学科建设的角度看，法学是一级学科，司法学应是法学下面的二级学科，在司法学之下还有众多的三级学科——司法哲学、司法伦理学、司法社会学、司法行政学、司法文化学、司法管理学、司法体制学、司法理念学、司法制度学、司法方法学、司法监督学、民间司法学、国际司法学、司法行为学、司法传统学、行政司法学、环境司法学、民族司法学、智慧司法学、司法监督学及司法范畴学等，它们组成了一个“学科群”，共同构成了司法学的学科体系。

上述子学科的基本内容如下：

1. 司法哲学。司法哲学是从哲学的高度对司法制度和司法实践等司法现象进行的宏观考察与理论升华。司法哲学是司法学领域中一个新兴学科，是一片亟待开垦的处女地。它强调用哲学的视角和方法来研究司法问题，是一个介于哲学与法学之间的交叉学科。在社会主义法律体系形成后的今天，大家关注的目光已经从立法问题转向了司法问题，司法改革的推进、司法文化的构建、司法文明的进步等已经成为学术界和司法实务界共同瞩目的焦点。因此，从学科上构建司法哲学，使其为当前的司法改革与司法实践提供理论支撑很有必要。毫无疑问，司法哲学不仅具有重要的理论意义和学术价值，还有重大的现实意义，其前景无限广阔。笔者认为，应该从司法人性论、司法价值论与司法能动论三个方面对司法哲学进行初步论证。司法人性论是司法哲学的基础，司法价值论是司法哲学的核心，司法能动论是司法哲学的方法。

2. 司法伦理学。伦理学是以道德为研究对象的学科，是对道德的起源、本质、功能及其发展规律进行理性思考的学问，故其又有“道德哲学”之称。而道德是依靠社会舆论、内心信念加以维系并以善恶进行评价的调整人们之间、人与社会之间关系的行为规范的总和。司法伦理学是伦理学的一个分支，是介于伦理学与法学之间的一个交叉学科。司法伦理学是以司法道德为研究对象的学问，是研究司法道德的形成、发展及其规范体系的科学。①

3. 司法社会学。“司法社会学”实际上脱胎于“法律社会学”，强调用社会学视角来研究司法问题。在目前中国构建和谐社会、建设法治国家的大背景下，司法社会学学科的构建具有了特别重要的意义。笔者认为，构建该学科既要借鉴国外法律社会学学科的智慧和经验，又要结合中国的法治实践与司法实践。中国的司法社会学以司法的社会化作为价值目标，以实证方法作为主要的研究方法，以考察司法现象与社会现象的互动为主要研究内容，以探索社会因素对司法的影响和社会力量对司法的介入为关注焦点。司法社会学学科的构建不仅有利于法律社会学研究的深化，而且会有利于司法理念与司法制度研究的深化和细化，并且能为当前社会普遍关注的司法改革提供理论依据和建设性意见，从而推动司法文明与社会文明的进步，并有利于培育成熟的公民社会，促进社会的和谐与稳定。②

4. 司法行政学。司法行政学是关于司法行政现象及其发展规律的理论学说，它主要包括监狱学、律师学、司法鉴定学、人民调解学等。“司法行政学就是关于司法行政各种认识成果的概括和总结。司法行政学既要深刻地揭示司法行政活动的质的规定性，又要系统地考察司法行政现象发生、发展的规律和特征；既要科学地分析司法行政制度的共性和个性，又要准确地阐释现行司法行政工作的基本内容。”③

5. 司法行为学。所谓“司法行为学”是指研究司法主体行为的学科。这里的司法主体主要指法官、检察官、律师等。在西方，司法行为学指的是关注

① 参见崔永东：《司法学原理》，人民出版社 2011 年版，第 161 页。

② 参见崔永东：《司法学原理》，人民出版社 2011 年版，第 110 页。

③ 董开军主编：《司法行政学》，中国民主法制出版社 2007 年版，第 3 页。

司法行为的理论，即所谓司法行为主义。美国现代著名法学家舒伯特（Glendon Schubert）于1967年发表的《行为主义法理学》一文中论证了司法行为主义理论，强调司法行为主义就是以司法过程中“人”的行为作为研究的对象，此处的“人”主要指法官、律师、陪审团等。照舒伯特的说法，司法行为主义注重探讨“人们在审判角色中和制度性关系中如何行动”，“这种新的研究将重点集中在审判角色中起作用的人，以便理解作为普通人的法官——或广而言之，作为法官的普通人”，“新的研究非常关切文化和亚文化的差异对审判行为的效应”。①

6. 司法管理学。司法管理学是研究司法管理的基本理念和制度、探索司法管理规律的学问。所谓“司法管理”，是指为了实现司法的公正和效率，通过计划、决策、组织、领导、控制与创新等司法管理职能的行使来优化司法资源的配置，以实现既定司法目标的组织活动。在我国目前的司法体制下，司法管理不仅涉及法院的审判管理和内务管理，还涉及检察院的案件管理，也涉及司法行政部门的监狱行刑管理和公安部门的案件管理等。显然，司法管理应该以审判管理为核心，以检察机关案件管理、公安机关案件管理、监狱行刑管理等为辅助。

7. 司法方法学。司法方法是指在司法过程中根据法律事实和法律规范、试图解决合法性与合理性之关系而处理案件所采用的各种方法，这些方法主要包括法律发现、法律解释、法律论证、法律推理及利益衡量等。司法方法学即研究上述问题的学科。也有学者将司法方法与司法技术等同起来，认为司法方法“是指司法主体在司法权运行过程中认识、判断、处理和解决法律问题的专门性的方法。司法是法官判断和认定案件事实，并准确合理运用法律规则对案件作出裁判的司法实践过程。这个过程实质上就是司法技术运用于司法实践的过程。司法运行的过程通常可以分为四个阶段：即确定案件事实阶段、发现和选择与案件有关的法律渊源、诠释法律和法律论证阶段、作出裁判阶段。与此相适应，司法技术在这个司法运行过程中主要体现为法官法律发现、法律推理、法律解释和法律论证等四个环节”②。另有学者认为“可以将司

---

① 转引自张乃根：《当代西方法哲学的主要流派》，复旦大学出版社1993年版，第150页。

② 尹忠显：《司法能力研究》，人民法院出版社2006年版，第43页。

法方法定义为在司法过程中基于法律事实和法律规范，处理合法性与合理性之间的关系而裁判案件、解决纠纷所适用的各种具体方法”①。

8. 司法制度学。“中国的司法制度是指中国司法机关的组织制度以及司法机关与其他相关机关、组织依法进行或者参与诉讼的活动的总称。根据司法制度的不同内容，人们又往往将其分为司法组织制度和司法程序制度；前者为司法机关的组织制度，主要涉及司法机关在整个国家体制中之性质、地位，司法机关之组织、编制、种类，司法机关的职权等；后者为诉讼制度，具体指司法机关及相关组织依法定程序，适用各种实体法、程序法，处理诉讼案件或者非讼事件所应遵循之准则、程序和具体制度之总和。”②可见，所谓司法制度是有关司法组织、司法活动的制度的总称。司法制度学就是专门研究有关司法组织、司法活动的制度的学科。

9. 司法体制学。司法体制学是以司法体制为研究对象的学科。司法体制是指参与司法活动的国家专门机关在机构设置、组织隶属关系和管理权限划分等方面的体系、制度、方法、形式等的总称。③ 它与司法制度有区别：“虽然司法制度和司法体制都包含着对系统内部各种要素的结构性安排，但司法制度除了宏观层面上的内容外，还包括微观层面上诸多具体的制度，比如陪审制度、回避制度、审级制度等；而司法体制则相对宏观，通常指组织机构、职权划分、管理原则等基本性制度。两者的范围也有差别。因为司法制度包含的范围相对广泛，一些具体的规则，比如审判规则、证据规则等都可纳入司法制度的范畴；而宏观层面上使用的司法体制的范围则相对狭窄，司法实践中具体运作的规则、制度等不在其列。”④

10. 民间司法学。它是研究仲裁、人民调解等民间司法活动的学科。“民间司法学是以仲裁制度和人民调解制度为主要研究对象的学科。作为解决争议的方式之一，仲裁、人民调解是诉讼制度的有益补充，共同组成了解决民事经济纠纷的有效机制。它们鲜明的制度特征也与诉讼制度截然不同，在司法

---

① 陈金钊主编：《司法方法与和谐社会的建构》，北京大学出版社 2009 年版，第 157 页。

② 陈光中：《中国司法制度的基础理论问题研究》，经济科学出版社 2010 年版，第 17 页。

③ 参见郭成伟、宋英辉主编：《当代司法体制研究》，中国政法大学出版社 2002 年版，第 1 页。

④ 陈光中：《中国司法制度的基础理论问题研究》，经济科学出版社 2010 年版，第 18 页。

压力日益加大、追求效率的现代社会里非常值得重视并加以研究。”①

11. 司法理念学。司法理念学与司法哲学有别，司法哲学强调对当代司法问题进行哲学思考，而司法理念学则是对中外历史上的司法理念进行系统研究。“司法理念，即指导司法制度设计和司法实际运作的理论基础和主导的价值观，是基于不同的价值观对司法的功能、性质和应然模式的系统思考，是人们对司法的理性认识和整体把握，是一种关于‘司法’的理智的、系统的思想、认识和态度。”②

12. 司法监督学。司法监督是指国家司法机关依据宪法和法律对行政机关所实施的监督，我国司法监督的主体是人民法院和人民检察院。司法监督学是研究法院、检察院监督行政机关及其权力运行的学科。

13. 国际司法学。它研究国际司法问题，国际司法是国内司法的延伸与扩大。伴随着国际间经贸文化交流的日益频繁，各种各样的国际纠纷也与日俱增，这就需要诉诸司法途径来化解纠纷，恢复秩序。许多国际性司法机构如国际刑事法院、国际海洋法法庭、海牙国际法院、WTO 争端解决机构等便是解决国际纠纷的司法机构，它们依据国际条约、国际惯例及 WTO 规则等，运用审判、调解和仲裁之类的手段来进行司法或“准司法”活动。可以说，国际司法学就是研究国际司法机构依据国际规则进行司法活动的学科。

14. 司法传统学。该学科强调从司法思想与司法制度结合的角度研究源远流长的司法传统及其现代转化问题。所谓传统，是一种连接历史和现实的精神纽带，是人们在社会交往活动中产生的智慧结晶。学者指出：“传统是流动于过去、现在、未来这整个时间性中的一种过程，……传统是无法摆脱的，而只有创新。传统的确是不管我们愿不愿意，就先在于我们，而且是我们不得不接受的东西。但是主体在此过程中并非消极被动的，主体在与传统之间的理解、分析和互补关系中，体现着主动性。”③因此，我们可以说，司法传统是连接古今司法实践的思想纽带，在中国司法传统中，占据核心地位的是法家和儒家关于司法的理论学说。

---

① 谭世贵：《建构法治国家的司法学体系——中国司法制度研究的反思与展望》，载徐昕编：《司法》第 3 辑，厦门大学出版社 2008 年版。

② 缪蒂生：《当代中国司法文明与司法改革》，中央编译出版社 2007 年版，第 12 页。

③ 张立文：《传统学七讲》，长春出版社 2008 年版，第 5—6 页。

15. 智慧司法学。智慧司法学是一门旨在研究司法理性与科技理性深度融合问题的学科。互联网、大数据和人工智能技术对司法最为直接的影响就是“智慧司法”的出现,智慧司法是依托上述技术而进行的司法活动,涉及司法领域的各个方面,如司法审判、司法管理、司法监督和判决执行等。智慧司法不但提高了司法效率,而且降低了司法成本,同时促进了司法公正。显然,智慧司法将有助于国家司法体系和司法能力的现代化。“智慧司法”与传统司法相比,具有一定的特点,如信息化、数据化、智能化、透明化、科学化、规范化、标准化、精细化、精准化和价值化等。

16. 环境司法学。环境司法以保护绿色发展为职志,致力于人与自然的和谐共生,为资源节约、低碳发展、自然修复等提供有力的司法保障,为可持续发展保驾护航。环境司法学是一门研究如何运用司法手段(如环境公益诉讼)保护环境、惩罚破坏环境行为以助推绿色发展的学科。

17. 行政司法学。“行政司法”是指行政机关依法解决行政争议、特定民事纠纷和处理行政违法问题的活动。行政司法是一种“准司法”,它是相对于国家司法而言的。一般认为,目前我国的行政司法主要包括行政复议、行政裁决、行政调解、行政仲裁、行政裁判和行政处罚等类型。另外,还要注意行政司法与司法行政、行政司法与行政诉讼、行政裁决与行政仲裁、行政裁决与行政裁判、行政调解与人民调解、行政调解与司法调解之间在内涵和外延上的区别。鉴于上述,可以说行政司法学是一门研究行政机关依法解决行政争议、特定民事纠纷和处理行政违法问题的学科。

18. 司法范畴学。司法范畴可以分为基础范畴、核心范畴和基本范畴三类,基础范畴在司法范畴体系中带有根本性,是“基础性工程”,核心范畴是支撑性范畴,基本范畴是辅助性范畴。如果说司法范畴体系是一座大厦,那么基础范畴是地基,核心范畴是支柱,基本范畴是砖瓦,它们共同构筑完成了一座范畴体系大厦。司法范畴学就是一门研究司法的概念、范畴体系的学科。

作为一个对人类司法现象进行全方位观察和研究的新兴学科,司法学对人类司法文明的进步有着不可替代的作用。无论是在学科建设、理论研究方面,还是在指导实践、服务社会方面,司法学都有着独特的优势、独到的价值,这与其“顶天立地”(立足现实又超越现实)的学术风格及司法在法治建设中的关键作用有关。

司法学是研究司法理念、司法制度与司法实践的学科,也是研究司法传统与司法现实的学科。从学科性质上看,司法学既有交叉性的特点,也有独立性的品格。交叉性是指用其他学科的视角和方法来研究司法问题,比如用哲学、文化学、伦理学、社会学、行政学等学科的视角与方法来研究司法问题,因而可以派生出如下的子学科:司法哲学、司法文化学、司法伦理学、司法社会学、司法行政学等。司法学的独立性是指司法学具有独立存在的价值和地位,或者说具有独立的品格和属性,这主要表现在如下子学科:司法体制学、司法理念学、司法制度学、司法管理学、司法监督学、司法方法学、司法行为学、司法传统学、民间司法学、国际司法学等。

大凡一个新学科的诞生和发展总需要理论界重视、实务界认同和官方认可,现在的司法学学科可以说已经得到了理论界重视,也得到了司法实务界的认同,唯一欠缺的是官方的认可。相信随着司法学研究的不断深化及其对司法改革实践的持续贡献,官方也会逐渐认识到其重要价值和关键作用,并最终赋予其国家法定学科的地位。

在建设"法治中国"的宏观背景下,"深化司法体制改革"已成为当今中国司法领域的最强音。而司法学学科也必将乘势而起,突破各种思想障碍与学科藩篱,为当前和今后的司法改革提供理念引领、智力支持和学术支撑,并与中国司法的现代化征程携手共进。这是一个伟大时代赋予司法学学科的历史使命!

责任编辑:张　立
封面设计:胡欣欣
责任校对:秦　婵

图书在版编目(CIP)数据

司法学体系研究/崔永东 著. —北京:人民出版社,2023.3
(司法学研究丛书)
ISBN 978－7－01－025472－2

Ⅰ.①司…　Ⅱ.①崔…　Ⅲ.①司法制度-研究-中国　Ⅳ.①D926

中国国家版本馆 CIP 数据核字(2023)第 035289 号

司法学体系研究

SIFA XUE TIXI YANJIU

崔永东　著

人民出版社 出版发行
(100706　北京市东城区隆福寺街 99 号)

北京中科印刷有限公司印刷　新华书店经销

2023 年 3 月第 1 版　2023 年 3 月北京第 1 次印刷
开本:710 毫米×1000 毫米 1/16　印张:15.75
字数:260 千字

ISBN 978－7－01－025472－2　定价:88.00 元

邮购地址 100706　北京市东城区隆福寺街 99 号
人民东方图书销售中心　电话 (010)65250042　65289539